시 교육과 감성의 힘

이향근 ● 서울교육대학교 및 동대학원 졸업. 미국 피츠버그대학교 대학원 졸업(독서교육학 석사). 한국교원대학교 대학원 졸업(초등국어교육(문학교육)학 박사). 영국 런던대학교 한국학연구소 연구원 역임. 서울교육대학교 국어교육과 교수. 저서로『시 창작 교육론』(2007)(공저),『초등문학교육론』(2014)(공저),『읽기교육이론의 새로운 지평』(2014)(번역서) 등이 있다.

아동청소년문학총서 07

시 교육과 감성의 힘

2015년 4월 27일 1판 1쇄 인쇄 / 2015년 5월 11일 1판 1쇄 발행

지은이 이향근 / 펴낸이 임은주
펴낸곳 도서출판 청동거울 / 출판등록 1998년 5월 14일 제406-2011-000051호
주소 (413-120) 경기도 파주시 회동길 77-4 (문발동 파주출판도시) 301호
전화 031) 955-1816(관리부) 031) 955-1817(편집부) / 팩스 031) 955-1819
전자우편 cheong1998@hanmail.net / 네이버블로그 청동거울출판사

책임편집 김은선
출력 칼라리스 / 인쇄 세진피앤피 / 제책 경원문화사

Education of Poetry and Power of Sensibility
Written by Lee, Hyang-geun.
Text Copyright ⓒ 2015 Lee, Hyang-geun.
All right reserved.
First published in Korea in 2015 by CheongDongKeoWool Publishing Co.
Printed in Korea.

ISBN 978-89-5749-170-6 (93370)

이 도서의 국립중앙도서관 출판시도서목록(CIP)은 서지정보유통지원시스템 홈페이지(http://seoji.nl.go.kr)와 국가자료공동목록시스템(http://www.nl.go.kr/kolisnet)에서 이용하실 수 있습니다. (CIP제어번호:2015012282)

아동청소년문학총서 07

시 교육과 감성의 힘

이향근 지음

청동거울

시는 백설공주에 나오는 거울처럼 미련하다. 그저 진실만을 말할 뿐 거울은 그 무서운 왕비 앞에서도 아첨하거나 속일 줄 모른다. 그래서 시는 우리가 듣고 싶어 하는 말이 아니라 심연에 깊숙이 잠들어 있는 우리 존재를 흔드는 말을 한다. 우리가 보지 못했거나 보지 않으려고 했던 현실, 그 현실에 대한 느낌과 감정, 불편하고 위험한 것들을 드러내 보여 주는 것이다. 시가 담고 있는 삶의 흔들림은 언어라기보다는 소리에 가깝다. 눈을 뜨고 읽기보다는 눈을 감았을 때 들리는 음악처럼 말이다.

시를 생각할 때마다 교육과는 궁합이 맞지 않는 것 같은 느낌이다. 정련된 질서로부터 탈주하려는 시와 합리적이고 측정 가능한 체계를 추구하는 교육 사이에는 보이지 않는 척력이 존재한다. 시를 교육의 틀에 묶으려는 순간 시가 가진 힘은 사라질 것 같은 우려가 든다. 교실에서 아이들은 시를 하나의 풍경처럼 대하는 경우가 많다. 나와는 상관없는 유리창 밖의 풍경을 보듯 그저 바라보기만 할 뿐, 자신의 삶으로 끌어들이지 못한다. 유리창 안에서 아이들은 안전할 수 있을지 모른다. 하지만 그들은 무척 고독할 것이다. 바라볼 수만 있을 뿐 직접 만질 수도 느낄 수도 없다면 그 고독은 자라 감각의 자폐증을 유발할 수도 있다. 시와 교육, 어떻게 만나야 할까? 이 물음은 문학교육의 장에 발을 들일 때부터 지금 이 글을 쓰고 있는 현재까지 계속되는 질문이다. 이 물음을 여는 첫 열쇠로 '감성'이라는 개념에 집중하게 되었다.

감성은 '느낄 수 있는 힘'을 말한다. 감성은 독자가 시를 읽고 그것에 공감하거나 반감에 이르게 되는 과정이나 시와 교감할 수 있는 기제로서 주요한 역할을 담당하고 있다. 내 안에 있는 기쁨과 행복, 사랑과 존경의 마음은 물론이고 숨기고 싶은 폭력성과 공격성, 나만의 분노를 책임지고 만날 수 있도록 유도하는 능력이다. 시인이 시를 창작하면서 자신의 정서를 이해하고 구체화하는 것과 마찬가지로 독자도 시를 읽으면서 자신의 정서를 구체화한다. 독자의 마음이 시인의 상상력을 쫓아 움직일 때 시의 내면에 흐르는 정서를 추체험할 수 있다. 이 과정은 시 텍스트와 독자 사이의 차이, 독자와 또 다른 독자 사이의 차이, 과거와 현재 독자 사이의 차이를 인식함으로써 가능하다. 차이를 감지하는 순간은 기존의 생각의 틀에서 벗어나는 순간이기도 하다.

일상을 넘어선 어떤 것들을 만났을 때, 우리의 마음은 흔들리게 된다. 그 흔들림의 진폭이 크면 클수록 세상에 존재하는 또 다른 시선 혹은 현실을 응시하게 된다. 아이들은 그들과 다른 시선을 만났을 때, 그들에게 숨겨 있던 감정이나 정서와 드디어 만날 수 있으며, 이러한 과정의 반복은 마음의 결을 섬세하게 하고 강하게 만든다. 시가 그들에게 타자로서 인식될 때 시의 세계는 그들의 시선을 변화시키는 새로운 삶의 규칙으로 작용할 수 있다. 아이들의 분화되지 않은 감각들을 불러일으킬수록 감성은 발달하게 된다.

이 책의 내용은 두 부분으로 구성되어 있다. 먼저 1부는 필자의 박사학위 논문을 수정한 것이다. 감성의 본질은 무엇이며 시교육을 통하여 학습자의 감성을 어떻게 발달시킬 수 있는지를 고민한 결과물이다. 예술작품으로서 시의 텍스트성과 그것을 읽는 독자의 해석과정에 주목하여 교육내용을 설계한 것이다. 2부는 감성을 발달시키는 주요 요인으로서 시의 텍스트성을 다루었다. 주로 1부에서 살피지 못한 장르로서 언어유희 동시의 특성과 리듬교육의 방향을 논의하였고, 마지막으로 최근 영미권에서 진행되고 있는 시 텍스트의 매체변환 양상을 고찰하였다.

그동안 우리 교육은 이성적인 능력을 발달시키는 데 몰입하고 있었다고 생각된다. 이성적인 것이 감성적인 것을 하찮고 쓸데없는 것으로 판단하도록 유도하는 강력한 방어기제로 작용했다는 판단이다. 감성은 상상하는 힘으로부터 시작되며, 공감하고 연대하는 힘으로 자라날 수 있다. 서로의 감정이나 정서를 이해하고 표현하는 데 어색한 사회는 사람 사이의 연대 역시 불가능하다. 누군가를 이해하기 위해서는 나 자신을 육박해 들어가야 하며, 이를 통하여 비로소 타인과 교감할 수 있다. 시는 서로 나누는 것이다. 시가 가진 상상력의 팽창과 집중은 안전한 창문 안의 아이들을 창문 밖으로 이끌 수 있을 것이라 믿는다. 그 창문 밖에서 따스한 햇살을 몸소 느끼거나 폭풍우와 마주치기를, 그래서 그들의 내면이 보다 튼튼하게 자라기를 바란다. 단숨에 읽어 내리는 시가 아니라 긴 호흡으로 만나길 바란다.

비록 여물지 못한 생각이지만 책으로 묶어 세상에 내어 놓으려고 하니 그간 연구의 길을 시작하고 걸어오는 데 이끌어 주신 많은 선생님들이 떠오른다. 가족들과 떨어져 공부하는 동안 학문의 길을 열어 보여주시고 아버지처럼 따뜻하게 품어 주신 신헌재 선생님과 냉철하면서도 겸손한 학자가 되도록 도닥여 주신 이경화 선생님께 존경의 마음을 올린다. 항상 진심 어린 조언과 격려를 아끼지 않으시는 성낙수, 박인기, 권순회, 원종찬, 권혁준, 한명숙, 박태호, 진선희 선생님들께도 이 자리를 빌어 감사드린다. 또한 연구자로서 큰 깨우침과 도움을 주신 양태식, 엄해영, 황정현, 방인태 선생님을 비롯한 서울교대 교수님들께도 감사드린다. 그리고 어려운 출판 여건에도 책을 내도록 도와주신 청동거울 조태봉 사장님께 감사드린다. 마지막으로 철없는 딸이 공부할 수 있도록 든든한 버팀목이 되어 주신 어머니 두 분과 한결같은 후원자인 남편, 사랑하는 딸 지윤, 아들 준우에게도 고마움을 전하고 싶다.

2015년 4월
이향근

| 차 례 |

제1부 시를 활용한 감성 교육

제1장

시적 감성의 본질과 교육 방향

1. 시적 감성 교육의 필요성

시 교육의 출발점은 무엇을 가르칠 것인가에 대한 논의에서 시작된다. 시 교육의 내용으로 무엇을 선택하고, 그것을 어떤 틀에 따라 배열할 것인지에 대한 문제는 사회·문화적 요구, 학문적 요구, 학습자적 요구와 긴밀한 연관을 맺으며 변화·발전하여 왔다.[1] 교육이 학습자를 위해 의도적으로 계획된 활동이라고 할 때, 학습자가 갖추어야 할 능력은 교육 내용의 핵심이 된다.

학습자가 시를 수용하는 과정은 내용을 이해하는 해석의 측면과 시의 내면에 담겨진 정서를 체험[2]하는 감상의 측면으로 설명할 수 있다. "옥

---

[1] 그동안 국어과 교육 안에서 있었던 굵직한 논쟁들은 가르칠 내용이 무엇인가에 대한 탐구였다고 할 수 있다. 문학 교육과 관련하여 상반된 관점들은 다음과 같다. ①'언어로서의 문학'을 주장했던 이용주(1992)의 관점과 '형성의 기능으로서 문학'을 주장했던 김은전(1979, 1986)의 관점 ②지식을 포함하는 '기능'을 주장한 노명완(1988)의 관점과 기능이 담을 수 없는 '문화'를 주장한 김대행(1987, 2000), 우한용(1997)의 관점 ③문학 교육의 내용은 문학 활동 주체의 속성으로부터 시작해야 한다고 보는 박인기(1996), 김대행(2000), 신헌재(2001, 2002)의 관점과 개별 작품으로부터 시작해야 한다는 김중신(1994), 김창원(1995), 황정현(2003), 김상욱(2003, 2006)의 관점은 문학 교육의 내용에 대한 관점 차이를 드러낸다. 반면 최지현(1997), 권혁준(1997), 한명숙(2003)은 이러한 관점의 차이를 통섭적으로 극복하고자 하였다.

수수를 땄는데/옥수수가 따뜻했다.//금세 햇살들이/옥수수 속에 숨어들었다//"[3]라는 시를 읽고 시적 화자가 옥수수를 따는 행동을 상상하는 것은 해석의 측면이라고 할 수 있다. 반면 옥수수를 만졌을 때 손바닥에 닿았을 따뜻한 질감, 거기서 오는 정겹고 포근한 느낌을 음미하는 것은 감상의 측면이다. 학습자가 정서 텍스트인 시를 수용하는 과정은 해석을 넘어선 미적 체험과 시인이 느낀 진실에 도달했을 때 완성된다.

햇살의 따뜻함을 그려낸 시를 읽고 독자가 느낀 정겨움은 인간 정서의 영역이다. 정서(emotion)는 인간이 가진 느낌 자체이며 심리적 상태를 말한다. 그러나 독특한 정서를 감지하고, 그 정서를 다스려 인간에 대한 사랑과 그리움으로 확장할 수 있는 능력은 감성(sensibility)[4]의 영역이다. 감성은 '느끼는 힘(faculty feeling)'으로서(최시한 2009: 322), 정서를 대상으로 하며 정서 인식의 과정에 관여한다. 정서는 개인이 느낄 수 있는 어떤 상태인 반면 감성은 그러한 정서를 느끼게 되는 능력이다. 감성은 정서를 이해하고 설명하는 기제인 것이다. 느끼는 힘으로서 감성은 타자와의 소통성을 전제로 드러난다. 유능한 감상력을 가진 독자는 시 텍스트와의 소통을 통해 정서적인 질료를 어떻게 체득하고 감응하며 변주해야 하는지 아는 독자이다.

초등학교에서의 시 교육은 학습자의 감성 발달에 적극적인 입장을 취하지 못하였다. 그 이유는 크게 두 가지로 볼 수 있다. 첫째 원인은 초등학교의 시 교육이 시 텍스트에 대한 정서를 환기하기보다는 학습자의 개

---

2 이 글에서는 레이코프와 존슨의 입장(Lakoff & Johnson 1980)을 받아들여 인간이 겪는 경험을 두 층위로 본다. 신체적·물리적 층위의 자연적 경험과 정신적·추상적 층위의 기호적 경험이 그것이다. 기호적 층위의 경험은 자연적 층위의 경험에 근거를 두고 있다. 따라서 '체험'이라는 용어는 기호적 경험으로서 심리적인 과정을 의미할 때 주로 사용하였으며, '경험'이라는 용어는 물리적이고 직접적인 경험을 나타낼 때 주로 사용하였다. 그러나 여기서 말하는 경험은 객관성이나 보편성의 요구를 함축하는 '경험주의(empiricism)'적 측면에서 언급하는 경험과는 다른 것이다.
3 임길택(1995)의 「옥수수」 전문. 행은 '/' 표시로 연은 '//' 표시로 구분하였다.
4 감성(sensibility)과 시적 감성(poetic sensibility)에 대한 상론은 2절 참조.

인적 정서를 환기하여 그에 대한 반응을 촉진하는 방향으로 진행되어 왔기 때문이다. 이러한 접근 방법은 학습자가 시를 충분히 음미하면서 해석하고 감상하도록 유도하기보다는, 시적 체험을 자신의 경험이나 평범한 삶의 문제로 쉽게 환원하여 단순화하는 문제점을 낳았다. 이러한 문제는 학습자가 시를 반성적(regretful)으로 읽어 교훈을 찾아내는 시 읽기 활동으로 이어져, 예술 작품으로서의 시를 공리적인 도구로 인식하도록 하는 오류까지 발생시켰다. 학습자가 시를 공리적인 가치 획득을 위한 글로 읽는다면, 그들은 주체적이고, 자발적인 독자로서 시를 향유할 수 없으며, 자유로운 문학관이나 예술론의 소유자로 성장할 수도 없다.

두 번째 원인은 시가 가치 있는 정서를 품고 있으므로 학습자가 시를 읽는 것만으로도 가치 있는 정서가 획득될 것이라는 교육자들의 막연한 믿음이다. 이러한 믿음은 시를 '왜' 가르쳐야 하는지를 설명해 주기 때문에 시 교육의 전제가 될 수 있다. 그러나 '무엇을 어떻게' 지도해야 하는지는 설명하지 못한다. 교사는 시에 대한 애정과 열정으로 가득한 학습자에게 다양한 시를 소개하고 함께 읽는 것만으로도 가치 있는 정서를 획득하도록 유도할 수 있다. 그러나 학습자들 모두가 시를 배우고자 하는 원기로 충만하지는 않다. 또한 어떤 대상과 지속적인 접촉을 한다고 하여, 그 대상에 대한 '정(情)'이 생기지는 않는다. 학습자가 시에 대한 관심과 흥미를 가지고 진심으로 시에 몰입하도록 하기 위해서는 시를 음미하고 감상하는 데 필요한 능력을 소유하도록 지도해야 한다. 문학적 감성력은 지도되고 학습되어 발달하는 능력이다. 이와 같은 문제를 해결하기 위하여 다음과 같은 해결 방안을 제안할 수 있다.

첫째, 심미적 정서를 획득하고 내면화할 수 있는 학습자의 감성 능력 발달을 위한 교육이 필요하다. 이를 위해서는 그동안 시 교육에서 이루어진 정의적 영역에 대한 재고가 요청된다. '정의(情意)'란 정서, 태도, 의지, 기질, 성질, 신념, 가치관 등을 포괄하는 말이다. 인간이 가진 세

가지 심적 요인을 지(知)·정(情)·의(意)라고 하였을 때, 정의적 요인은 지성(知性)을 제외한 정서(情緒)와 의지(意志)를 가리킨다. 그러나 지금까지 시 교육에서 정의적 영역은 태도나 의지와 관련된 성취 기준만으로 다루어져 왔다. '태도' 범주에 속하는 정의적 영역은 정서와 관련된 성취 기준은 담을 수 없다는 한계를 가진다. 시를 생산하고 수용하는 과정에서 필요한 의지는 항상 실천을 전제로 한다. 이러한 실천을 전제로 한 교육 내용은 학습자에게 억압적으로 성취될 수밖에 없다. 그러나 심미적 정서는 주체에게 억압으로 작용하기보다는 해방감과 편안함을 제공한다. 심미적 정서의 고양은 정서의 명료성(lucidity)과 이해가능성(intelligibility)을 획득하게 한다는 점에서 '태도'와는 차별성을 띤다. 따라서 심미적 정서를 획득하고 내면화하는 능력을 향상시키는 교육이 정의적 영역에서 다루어져야 한다.

둘째, 학습자의 정서 체험을 과정적으로 탐구하여 교육과정 내용과 그 실현의 유용성을 담보해야 한다. 그동안 학습자의 정서 체험 양상에 대한 연구들은 독자의 유형을 나누거나, 다양한 독자들의 반응 특성을 유형화하는 연구들이었다. 물론 학습자가 시의 정서를 체험한 결과는 그 과정을 추론할 수 있는 자료로 의미 있다. 그러나 체험의 국면에 작용하는 전략 혹은 방법들에 대한 설명력 있는 근거를 제공하기에는 부족하다. 학습자가 시를 이해하는 과정을 의미 작용이라고 할 때, 반응 결과를 통해 파악된 것은 고정된 의미이지 진행 중인 의미 작용은 아니다. 의미는 두 항 사이의 차이에 의해서 드러나는 것이며 그 항 자체만으로 존재하지 않는다. 따라서 학습자의 정서 체험 양상은 과정적으로 조명되어야 하고 과정적으로 기술될 수 있어야 한다. 학습자의 체험과정에 작용하는 각각의 전략 혹은 방법[5]들이 독자의 사고 과정으로 설명될 수 있을 때, 시 교육의 내용으로 교육적 변환을 시도할 수 있기 때문이다. 학습자의 다양한 정서 반응 행위의 기제에 대한 이해 없이 교육과정 실현의 절차적 유용성은 담보할 수 없다.

셋째, 시를 예술작품으로서 접근하여 시적 정서를 음미할 수 있는 교육 내용이 필요하다. 시는 의사소통 언어와는 다른 질성 즉 언어자료 이상의 결(texture)을 가진 있는 예술 텍스트이다. 예술 텍스트의 소통은 메시지 전달을 전제로 하는 의사소통 과정과 전적으로 동일시할 수 없다. 하나의 질료로서 기능하는 시어와 의사소통 도구로서의 언어가 다른 것으로 인정되듯이, 시적 정서도 시를 통해 느껴지는 단독적인 것(the singularity)으로 파악되어야 한다. 시적 정서는 삶을 바탕으로 하되, 생활 속의 상상력에 의해 형상화되는 것이 아니라 시적 상상력에 의해 형상화된다(김대행 외 2000, 이승원 2001, 한명숙 2002). 시에 내재한 시적 정서는 삶의 정서와 깊은 관련이 있지만 동일하지 않다. 따라서 학습자가 시를 예술 작품으로 보고 그 속에 내재한 정서적 울림의 독특한 순간을 포착하도록 유도해야 한다.

이상의 문제의식을 해결하기 위하여, 이 글에서는 '시적 감성'의 개념에 주목하고자 한다. 시적 감성은 시의 정서를 느끼고 내면화하는 능력으로서 정서에 대한 체험적 사고이다. 시적 감성은 문학적 감성(literary sensibility)의 하위 범주로서 계열체적 위계를 가진다. 또한 시적 능력(poetic competence)[6]과는 통합체적 관계에 있다. 시적 감성은 친숙하여 되

---

5 학습자가 시에 관여하게 되는 기제—개입(involvement), 참여(participation), 반응(response), 상상(imagination), 연계(transaction), 감상(reflection), 해석(interpretation), 판단(judgement)—등에 대한 이해나 정서적 반응을 유발하는 정서적 스키마(emotional scheme)의 확인이나 검증에 대한 필요성은 윤여탁 외(윤여탁 외 2010: 86~87)에서 제안된 바 있다.

6 시적 능력은 "언어 능력을 전제로 하여 시적 사고와 시적 언술의 특성을 이해하고 사용할 수 있는 능력"을 말한다(김창원 1995: 50~52). 시적 능력은 생성문법의 전제가 된 언어 능력(language competence)의 유비 개념으로서 언어 능력이 한정된 음소와 의미소를 가지고 무한한 적격문을 생성하는 것처럼 시적 언술을 생성하고 사용할 수 있는 능력을 추정한 것이다. 즉 시를 배우는 학습자도 언어학의 심층구조(deep structure)와 같은 함축적 능력이나 지식을 지녔다는 가정이다. 시적 능력은 김정우가 제시한 시적 리터러시(poetic literacy)의 개념과 유사하다(김정우 2007 참조).

돌아보지 못했던 삶을 낯설게 조망하도록 하며, 그 눈으로 독자의 삶을 되돌아볼 수 있는 감각을 회복하게 한다. 독자가 정서적 맥락을 메타적으로 바라보지 못하면, 시의 정서에 그대로 길들여져 주체적인 생동감을 유지할 수 없다. 시적 감성이 결여된 학습자는 정서 텍스트인 시 장르에 대한 기능적 문맹(functional illiteracy)[7]이 될 수도 있다.

따라서 심미적[8] 차원의 시 감상이 교육적 담론으로 그 스펙트럼을 넓히기 위해서는 학습자가 어떻게 시에 접근해야 하는지 안내하고 연습하며, 그것을 적용하고 활용할 수 있는 시적 감성에 대한 교육이 필요하다. 이 글에서는 시적 감성의 의미와 구조를 밝히고, 학습자의 시적 감성 양상을 분석하여 교육 내용으로 설계하여 제시하고자 한다. 이는 개념적 지식을 중심으로 시 해석 과정을 유도하거나, 시 텍스트의 본질을 넘어선 정서적 반응을 유도하는 시 교육 상황을 극복하고 그 대안을 제시하는 작업이 될 것이다.

2. 시적 감성의 본질과 특성

시인은 자신의 정서를 깊이 숙고하고 시 텍스트로 형상화하는 과정에서 다채로운 상상력을 동원한다. 시인의 상상력이 텍스트로 발현되는 과정은 시의 장르적 성격을 결정한다. 의미[9]있는 감상 방식은 시인의 상

---

7 기능적 문맹(functional illiteracy)은 사회생활에 불편함이 없을 정도로 기초적인 문식성을 갖추고 있으나 실제로 글을 읽고 활용할 수 없는 상황을 일컫는다(엄훈 2011). 유네스코는 1950년대에 최소 수준의 문해력과 기능적 문해력을 구분하였다(Han 1991: 23~26). 한국의 문맹률은 거의 0%에 가깝다. 그러나 기능적 문해력을 기준으로 하였을 때 문맹률은 이보다 훨씬 웃돌 것이다(Lee 2008). 시를 읽고도 시의 의미를 해석해내지 못하거나 정서적 코드를 파악하지 못하는 학습자의 상태도 기능적 문맹에 속한다.

8 이 연구에서 '심미적(aesthetic)'이라는 용어는 고상화된 감성과 관련하여 사용하였다. 예를 들어 미식가의 음식에 대한 취향은 '심미적'이라고 표현할 수 있지만, 대식가의 취향은 '심미적'이라고 표현하기 어렵기 때문이다.

상력이 텍스트로 발현되는 과정을 존중한다(김중신 2000: 235). 학습자가 시를 읽고 음미하는 감상이 텍스트 생산과 관련된 장르적 특성에 기반하여 이루어질 때, 시적 상상력을 추체험할 수 있기 때문이다.[10]

이 장에서는 시적 감성의 개념과 특성을 규명하고자 한다. 교육의 내용으로서 시적 감성의 본질과 그 교육적 필요성을 명백히 함으로써 교육 내용 설계를 위한 논리적 발판을 마련하고자 한다. 시적 감성과 관련된 문제는 여러 가지 각도에서 살펴볼 수 있으나, 이 장에서는 아래의 두 가지 문제를 중심으로 고찰하였다.

첫째, 시적 감성의 의미이다. 시 교육에서 시적 감성의 개념은 상당히 광범위하고 모호하다. 따라서 시적 감성의 의미를 명확히 하여 교육적으로 변환되어야 할 부분을 예각화하고자 한다. 둘째, 문학 교육과정에서 시적 감성의 교육이 어떤 성격을 지녀야 하는지 그 방향을 제안할 것이다. 이것은 문학 교육 목표와 내용의 체계에서 시적 감성의 위치를 설정하고 다른 목표 및 내용들과의 이론적 관계를 밝히는 작업이 될 것이다.

'감성(感性, sensibility)'은 문학 및 문학 교육에서 폭넓게 사용되고 있으

---

9 이 글에서 사용하고 있는 '의미'는 로만 야콥슨이 『일반 언어학 이론』에서 사용한 'message'와 'meaning'을 포괄하는 개념으로 사용한다. 즉 아이디어, 감정 및 개념과 같이 인간의 마음속에 발생하는 작용으로서의 의미를 말한다. '의미'에 대한 영어 표현은 'sense', 'meaning', 'significance' 등이다. 일반적으로 'sense'는 'meaning'과 대비되어 쓰일 때 '뜻'으로 표기되는 경우가 많고, 'sense'는 문장과 관련하여, 그리고 'meaning'은 단어와 관련하여 쓰인다. 또한 'significance'는 기호학적으로 쓰이는 개념으로서 '기표에 의해 드러나게 되는' 의미를 뜻하는 경우가 많다. 따라서 기호에 의해서 드러나는 'significance'를 뜻할 경우 '기호의 의미'라고 표현하고자 한다. 이것은 시어가 언어라는 제한된 해석의 범위에 머물지 않고 그것을 발생시키는 텍스트의 생성과 산출의 관점에서 이해되어야 한다는 본 연구의 문제의식에 따른 것이다.

10 김중신(2000)은 학습자의 문학적 상상력을 길러주기 위해서 상상력과 문학작품의 관계를 어떻게 상정하느냐가 중요한 문제라고 지적한다. 작품을 읽기 위해 상상력을 길러야 하는 것인지 아니면 상상력을 키우기 위한 방법으로 작품을 읽어야 하는 것인지에 따라 교육적 접근 방식이 달라진다는 것이다. 상상력을 기르기 위해 작품을 읽는 접근방식은 속성 중심의 문학관이고, 작품을 읽기 위해 상상력을 기르는 것은 실체중심의 문학관인데, 김중신은 저학년의 아동에게는 속성중심의 교육이 적절하며 고학년으로 올라갈수록 실체 중심의 접근 방식이 필요하다고 밝히고 있다. 본 연구에서도 초등학교 고학년 학습자를 위한 시 교육은 실체중심 문학관의 입문기라고 판단하였다. 이와 같은 관점은 2009 개정 교육과정에 의한 국어과 교육과정의 설계에서도 그대로 반영된 것으로 판단된다(민현식 외 2011: 150).

며 '문학적 감수성'이나 '문학적 정서(emotion)'와 동의어로 쓰이기도 한다. 이는 감성이 복합적인 측면을 가지고 있다는 증거이다. 따라서 이 절에서는 문학의 소통 맥락에서 사용되고 있는 감성 개념을 바탕으로 시적 감성의 개념을 선명하게 밝히고 그 구조를 살펴보고자 한다.

1) 시적 감성의 개념

(1) 감성과 가치 판단

최근 '감성'이라는 용어는 문학 교육의 장(field)에서보다 다른 분야에서 일상적으로 쓰이고 있다. 소비자들의 제품에 대한 호/불호를 정량화하여 활용하려는 소비 심리학이나 마케팅 분야에서는 '감성 지수', '감성 마케팅', '감성 디자인', '감성 공학'이라는 용어가 상용되고 있다. 그들은 이성적으로 설득할 수 없는 소비자들의 소비 심리를 자극하는 자리에서 '감성'이라는 용어를 쉽게 사용한다(안호성 외 2009, 이상민 외 2010 등). 한편 감성과 관련된 어휘를 중심으로 감성의 척도를 연구하려는 연구들(정상훈 2009, 신송이 외 2010, 유지헌 2010 등)도 있다. 이들은 감성을 어떤 자극에 대한 암묵적인 행동이나 표정 등으로 보고 감성을 객관화하기 위해 노력하고 있다. 그러나 인간의 감성에 대한 정의는 심리학이나 감성 공학 및 어떤 학문 분야에서도 명확히 규정되지 못하고 있다(윤형건 2005: 179~183).[11] 특히 '감성(感性)'과 '정서(情緖)', '감각(感覺)', '감정(感情)' 등을 구분하지 않고 사용하고 있는 경우도 다수 발견된다.[12]

그렇다면 문학 교육의 장에서 감성은 어떤 의미를 가지는가? 문학 교

---

[11] 이종성(2010: 327)은 우리말에서 정확한 번역어를 찾기 어려운 '감성'은 'sentiment'를 일본어로 번역하는 과정에서 출현한 신조어로 보고 있다.

[12] 감성에서 대해서 종합적으로 다루고 있는 초기 연구물인 『감성의 철학』(정대현 외 1996)에 실린 연구물들에서도 감성과 감정을 구별 없이 동일하게 사용하고 있다.

육에서 감성의 의미를 본격적으로 논하기 위해 감성의 어원과 용례를 확인하고자 한다. 감성과 같이 널리 사용되면서도 그 의미가 명확하게 규정되지 않은 경우 사전적 의미를 살펴보는 일은 필수적이다. 여기서는 주요 사전과 연구에서 감성의 개념이 어떻게 다루어지고 있는지 살펴 이 글에서 주목하는 감성의 성격을 명료화하고자 한다.

첫째, 인간이 가지는 느낌의 총체로 인식하는 경우이다. 국어교육학 사전에서는 '감성'을 따로 설명하는 부분은 없으나 '감수성(sensibility)' 과 관련하여 아래와 같이 설명하고 있다.

(가) 외계의 자극이나 인상을 끊임없이 받아들이고 느끼는 성질이나 능력. 인간의 정신 능력을 이성(理性)과 감성(感性)으로 나누어 볼 때, 감성은 마음에 닥쳐오는 강렬한 느낌으로서 육체적·생리적 반응을 수반하는 것으로 이해되어 왔는데, 이는 다시 감각(感覺)과 정서(情緖)로 나뉜다. 감각이 한시적이고 일과적인 것인 반면, 정서는 상대적으로 지속적이다. 감수성은 이 정서와 밀접한 관련이 있다. 감수성은 특히 시에서 중시되지만, 일부 현대시에서는 의도적으로 감수성을 무시하기도 한다. 오늘날 감수성은 일반적으로 일상화된 감각의 틀을 깨고 사물을 얼마나 새롭게 지각하는가를 가리키는 의미로 쓰인다.

(서울대학교 국어교육연구소 1999: 12~13)

(가)에서 감성은 감수성의 상위 범주로서 "마음에 닥쳐오는 강렬한 느낌" 즉, 감각과 정서와 같은 인간의 느낌 자체를 의미하고 있다. 반면 감수성은 지속적인 느낌이라고 할 수 있는 정서에 영향을 미치는 것으로 "일상화된 감각의 틀을 깨고 사물을 새롭게 지각하는 창의적 인식의 성격"을 가진다고 말하고 있다. 여기서 의미하는 감수성은 시 창작에서 '신의(新義)'[13]나 '낯설게 하기'와 관련된 요소로 판단된다. 정리하면, '감성'은 인간이 느끼는 느낌(feeling)을 총칭하며 그 느낌의 인식(sensation)

은 '감수성'으로 보고 있다.

둘째, '감성'을 '감수성'과 동의어로 판단하고 인간에게 선천적으로 주어진 재능이나 능력으로 파악하는 관점이다. (나)는 감수성에 대한 설명이다.

(나) 감성이라고도 하며 이성에 대립되는 개념으로 인간 의식의 정서적 성향을 가리킨다. 이 말이 문학의 용어로 쓰이기 시작한 것은 18세기 초 영국이며, 처음에는 사랑, 동정심, 연민 등 느낌을 뜻하다가 이후에 아름다움에 대해 민감한 반응을 보이는 성격을 뜻하게 되었다. 그러나 근대의 비평가들은 감수성을 감각, 사고 및 감정에 있어서 경험에 반응하는 작가의 특징적 능력을 가리키는 데 주로 사용한다. (중략) 보들레르(C. P. Baudelaire)는 어린이, 회복기의 환자와 예술가가 다같이 "사물에 대해서 아주 사소하게 보이는 것까지도 생생하게 흥미를 느낄 수 있는 능력"을 가지고 있어서 모든 것을 신기하게 본다고 말했다. 그러므로 감수성은 사물에 대한 체험이 오관을 통해서 생생하게 이루어짐으로써 형성되는 것이다.

(한국평론가협의회 2006: 102)

(나)에 따르면, 감성은 감수성과 동일하다. 감성은 "인간 의식의 정서적 성향"으로서 "사물에 대해서 아주 사소하게 보이는 것까지도 생생하게 흥미를 느낄 수 있는 능력"이라는 것이다. (가)의 내용과는 달리 감성은 인간이 사랑, 슬픔, 행복이라는 느낌 자체가 아니라 그러한 느낌의 성향(tendency)이나 능력(ability)이라고 말하고 있다. 그러나 여기서 의미하는 감성은 타고난 재능(talent)에 가깝다. 재능은 특정 기능을 수행할

---

13 신의(新義)란 시를 통해 사물이나 언어에 기존의 의미가 아닌 새로운 의미를 부여하는 것을 말한다. 용사와 비교하여 언급되는 신의는 시를 지음에 있어 "뜻이 새로운 것이 최상이고 말이 새로운 것이 다음이며, 자구가 새로운 것이 또 그 다음이다(不新不可作 意新爲上 語新次之 字句之新又次之)."라는 이어(李漁)의 언급에서 알 수 있다(김진영 1992).

수 있는 잠재력이며, 이 잠재력은 최적의 환경에서 발생할 수 있다. 따라서 (나)에서 말하는 감성은 학습이나 노력에 의하여 계발될 수 있는 능력이라기보다는 인격(personality)적인 측면이 강한 기질(temperament)이나 선천적으로 결정된 정서적 성질인 것이다.

셋째, 감성을 선천적인 기질로 판단하기보다는 지적인 인식이나 감각적 경험을 통해 지속적으로 형성된 하나의 양식이라고 보는 관점이다. 위너(Wiener)는 감성(sensibility)을 아래와 같이 진술하고 있다.

(다) 감성(sensibility)은 지적인 인식과 감각적 경험 등이 지속적으로 상호 관련을 맺으면서 형성된 양식(pattern)이다. 어떤 인간도 최소한의 지적인 분별력(discrimination)없이 느낌(feeling)을 가질 수 없다. 따라서 인간은 어떤 느낌(feeling)을 경험하지 않고 추리(reason)할 수 없다는 심리학적 사실은 이를 증명한다. 감성은 순수한 사고와 본능적인 민감성(sensitivity)과는 다른 어떤 느낌과 사고가 연합된 것이라고 할 수 있다. 개인의 감성이 다르다고 할지라도 동일한 지역에 살고 있는 사람이나 특정 계층, 특정 사회에서 비슷한 가치와 환경의 영향을 받은 사람들은 특정한 양식의 감성을 공유하고 있을 수 있다.

(Wiener 1978: 217)

(다)에서는 감성이 지적인 인식과 감각적인 경험에 의한 작용임을 강조하고 있다. "순수한 사고나 본능적인 정감"이 아닌 "느낌과 사고가 연합"되었다는 의미는 감성이 어떤 대상에 대한 반사적 행위라기보다는 반성적인(reflective) 과정을 수반하는 사고력임을 알 수 있다. 감성은 정서(emotion)라기보다는 어떤 느낌과 그때의 사고가 연합되어 지속적으로 형성된 양식적 특성을 갖는다는 것이다. 이러한 진술은 감성을 지적인 사고를 거치지 않은 상태에서 과장되게 부추겨진 것으로 판단하는 감정제일주의나 부정적 의미에서의 감상주의(sentimentalism)와는 다른 것임

을 반증한다. 이와 유사한 관점은 (라)에서도 드러난다. (라)에서 감성은 정서에 대한 민감성(susceptibility)으로 설명된다.

(라) 감성(sensibility)은 18세기에 두드러지게 나타난 용어로서 정서(emotion)에 대한 민감성(susceptibility)이나 어떤 것을 섬세하게(tender) 느끼는 성향을 의미한다. 느낌(feeling)은 인간이 스스로 혹은 다른 사람에 의해 가지게 되는 것이다. 감성을 숭상하는 사람들은 기쁜 느낌(사랑, 행복 등)을 슬픔과 함께 드러내기도 한다. 예를 들어 '슬픔의 사치(luxury of grief)', '기분 좋은 눈물(pleasurable tears)' 등의 표현이 그것이다. 감성은 타자(others)에 대한 것으로서 심미적(aesthetical)으로 중요할 뿐 만 아니라 윤리적으로도 긍정적으로 평가된다. 왜냐하면 인간을 이기적인 것으로부터 벗어나게 하기 때문이다.

(Priminger & Brogen 1993: 1143)

(라)에서 감성은 정서에 대한 민감성으로서 어떤 것을 섬세하게 느끼는 심미적 능력을 말한다. 또한 타인에게 열려진 심리적 작용으로서 윤리적으로도 중요하다고 지적하고 있다.

지금까지 감성에 대한 주요 관점을 네 가지로 살펴보았다. 이들의 관점 차이는 두 가지 측면에서 비롯된다. 첫째, 정서와 감성을 어떤 층위로 범주화하느냐의 문제와 둘째, 감성의 성격을 타고난 능력으로 볼 것인가 아니면 후천적인 능력으로 볼 것인가의 문제이다.

먼저 감성과 정서의 층위를 살펴보자. (가)는 감성을 정서의 상위 범주로 파악하고 있으며 나머지((나), (다), (라)의 경우)는 감성을 정서에 대한 감수력으로 보고 있다. (가)에서 감성은 이성의 대립쌍을 의미한다. 그런데, 이성의 대립쌍을 명명할 수 있는 지시어는 다양하게 존재한다. 데카르트는 이성의 상대적 개념을 정념(passion)이라고 하였고, 스피노자는 정동(affectus)이라고 하였으며, 영미권 철학에서는 정서(emotion)를 사용하기도 한다(김상봉 2003: 39). 여기서의 감성은 넓은 의미에서의 감성으로 그 실체를 구체화하기 어렵다. 따라서 이 글에서는 (나), (다), (라)의 경우와 같이 감성을 정서에 대한 인식 능력으로 보고자 한다.

감성을 인간의 능력으로 보았을 때, 남는 문제는 인간의 감성이 선천적인가 아니면 후천적인가의 문제이다. (나)의 경우 감성을 인간의 타고난 능력으로 보고 있으며, (다), (라)의 경우 후천적 노력이나 환경에 의해 형성되는 능력으로 보고 있다. 감성을 선천적으로 타고난 능력으로 본다면 감성은 인간이 가지는 느낌의 영역만으로 한정하여 판단하는 것이 옳다. 외부의 자극에 의하여 수동적으로 반응하는 감지체의 역할을 한다고 보아야 하는 것이다. 그러나 후천적으로 형성될 수 있는 능력으로 본다면, 타고난 감지 능력보다는 환경에 의해 형성된 인식 양식으로 보아야 한다.

이 두 가지 중에서 감성이 어떤 맥락으로 쓰여야 하는지를 판단하기 위해 김용옥(2011)의 관점을 참고하고자 한다. 그는 감성을 이성적인 계산을 넘어서는 주체적인 판단 능력이라고 말한다(김용옥 2011: 78~85). 우리는 이성적으로 받아들여야 하는 어떤 사실을, 어쩔 수 없이 거부하게 되는 상황을 흔히 경험하게 된다. 이것은 인간이 수동적인 감지체처럼 외부의 자극에 반사적으로 반응하는 것이 아니라, 이성적 판단의 우위에서 인간의 행동을 결정하도록 관여하는 감성이 있기 때문이다. 따라서 감성은 (다), (라)와 같이 후천적으로 형성된 심미적 능력이라고 판단할 수 있다.

감성은 정서를 느끼는 성향으로서 지적인 인식과 감각적 경험의 상호 관련 속에서 후천적으로 형성되는 인간의 능력이다. 따라서 감성은 사회적인 맥락에 의해 형성된 문화적 감성(cultural sensibility)뿐만 아니라 개인적 맥락에서 내밀(privacy)하게 형성된 개인적 감성(personal sensibility)을 포함한다. 이성적인 인지가 지식에 의해 추동된다면 감성적인 인식이나 판단은 개인적인 경험이나 체험에 의해 축적된 개인의 정서적 스키마에 의해 영향을 받는다. 앞으로의 논의를 위하여 개념적 혼란이 있다고 판단되는 감성, 정서, 감정 및 감수성을 〔표 1〕과 같이 공준(公準)하고자 한다.

〔표 1〕 감정, 정서, 감성 및 감수성의 개념과 특성

범주	개념	특성
감정 (feeling)	감각이나 지각에 의해서 촉발된 원초적이고 본능적이며 일차적인 느낌	인지적 성격이 낮고, 즉각적인 심리적 상태
정서 (emotion)	여러 가지 감정들을 포괄하는 상위개념으로서 어떤 대상이나 상황에 대해 장기적으로 지속되는 느낌	가치관이나 태도와 같이 인간에게 장기적으로 지속되는 심리적 상태
감성 (sensibility)	감각적 자극에 반응하는 능력뿐만 아니라 감정이나 정서를 발생시키고 조절할 수 있는 능력	감정이나 정서에 대한 메타 심리적 작용
감수성 (sensitivity)	감각적 자극에 반응하는 민감성 정도	물리적 대상이나 상황에 대한 심리적 반응 정도

그렇다면 감성은 의미구성과 가치 판단 과정에 어떻게 작용하는가? 감성이 의미 구성에 관여할 때, 이것을 감성적 인식 혹은 판단이라고 할 수 있다. 의미 구성의 상황에서 '사물을 감성적으로 인식한다'는 것은 무엇을 의미하는가? 이성적 인지가 언어적 서술에 의하여 얻어지는 지식임에 반하여 감성적인 인식은 직접적인 몸의 체득에 의하여 얻어진다. 예를 들어, 어떤 대상에 대한 감성적 판단이라고 할 수 있는 '아름답다, 저속하다, 고상하다, 추하다, 멋지다' 등의 가치는 설명이나 명제 혹은 개념을 통해서 얻을 수 있는 지식이 아니다. 어떤 사람의 이름이나 직업, 가족 관계를 아는 것은 그 사람 '자체'에 대하여 아무런 설명도 해

주지 못한다. 그 사람과 직접 만나서 이야기를 나누고 무엇인가를 함께 경험하였을 때 비로소 그가 누구인지 알게 된다. 그가 무엇을 좋아하고 싫어하는지, 어떤 행동을 즐겨하고, 어떤 말에 반응을 보이는지 등은 그 사람과의 직접적인 대면을 통해서만 알 수 있다.

이성적인 인지가 사물을 추상화시켜 보편성의 테두리 안에 넣어 사고하려는 경향을 가진다면 감성적 인식은 그와 같은 보편성의 인식에서 벗어나 대상의 개체성(individuality)과 단독성(the singularity)을 읽어내는 시선이다. 단독적인 것은 교환불가능한 것이다. 대상을 단독적으로 바라본다는 의미는 각각의 개체들을 보편적인 개념 안에서 파악하는 것이 아니라 그 개체들이 가진 고유성을 인정하는 것이다(강신주 2010: 317~320). 앞에서 언급한 바와 같이 한 사람을 그의 이름이나 직업, 가족 관계 등으로만 판단한다면, 그와 같은 이름이나 직업, 가족 관계 등을 가진 다른 사람과 동일하게 판단될 수밖에 없다. 그러나 그 사람이 무엇을 좋아하는지, 어떤 정서를 가졌는지, 어떤 경험을 했는지 알 수 있다면, 그 사람은 누구와도 바꿀 수 없는 단독적인 존재가 된다. 사람뿐만 아니라 어떤 대상이나 일 혹은 예술 작품에 대한 감성적인 시선도 마찬가지이다. 감성은 대상을 그 무엇과도 교환될 수 없는 단독자로 판단하게 한다.

(2) 시적 감성의 개념과 특성

감성은 '정서를 인식하고 조절할 수 있는 능력'으로서 '저것은 빨갛다'라고 느끼는 단순한 지각에서부터 '저것은 아름답다'라는 심미적인 판단까지를 포함하는 개념이다. 한편 '시적 감성'은 일상적인 방식으로서의 지각 능력이 아니라, 시라는 특수한 양식에 대한 감성을 의미한다. 따라서 시적 감성은 시에 대한 감각적인 능력이며 동시에 일상적인 감성과 차이가 있다. 독자가 실제적인 대상을 바라보는 것이 아니라 시 안에서 심미적으로 관찰된 대상의 측면을 바라보는 것이기 때문이다. 시적 감성은 시에 형상화된 대상을 통하여 정서를 인식하고 조절하는 능력이라고 할 수 있다.

시의 정서를 인식하는 능력은 시적 상황[14] 안에서 인간의 감정과 정서를 파악하는 것이다. 감성이 일상의 상황과 정서를 이어주는 것과 같이, 시적 감성은 시적 상황이나 정서적 표지와 독자의 정서를 연결하는 역할을 한다. 이러한 기능은 정서의 인식에 대한 메타적 사고라고 할 수 있다.

시적 감성이 지니는 메타적 성격은 메타 인지의 그것과 다르다. 메타 인지는 어떠한 지식을 인지하고 있는 자신을 파악하는 기제이다. 박인기 외(2005)에서는 메타 인지의 상대적인 개념으로 '메타 정서(meta-affective)'의 개념을 제안한 바 있다.[15] 그들은 메타 정서를 텍스트 경험이나 일상 언어 경험에서 빚어진 정서에 대한 메타적 인식을 말한다고 하였다. 그런데, 메타 인지(meta-cognition)가 '인지 활동(cognizing)'에 대한 평가, 점검, 조절을 의미한다고 할 때, 메타 정서(meta-affective)는 '정서' 보다 '정서 활동'에 대한 평가, 점검, 조절이 되어야 한다. 일반적으로 정서에 대한 인식은 지각(perception) 활동에 의해서 이루어진다. 시각, 청각, 촉각 등을 사용하여 사건이나 대상 또는 자극을 인식하는 것을 지각(perception)이라고 할 때(박경자 외 2001: 313), '메타 정서(meta-affective)'는 '메타 지각(meta-perception)'이 되어야 한다.[16] 이것은 '메타 인지'가 '메타 지식(meta-knowledge)'과 다른 것과 같은 이치이다. 감성은 메타 지각으로서 정서적 맥락을 인식하는 능력이다. 따라서 시적 감성은 시적

---

14 이 글에서 시적 상황은 두 층위에서 쓰였다. 시에 묘사된 상황과 학습자에 의해 구성된 시 텍스트의 상황을 함께 지칭한다.

15 염창권(2008)은 '상위 정서(meta-emotion)'라는 개념을 언급하였다. 상위 정서는 정서의 표현과 관련된 것으로 정서를 조절하거나 위장하는 기능을 한다고 설명하고 있다(염창권 2008).

16 지각(perception)은 지각의 원초가 되는 '감각(sensation)'을 포함하는 개념이다. 흔히 감각(sensation)은 어떤 자극에 대한 의식 현상으로서 자극과 관련된 기억이나 사고가 깊이 관여하기 전, 오감에 의한 감각기관의 작용을 말한다(Goldstein 2010).

정서를 인식하는 메타 지각이라고 할 수 있으며, 메타 인지와 비교하면서 그 개념을 설명하고자 한다.

첫째, 시적 감성은 시적 정서를 사고의 대상으로 삼는다. 시적 감성은 합리적인 인과관계나 규범을 판단하기보다는 시 텍스트의 맥락 안에서 실체적(flash-and-blood) 인간이 가지고 있는 특별한 정서나 감정에 대한 공감 정도를 사고한다. 이러한 사고는 합리성에 바탕을 두기보다는 자신이 가진 정서의 경향성(inclination)이나 기분(mood), 태도(attitude) 등에 의해 영향을 받는다. 이것은 체계화된 지식이나 사실 등 논리적이고 개념적인 지식의 이해 정도를 파악하는 메타 인지와 다른 기제이다.

둘째, 시적 감성은 대상에 대한 시선을 평가한다. 시적 감성은 시 자체에 대한 평가라기보다는 시적 화자의 시선을 평가한다. 메타 인지가 인지하고 있는 자신에 대해 평가를 포함하는 것처럼 시적 감성도 시적 화자의 시선을 느끼는 자기 자신을 평가한다. 그러나 그것은 독자가 물리적 대상을 얼마나 명확하게 판단하고 있는가를 평가의 기준으로 삼지 않는다. 꽃을 관찰하는 상황을 예로 들어 보자. 꽃을 관찰할 때, 자신의 관찰 결과에 대한 메타 인지는 꽃의 모양이나 색깔, 크기, 품종 등이 정확히 관찰되었는지 평가한다. 그러나 시적 감성은 꽃의 모습을 '사실적으로 정확하게' 관찰하였는지에 주목하지 않고, 꽃을 바라보는 마음의 눈이 어떠한지 평가한다. 마음의 눈으로 꽃을 바라본다는 것은 꽃을 관찰함은 물론 그 꽃이 어떻게 보여야 하는지에 관한 것까지 포함한다. 꽃의 관찰에 대한 메타 인지의 확인은 눈앞에 그와 동일한 품종의 꽃을 직접 가져다 놓음으로서 해결할 수 있다. 하지만 시적 감성으로 상상된 꽃은 물리적인 모습으로 재연할 수 없다. 따라서 독자가 시적 감성을 활용하여 꽃에 대한 시선을 평가하는 것은 자신의 눈앞에 놓인 꽃을 보는 행위가 아니라, 그 꽃을 마음속에 그려보는 행위와 유사하다. 마음속에 그린 꽃에 대하여 평가하고 자신의 생각과 비교하는 상상의 과정은 인지적 사고에 관여하는 상위인지와 다른 접근 방법이다.

셋째, 시적 감성은 가족 유사성(family resemblances)을 가진다. 시적 감성이 시에 내재된 정서를 파악하고 조절하는 능력이라고 할 때, 독자의 정서적 스키마는 시적 감성 작용의 중요한 변인이다. 스키마는 '기억 속에 체계적으로 저장되어 있는 지식의 구조'로서 변화 가능한 인지적 구조틀이다. 인지적 구조틀은 개념이 표상하는 추상 정도에 따라 위계적으로 형성된다. 이 틀은 학습자에게 새로운 정보를 받아들이게 하거나, 상황에 따라 적절히 수정하도록 하는 동화와 조절 작용을 수행한다. 인지적 스키마는 논리적 위계에 따라 문제해결상황에 관여한다. 그러나 정서적 스키마는 논리적 위계가 아닌 정서와 정서간의 연결고리에 의해 '네트워크를 형성(김도남 2011)'하면서 특정 상황에 관여한다.

김소월의 「진달래꽃」의 이별은 한용운의 「님의 침묵」과 연결될 수도 있고, 유치환의 「행복」과 연결될 수도 있다. 이것은 시적 정서가 수준 차이를 가지기 때문이 아니라 하나의 중추적인 정서가 구심점이 되어 다른 정서를 연결하기 때문이다. 논리적이거나 합리적인 연결이 아니라 '선호적 연결(preference attachment)'이 형성되는 것이다. 시적 감성은 시적 정서에 대한 '선호적 연결고리'이며, 시 읽기 경험이 축적될수록 연결고리는 조밀하고 섬세해진다. 이것은 인지적 구조처럼 논리적 위계를 갖는 것이 아니라 핵심 정서를 중심으로 '가족유사성(family resemblances)(Wittgenstein 2006)'을 가진다고 볼 수 있다. 개개의 시는 보편적 정서와 같은 공통성으로 파악되는 것이 아니라 대립이나 차이, 변형이나 결합 등의 관계로 이해되기 때문이다.

2) 시적 감성의 구조

시적 감성이 구조(構造)를 가진다는 것은 그것을 구성하는 근본적인 요소들이 존재하며, 그 요소들이 안정적인 관계를 맺고 있음을 전제로 한다. 그러나 시적 감성은 인간이 가진 느낌, 충동, 억압과 같은 안정적이지 않은 성향과 관련되어 있고 항상 진행 중인 경험에 의해 영향을 받기 때문에 가옥의 구조나 분자의 구조와 같이 안정적이고 고정된 항목으로 구성되지 않는다. 따라서 시적 감성의 구조는 그것이 성립되기 위해 서로 밀접한 관련을 맺고 있는 요소와 그 관계로 설명해야 할 것이다.

시인이나 독자는 시 속에 담겨 있는 '시적인 관습'에 대한 감각을 창조하거나 수용하는 과정을 통해 시적 감성을 형성한다. 여기서 '시적 관습'이란 어떤 텍스트가 시로서 받아들여질 수 있는 개연성이나 핍진성(versimilitude)과 같은 시적인 관례(convention)를 말한다. 이러한 관례들은 시인에 의해 창조되고 비평가와 연구자들에 의해 '시성(poeticity)'으로 축적되어 왔으며 독자들이 가진 장르 인식이나 당대의 생활 감각과 상호작용하면서 확대·재생산되었다. 시를 수용한다는 것은 시를 읽고 무엇인가 인식한다는 것, 곧 관례에 의해 시행되는 정서나 규범을 체화하고 따르게 된다는 의미를 지닌다. 한편, 새롭게 창조한다는 것은 당대 독자들이 인정하는 인식의 경계를 돌파하는 데서 이루어진다. 이 절에서는 이러한 창조와 수용의 메커니즘을 바탕으로 시인의 시적 감성의 특성을 살펴보고 이를 바탕으로 독자의 시적 감성 구조를 파악하고자 한다.

(1) 시인의 시적 감성 특성

시인의 시적 감성은 시와 시인을 바라보는 관점의 변화를 통해 이해할 수 있다. 시를 창작하는 과정에서 감성의 역할은 낭만주의적 관점에서 강조되었다. 보편적인 이성을 추구했던 계몽주의와는 달리 낭만주의 시대에는 다양하고 독창적인 개성과 정서를 중시했다(Beardsley 2005: 286). 그것은 감성이 이성의 한계를 넘어서서 숨겨져 있는 자연의 신비와 아름다움을 파악하는 정신적 힘이라고 믿었기 때문이다. 이러한 낭만주의적 인식론은 일종의 정서적 직관주의(emotional intuitionism)이다. 낭만주의 입장에서 시인이 가진 시적 감성은 천재의 그것과 같다고 여겨졌다. 풍부하고 섬세한 감성, 자유롭고 활달한 상상력, 강렬하고 자발적인 자기표현의 열정은 보통 사람에게서 찾아보기 힘들기 때문이다 (Abrams 1953: 47~48). 낭만주의의 입장에서 시적 감성은 시인의 개성에 지배되는 것으로서 천부적인 재능에 가깝다.

그러나 20세기에 들어 시인의 개성에 대한 회의가 일어나기 시작했다. 이것은 동일성을 지닌 자아 개념의 해체로 인해, 시인을 자율적 주체로 보는 관점이 더 이상 유효하지 않게 되었기 때문이다. 따라서 시인의 개인적 재능이나 능력에 앞서 사회 전통과 구조가 시인의 자아 형성의 토대가 된다는 인식이 생겨났다. 구조주의적 시각에서 볼 때 시인이 쓴 시는 아무리 개인적인 작품일지라도 더 이상 개인만의 목소리는 아닌 것이다. 아도르노(Adorno)는 "결코 내가 아니라 '우리'가 말을 한다"고 하면서 개인적인 발화는 원칙상 존재할 수 없음을 말한다(Zima 1993: 148~149). 그에게 시적 감성은 새로운 것을 발견하는 능력이 아니라 이미 있는 보통의 정서를 조합한 정서 표현에 불과하다. 시 창작 과정에서 시인의 개성이 개입되는 것이 아니라 시인은 단지 여러 정서들의 화학적 변화를 매개하는 것일 뿐이다.

시 창작의 원천으로 판단되었던 시적 감성은 시인의 개성이 부정됨으로써 변화를 맞는다. 시적 감성의 근원이 시인 개인에서 그러한 개인이 있게 한 배후의 현상이나 사회의 구조가 된 것이다. 시를 쓰는 시인의 현재 모습은 시인이 가지는 다양한 주체의 모습 중 하나라는 것이다. 이러한 관점을 받아들인다면, 시적 감성은 시인이 처한 사회구조 안에서 시인 주체가 차지하는 위치에 따라 발현되는 '욕망'이 된다.

낭만주의적 시각에서 시적 감성은 개인의 고유한 자질이며 특징이었지만, 구조주의적 시각에서 시적 감성은 사회 구조의 결과물인 것이다. 그러나 이러한 두 입장은 모두 시적 감성을 인간의 수동적 특성으로 간주하고 있다. 필자는 시적 감성을 시를 형상화하는 인간의 주관적인 사고 과정과 연동되어 설명되어야 한다고 보고, 이에 대한 해답을 칸트에게서 찾고자 한다.

칸트에 의하면 예술적인 감성은 대상의 아름다움에 대해 민감함을 보이는 성격이다. 비이성적인 감정이나 극복되어야만 하는 부정적인 충동으로 여겨지던 감성은 칸트에 의해서 인간의 능력으로써 환원되지 않는 고유성을 인정받게 된다(이선 2008: 259~260). 칸트는 감성을 단순한 정념이나 수동성으로 간주하지 않고 주체의 자기 내적 반성(reflection)의 과정으로 보았다. 육체로 느껴지는 쾌감이나 불쾌감의 느낌은 감정적인 것이며, 여기서 감정은 수동성과 같은 말이다. 그런데 아름다움이나 숭고가 주는 심미적 쾌감은 그러한 수동성을 가지지 않는다는 것이다. 왜냐하면 쾌감과 불쾌감의 규정 근거는 대상에 있지 않고 주체 자신 속에 있기 때문이다. 물론 우리는 언제나 감각을 통해 주어지는 어떤 대상의 표상을 보거나 들음으로써 아름다움이나 숭고를 느끼게 된다. 하지만 칸트에 의하면 아무리 우리가 어떤 대상을 향해 아름답다거나 숭고하다는 감정을 느낀다 해도 사실은 아름다움이나 숭고 그 자체가 그 대상 속에 존재하는 것은 아니다(Zima 2000). 아름다움은 대상 자체의 완전성이나 조화 같은 것도 아니고 대상에 의해 수동적으로 촉발되는 직접적인 감각도 아니다. 도리어 그것은 마음의 상이한 능력들이 서로 어울려 조화와 균형을 이룰 때, 인간 자신이 느끼는 충만한 생명감이라는 것이다. 대상이 주체에게 주는 것은 아름다움을 위한 질료일 뿐 아름다움 그 자체는 아니다. 아름다움이란 어떤 대상의 객관적인 표상이 아니라, 주체의 반성(reflection)에 의해 산출된 주관적 느낌인 것이다.

보이지도 않고 확실하게 인식되지도 않는 사회의 영향관계는 시인의 느낌에 의해서 그 실체의 일부를 보여준다. 이것을 양상이라고 할 수 있다. 인간이 인식하고 있는 다양한 경험은 그러한 경험들 자체가 아니라 경험이 특정한 양상으로 드러난 '경험의 양상들' 또는 '양상화된 경험들'이다(Oakeshott 1985). 양상은 단순히 경험의 다양성만을 언급하는 개념이 아니라 인간이 세계를 경험하는 방식의 다양성을 설명하는 개념이다. 양상이란 세계를 바라보는 독특한 방식으로서, 삶의 총체성에는 미치지 못하는 것이다. 양상으로서의 경험은 전체 세계에 대한 일부를 보여준다. 따라서 경험의 인식 과정은 개인의 경험이나 사고가 계속적으로 확장되는 과정이며 이러한 경험을 수용하거나 비판하고 혹은 거부하는 과정을 통해서 세계의 총체성은 추론될 뿐이다. 하나의 양상은 총체를 그 자체로서 보여주는 것이 아니라, 총체가 어떤 것인지를 잠정적으로 보여준다고 하겠다. 따라서 시 작품은 시인에 의해서 드러난 사회 구조의 양상이며, 시인은 그 양상을 인식하고 표현할 수 있는 감성의 소유자이다.

시인이 인식한 양상들은 사물에 대해서 취할 수 있는 관점을 넘어서는 것이 많다. 시인들은 보이는 측면뿐만 아니라 보이지 않는 측면을 숙고하여 시로 나타내기 때문이다(Collot 2003: 16~25).

(마) 흰나비는 날개를 접은 채로
　　밀잠자리는 날개를 편 채로
　　배추 포기 사이에 두고
　　잠들어 있었다.

　　늦잠을 자도 좋을 만치
　　밤새 무슨 얘기들 나누었을까.
　　등 뒤에 하늘에 부는 바람 소리
　　그냥 말없이 듣기만 했을까.

찬 이슬에 젖은 날개들을
햇살이 가만가만 말리는 사이
나는 발소리 죽여
살며시 그 곁을 떠났다.

—임길택(1995), 「가을 배추밭」 전문

　(마)에서 시적 화자는 '가을 배추밭'에서 작고 여린 것들을 새로운 시선으로 바라보고 있다. 흰나비와 밀잠자리의 이미지를 새롭게 형상화하고 있는 것이다. 흰나비와 밀잠자리가 나누었을 이야기와 그들 사이에 흐르던 침묵을 채웠을 바람 소리, 이슬에 젖은 날개를 말리는 햇살, 그들 곁을 떠나는 화자의 발소리까지 시인에 의해 되살아나고 있다. 살아 있는 생명들에게 저마다의 아름다움을 찾아주는 시인의 시선은 멈춰진 순간을 드러내 줌으로써 세계의 총체성을 단적으로 보여주고 있다.

　순간을 포착하여 우주를 관통하게 하는 시인의 시선은 시인의 개성을 넘어선다. 엘리엇(Eliot)은 시인에게 중요한 것을 '전통'에 대한 인식이라고 보았다(Eagleton 2001: 85~86). 그가 말한 전통은 과거의 문학적 전통에 대한 의식이다. 더 정확히 말한다면 과거로부터 이어져 오는 모든 것을 맹목적으로 답습하는 것이 아니라 적극적으로 그것을 재해석하고 비판적으로 여과함으로써 자신의 것으로 만들려는 의식이다. 엘리엇의 시각에 의하면 시적 감성은 자기 세대를 골수 깊이 의식함과 동시에 전통적인 문화에 대한 인식을 바탕으로 구성된다. 따라서 시인의 시적 감성은 과거성의 인식뿐만 아니라 현재성에 대한 의식도 포함된다. 시인 자신의 현재성을 가장 날카롭게 의식하는 능력이 시적 감성인 것이다.

　여기서 중요한 것은 시적 감성이 기성세대의 감성을 익히고 답습하는 것이 아니라 현재의 위치에서 현재적인 노력과 성취에 의해서 끊임없이 재해석되고 쇄신되어야 한다고 지적한 부분이다. 사회 구조 안에서 형성될 수밖에 없는 창작 주체는 자신의 정서와 사고를 끊임없이 의심하고 자신이 살고 있는 세계에 대해서 깊이 통찰함으로써 시적 감성을 획득할 수 있다. 주체에 의해 완벽하게 해석될 수 없는 세계의 타자성[17]을 인식하기 위한 노력이 감성으로 연결되는 것이다.[18] 따라서 시의 형상화에 관여하는 시적 감성은 두 가지 특성을 가지는 개념으로 이해할 수 있다. 이러한 두 가지 특성은 루카치의 말을 차용하여 '직접적 주관성'과 '창조적 주관성'으로 보고자 한다(Luka'cs 1984).

직접적 주관성이란 주관의 자연발생적인 활동을 통해 얻어지는 정신의 상태와 성질을 가리킨다. 직접적 주관성은 일상적인 삶의 과정에서 형성된 인간의 정신 활동의 일체, 즉 인식, 감정, 사상, 신념 등을 모두 포함하는 것이라고 할 수 있다. 반면, 창조적 주관성은 직접적이고 즉흥적인 사고 활동에 머물지 않고 대상과 자기 자신을 반성적(reflective)으로 인식하고 파악하는 성질을 가리킨다. 직접적 주관성은 반성적 매개를 거침으로써 인식 초기의 일면성에서 벗어나 타인이 공감할 수 있는 정서로 고양된다. 여기서 직접 주관성은 폐기되는 것이 아니라 더 높은 수준의 새로운 직접성으로 지향된다고 할 수 있다. 루카치는 예술 창조를 위해서 원체험의 직접성을 극복하는 문제를 강조하고 있다(Luka'cs 1984: 186~197). 시인의 시적 감성은 객관 현실을 대상으로 할 뿐만 아니라, 거기서 한걸음 나아가 그것을 인식하는 시인 주체를 인식의 대상으로 하는 정신 활동인 것이다.

---

17 이 연구에서 '타자성'는 '자아와 다른 이질성' 내지는 '자아와 거리를 두는 자기 반성적인 것'을 의미한다(서동욱 1999, Decoms 1996).
18 동시의 경우, 시인의 체험과 시의 내용의 거리감은 더욱 분명하게 확인된다. 동시의 시적 화자는 주로 아동인데, 동시를 쓰는 필자는 성인이다. 동시 텍스트를 형성하게 하는 시적 감성은 성인에 의해서 포착된 아동의 시선이며, 이것은 시인 자신의 것이 아니라 타자성을 가지는 부분으로, 시인에 의해서 정확하게 포착될 수 없는 불가역의 부분이며 단지 상상과 추론을 통해서 알 수 있을 뿐이다.

(2) 독자의 시적 감성 구조

　시인이 가진 시적 감성은 직접적 주관성과 창조적 주관성을 특징으로
한다. 시인의 창조적 주관성은 '시다운' 혹은 '시답고자' 하는 '시성
(pepticity)'을 추구한다. 이 과정에서 시어들은 축어적인 의미뿐만 아니
라 다른 사물이나 개념을 표현하는 의미론적 간접화(indirection)를 통해
기호적 의미도 획득하게 된다. 리파테르(Riffaterre)는 간접화의 방법으로
'전이', '왜곡', '창조' 현상을 지적한다(Riffaterre 1989: 13~14). 전이는 은
유나 환유처럼 한 뜻에서 다른 뜻으로 바뀌거나, 한 단어가 다른 단어를
뜻할 때 생겨난다. 왜곡은 중의성, 모순 혹은 넌센스가 있을 때 생긴다.
한편 창조는 대칭이나 압운처럼 언어적 장치들을 통해 시를 새로운 의
미 공간으로 만들어 낼 때 생겨난다. 시인의 창조적 주관성에 의해 생성
되는 간접화 현상은 시를 축어적으로만 읽어 낼 수 없는 중의적인 글로
만든다. 독자는 간접화를 통해 시 속에 잠재된 의미를 찾아 다시 텍스트
로 구성하면서 읽어야 한다. 따라서 독자의 시적 감성은 시인의 상상력
을 쫓아 '소급적 독서(retroactive reading)'를 유도하는 방향에서 형성되는
것이다. 소급적 독서는 의미의 통일성이 바로 드러나지 않는 모호한 글
을 독해하는 방법(Riffaterre 1989: 19~27)으로서 읽기를 반복하면서 의미
텍스트를 구성하는 방법이다. 소급적 독서를 통해 독자는 끊임없이 의
미해석체를 구성한다. 독자가 시를 소급적으로 읽는 과정에서 독자의
시적 감성은 텍스트 요소, 독자 요소에 의해 그 구조를 형성한다.

가) 텍스트 요소

　텍스트 요소는 형식적 범주와 내용적 범주로 나누어 살펴보고자 한
다. 먼저 텍스트의 형식적 층위는 독자의 의미구성 차원에서 세분화하

여 살펴보고자 한다. 시의 형태는 독자가 구성하는 해석체의 수준에 따라 시(a poem), 시 텍스트(texts of the poem), 시 작품(work of the poem)으로 구분할 수 있다. 시의 형태를 달리 명명하는 것은 독자의 시 감상 과정과 정서적 내면화 과정을 설명하고 시적 감성의 실체를 드러내는 데 유용하기 때문이다.

콜링우드(Collingwood)의 예술 작품에 대한 인식은 독자의 감상 과정에서 시의 층위를 구분하는 데 시사점을 준다. 콜링우드는 '예술품'과 '예술 작품'을 구분한다(Collingwood 1996: 172~173). '예술품'이 작가에 의해 만들어진 물리적인 산물이라면 '예술 작품'은 그 물리적인 산물인 '예술품'을 통하여 체험할 수 있는 사고 내용을 말한다.[19] 이것은 '작품'과 '텍스트'를 구별한 바르트(Barthes)의 견해와는 차이를 가진다. 바르트는 구조주의적 관점에서, '작품'은 단일하고도 안정된 의미를 드러내는 체계이고, '텍스트'는 고정된 의미로 환원될 수 없는 무한한 시니피앙들의 짜임이라고 말한다(Barthes 1999: 8~9). 이러한 바르트의 견해는 '작품'을 폐쇄적인 대상으로 보는 반면, '텍스트'는 독자의 경험과 만나 새롭게 살아나는 역동체로 인식하는 독자반응비평의 관점과 유사하다.

바르트가 열린 구조로서의 텍스트를 규정하기 위하여 '작품'의 개념을 세웠다면, 콜링우드는 '작가가 예술품을 만들기 위하여 가졌던 마음의 설계도'인 '예술 작품'을 규정하기 위해 '예술품'의 개념을 세웠다. 시와 관련하여 본다면, 바르트의 '작품'이나 콜링우드의 '예술품'은 개체로서의 '한 편의 시(a poem)'를 의미한다. 시는 물리적인 산물로서 완결된 구조라고 볼 수 있기 때문이다. 그러나 '텍스트'와 '예술 작품'의 개념은 어떤 부분을 바라보느냐에 따라 가리키는 대상이 다르다.

---

19 이러한 시각은 듀이(Dewey)의 견해와도 일치한다. 듀이도 '예술의 산물(a product of art)'과 '예술 작품(work of art)'을 구분한다. 예술의 산물이란 예술가에 의해 만들어진 외부적이고 물리적인 실체이고, 예술 작품이란 그 '예술의 산물'이 감상자의 경험과 더불어 산출되는 내용을 말한다(한명희 2002: 23~66).

바르트가 규정한 텍스트는 '독자가 하는 일은 무엇인가?'에 대한 관심에서 비롯되었다. 바르트는 끝없이 미끄러지는 기호 의미의 차연 속에서 작가의 신적인 지위는 부정될 수밖에 없다고 하였다(Barthes 1999). 바르트와 같이 시를 텍스트로 바라보는 입장은 어디에도 닻을 내릴 수 없는 기호 의미의 비규정성을 드러내는 데 충분하다. 시를 '작품'이라고 부르지 않고 '텍스트'라고 부르는 것은 시 자체의 질성이 달라졌기 때문이 아니라 시를 바라보는 관점이 달라졌기 때문이다. 시의 의미는 시나 시인에 의해 지배당하는 것이 아니라 독자의 체험에 의해 재구성됨을 강조하기 위한 것이다. 그러나 의미의 비규정성으로 인해 작가의 죽음이 받아들여진다면 독자의 죽음 역시 똑같은 이치에서 받아들여져야 한다. 작가가 의미를 규정할 수 없듯, 독자도 의미를 규정할 수 없다. 무엇인가 '창조'하는 예술가로서 작가의 존재를 인정할 때, 독자의 '텍스트 유희'도 인정될 수 있다. 따라서 그가 말한 작가의 죽음은 작가 존재의 소멸이 아니라 작가 권위의 소멸이라고 이해해야 할 것이다.

반면, 콜링우드는 창조자로서 작가를 인정한다. 앞에서 언급한 바와 같이 콜링우드는 '작가가 예술품을 표현하기 위해 가졌던 마음의 설계도'를 예술 작품이라고 하였다. 이것을 시창작의 과정에 대비시킨다면, 시인이 시를 쓰기 위해 마음속에 품었던 이미지를 예술 작품이라고 할 수 있다. 이 글에서는 시인이 시로 표현하기 위해 품었던 이상적인 이미지를 '시 작품(work of the poem)'이라고 부르고자 한다. '시 작품'은 시인이 진정으로 표현하고 싶었던 예술 작품이며, 독자의 추체험을 통해 성취되어야 하는 대상이 된다.

그런데 시 작품은 시인이 시로 표현하기에 앞서 완벽하게 존재하지 않는다. 이것은 '예술가가 완벽한 완성품을 가지고 예술품을 제작하지 않는 것(Collingwood 1937: 110)'과 같다. 시인은 자신의 원체험과 그 이미지를 시로 형상화하는 과정을 통해 자신의 마음속에 가졌던 이미지에 대한 이해를 시도한다. 시인은 자신의 정서적 원체험이 시로 표현되기 전까지 그것이 어떤 것인지 알지 못한다. 오히려 시인이 생각했던 이미지는 시로 표현된 후 일어나는 정서적 색조라고 할 수 있다. 시인의 시 작품 구성도 독자처럼 시를 읽고 구성한 의미텍스트를 통하여 이루어지는 것이다. 따라서 독자가 시를 읽고 구성한 가장 이상적인 텍스트도 '시 작품'이라고 명명하고자 한다. 또한 독자가 시를 읽고 구성하는 무수한 의미텍스트들을 '시 텍스트(texts of the poem)'로 부르고자 한다.

시집에 있는 시는 '고정된 잉크들의 집합(김창원 1995: 13)'일 뿐 시 작품은 아니다. 음악가가 상상적 곡조를 악보에 옮겨 적은 것은 악보일 뿐, 음악이라고 볼 수 없는 것과 마찬가지이다. 시 작품은 시에만 있는 것도 아니고 감상자의 속성도 아닌 그 둘 사이의 체험에서 생성되는 것으로 보아야 한다. 둘 사이의 만남은 시 텍스트에 의해 형성된다. 이러한 관점에서 시인과 독자는 모두 시를 창작하는 위치에 서 있다. 시인이 독자와 다른 점은 시를 통하여 자신의 정서를 표현할 수 있는 능력이 있다는 점이다.

이상에서 살펴본 시(a poem), 시 텍스트(texts of the poem), 시 작품(work of the poem)은 독자의 시적 감성의 요인으로서 텍스트 요소에 해당한다. 시가 시적 발화의 명시적인 측면이라면 시 텍스트, 시 작품은 함축적인 측면이다. 독자는 시를 읽어 나가면서 시에 있는 은유와 환유, 비문법성, 반복되는 시어의 의미, 반어적 표현, 불완전한 묘사 등을 포착한다. 이렇게 포착된 의미소들은 의미의 통일성에 자연스럽게 수렴될 수도 있고, 그렇지 않을 수도 있다. 언어적 결속 구조 안에 수렴되지 않는 요소들은 독자의 해석적 변주를 통해 '기호적 의미(significance)'로 통일성을 얻어야 한다. 독자의 시적 감성은 시를 기호적 의미로 받아들여 시 텍스트로 변화시키는 데 영향을 미치며, 시 작품에 근접하도록 유도한다.

다음으로 텍스트의 내용적 차원에서 시적 정서를 살펴보고자 한다.

독자가 시를 시 텍스트로 변주하면서 시 작품을 구성하는 과정은 독자가 가진 정서와 시적 정서의 만남으로 이루어진다. 시/시 텍스트/시 작품이 독자의 사고 과정에서 존재하는 텍스트의 형식적 층위라면, 시적 정서는 시 작품이 추구하는 의미의 대상이다.

시적 정서는 시인의 의도에 의해 잠재되어 있는 정서이다. 시인에게 시 창작은 심리적 충격으로부터 시작된다. 시인은 그러한 충격을 '정말 기쁘다' 혹은 '슬퍼서 눈물이 난다' 등으로 말할 수 있다. 그러나 시인은 '기쁘다' 혹은 '슬프다'라는 말로는 담을 수 없는 울림이 있기에 시로 표현한다. 시는 인간의 정서를 다루지만, 직접 보고 듣고 느끼는 단순한 감각 작용이나 인식(acquaintance)의 결과를 그대로 드러내지 않는다. 시 속의 다양한 간접화 전략들은 시인이 나타내고자하는 울림을 표현하기 위한 장치인 것이다.

나) 독자 요소

시적 감성을 구성하는 독자 요소에는 '시에 대한 독자의 정서적 스키마'와 '표현 능력'이 있다. 시에 대한 독자의 정서적 스키마는 시 체험을 통해 형성된 것이다. 시를 체험하는 것은 사실적 감각 작용이 아니라 상상적 감각 작용이다. 독자는 시에 깃든 정서적 충전을 이해하고 공감하면서 시 작품을 구성한다. 딜타이(Dilthey)의 말처럼 이해는 '타자'에게서 '자기'를 다시 발견하는 것이다(Dilthey 2009: 452). 독자는 시인이 시를 통해 드러내려고 한 정서적 이미지를 자신의 것으로 감지하려고 노력한다. 그런데 이것은 사실적 감각 작용이 아니라 일종의 상상적 감각 작용이다. 사실적 감각 작용은 실제로 무엇을 보는 행위이다. 눈앞에 그려진 그림을 보거나 꽃을 보는 행위가 이에 해당한다. 그러나 시를 읽고 시적 정서를 파악하는 것은 실재하지 않는 무엇을 현존하게 하여, 직접 경험하지 못한 것을 느끼고 표현하는 것을 말한다. 이것은 음악을 듣는 청자의 체험과 비슷하다. 음악을 듣는 청자는 단순히 소리를 듣는 것이 아니다. 그는 음악이 표현하는 느낌을 듣는다. 즉, 음악을 들으면서 바다, 하늘, 별, 빗방울이 떨어지는 모습, 폭풍의 휘몰아침과 관련된 정서를 상상적으로 체험한다. 따라서 시에 대한 체험을 통해 쌓여진 정서적 스키마는 현실 세계의 정서적 스키마와 다르다.

'시에 대한 정서적 스키마'는 시가 가진 가치를 심미적으로 인식함으로써 그 폭을 넓힐 수 있다. 시를 읽고 경제적, 사회적, 지적 가치를 인식하는 것이 아니라 시 자체에 대한 지각(for its own sake)으로 시를 단독적인 것(singularity)으로 인식하고자 하는 노력이 누적될 때 시에 대한 정서적 스키마가 조밀한 방사형 구조로 확장될 수 있다. 독자가 시를 읽을 때 작동되는 정서적 스키마는 시적 정서와 긴밀하게 연결되기도 하고 느슨하게 연결될 수 도 있다. 독자는 자신의 정서를 환기하는 수준을 넘어 시인이 나타내고자 했던 그 울림의 원형을 찾아가기 때문이다.

'표현 능력'도 시적 감성을 구성하는 독자 요소로서 정서를 언어화하는 능력이다. 최지현(1998: 134)은 독자의 시적 체험의 결과는 "이 작품에서 고독을 느꼈습니다."와 같은 진술이 아니라, "무표정하게 스치는 수많은 행인들 속에서 외딴 섬처럼 우두커니 서 버린 그의 모습을 보았습니다."와 같은 수사적 진술이 되어야 한다고 주장한다. 그런데, 김남희(2007: 6~7)는 이러한 수사학적 책략은 정서 체험의 재현을 위해 동원되어야 하는 또 다른 문학 능력을 요구하기 때문에 정서 체험의 결과라고 하기엔 무리가 있다고 지적한다. 또한 문학 정서를 환기하는 시의 시적 정황을 풍부하게 이해하지 못하게 할 뿐만 아니라 체험의 폭을 수렴하지 못하고 있다고 지적한다.

그렇다면 표현 능력은 시를 읽고 감상하는 과정에서 정말 불필요한 것인가? "이 작품에서 고독을 느꼈습니다."라는 표현은 자신이 느낀 시적 정서의 단독성을 드러내지 못한다. 이것은 보편적이고 추상적인 관념적 정서를 말한 것에 불과하기 때문이다. 추상적이고 관념화된 정서를 설명할 수 있는 것과 시에 흐르는 정서를 체험한 결과는 다르다. 시적 감성은 정서를 지적으로 이해하는 능력이 아니라 체험하는 능력이다. 독자가 시에 흐르는 긴박한 정서를 체험한 결과는 자신이 본 것, 들은 것, 느낀 것을 표현하는 일이지 이미 알고 있는 개념을 설명하는 일이 아니다. 따라서 독자가 특정한 시를 읽은 후 그 독특한 세계에 대한 경험을 언어로 표현하지 못한다면, 그것은 시를 통한 진정한 체험을 하였다고 볼 수 없다.

또한 독자가 자신의 체험 결과를 표현하는 능력은 독자의 정서 체험 정도를 확인할 수 있는 기준이 된다. 이것은 독자가 시를 단순히 평가하는 것이 아니라 시적 상황에 얼마나 몰입하였는지 보여주며, 시적 정서와 독자 정서의 의미 거리를 가늠할 수 있도록 돕는다.

시인과 독자는 시적 정서를 상상적으로 이해한다는 점에서 같다. 물론 시와 거리를 두고 그 정감을 이해하려는 독자와 시에 표현된 자신의 정서를 이해하려는 시인은 의미 구성의 적극성에서 차이를 가질 수 있다. 그러나 시를 읽고 마음속에 시 작품을 상상하는 기제는 유사하다. 만약, 시인과 독자가 시적 정서를 이해할 수 있는 상상력이 존재하지 않거나 유사하지 않다면, 시 텍스트는 소통될 수 없을 것이다.

따라서 시적 감성의 구조를 이루는 텍스트 요소와 독자 요소를 다음과 같이 정리할 수 있다. 텍스트 요소는 ①시(a poem) ②시 텍스트(texts of the poem) ③시 작품(work of the poem) ④시적 정서이며, 독자 요소는 ① 시에 대한 정서적 스키마와 ②표현 능력이다.

3) 시적 감성의 작용

지금까지 시적 감성의 구조를 이루는 텍스트 요소와 독자 요소를 확인하였다. 시적 감성을 하나의 체계로 보았을 때, 텍스트 요소와 독자 요소가 맺는 관계를 바탕으로 시적 감성이 작용한다고 볼 수 있다. 독자가 시를 읽고 감상하는 과정에서 시적 감성은 시 텍스트를 구성하여 정서 체험의 맥락을 형성하고, 시 텍스트의 소통을 통해 시 작품을 구성하도록 작용하다.

(1) 시 텍스트 구성과 정서 체험 맥락 형성

감성이 타자에 대하여 열린 태도인 것처럼, 시적 감성이 풍부한 독자는 시를 향해 개방적 태도를 가진다. 시적 감성의 개방성은 독자가 자기중심적인 정서에서 벗어나 화자와 소통하려는 자세를 말한다.[20] '소통(疏通)'은 '트다'라는 뜻을 가진 '소(疏)'와 '연결하다'는 뜻을 가진 '통(通)'이라는 한자로 이루어져 있다. 소통이란 막혔던 것을 터서 어떤 것이 흐르도록 한다는 의미이다. 여기서 막혔던 것을 흐르도록 한다는 것은 일방통행이 아닌 양방향 통행을 말한다. 양방향 통행이 가능하기 위해서는 소통의 주체 사이에 차이가 존재해야 한다. 차이가 없다면 서로 막혀 있지도 않았을 것이며 흐름을 유발하는 극성을 가지지 않았을 것이기 때문이다. 시 텍스트의 소통을 가능하게 하는 극성은 독자 정서와 시적 정서의 차이에서 발생한다.

시를 시인의 발화로 볼 때, 시적 정서는 시의 의미가 된다. 시인은 이미 통용되는 어떤 범주나 장르에 비추어 시를 창작하고, 자신의 의도를

---

[20] 김경호(2010)는 "감성 인문학이 주목하는 것은 감성의 다원성과 소통가능성"이라고 지적하면서 인문학적인 상상력의 세계는 감성을 통한 상상력에 의해서 성취된다고 말한다.

시에 개입하고자 한다. 그러나 시인의 발화 의도가 절대적으로 작품 속에 올곧이 드러나는 것은 아니며 시인의 심적 태도와 행위, 의도는 작품의 일부를 구성할 수도 있고 그렇지 못할 수도 있다. 따라서 시를 통해 알 수 있는 정서는 시로 표현된 시인, 즉 내포적 시인의 의식이라고 할 수 있다. 내포적 시인의 의식은 시적 화자를 통해 드러난다. 결국 시적 정서는 시적 화자가 드러내는 정서라고 할 수 있다.

독자는 시인의 의도를 모르는 상태로 공동체의 관행과 자신의 스키마에 기반을 두어 시를 읽어 나간다. 그는 자신의 공동체 안에서 공유된 지식이나 경험, 자신이 이해하고 있는 언어의 의미를 기반으로 시인이 의미했으리라고 생각되는 바를 추론한다. 독자가 이해한 시적 정서는 자신의 상상력과 믿음을 동원하여 구성한 지향적(intentional) 의미인 것이다.

독자에 의해 구성된 시적 정서가 독자에게 내면화되기 위해서는 필연적으로 시적 정서에 대한 가치 판단이 수반된다. 가치 판단은 시적 정서와 자신이 가진 정서의 차이를 전제로 한다. 독자가 이러한 차이를 인식한 상태에서 더 나아가지 못하고 멈춘다면, 시 텍스트의 소통은 사실상 좌절된다. 시 텍스트의 소통은 독자가 자기중심적인 사고에서 벗어나 시적 화자의 정서를 체험함으로써 가능하다.

위에서 살펴본 시적 정서와 독자 정서는 시적 감성의 작용의 기준점이 된다. 시적 감성은 시 텍스트 소통의 경로(經路)라고 할 수 있다. 시간적으로 '선행하는 사고'인 시를 이해하는 일은 독자가 해석한 시 텍스트에 의해 현실화된다. 시 텍스트는 독자와 시적 화자의 매개 지점이 되어 형성되는 가상적 공간이다.

콜링우드는 인간의 경험은 사고와 함께 정서, 느낌, 지각 등을 포함하며 이들로 이루어진 하나의 전체라고 말한다(Collingwood 1996). 사고 행위가 정서, 느낌, 지각 같은 것들과 함께 경험된다는 것은 사고가 일정한 '맥락 속에서' 일어난다는 의미이다. 사고와 정서는 개념상으로 구분이 된다고 할지라도 이 두 가지가 인간의 경험 속에 분리되어 존재하는 것은 아니다. 과거에 있었던 사고를 재연하기 위해서는 반드시 맥락도 재연되어야 하며 이 맥락적 경험은 과거에 그 사고를 직접 했던 사람에 의해서가 아니라 그것을 재연하는 지금 – 여기(here and now) 독자에 의한 것이다. 독자는 시 텍스트의 상황과 맥락에 따라 시적 정서를 '재연(再演)'하고 있는 것이다. 죽어버린 과거의 경험은 독자가 가지고 있는 현재의 살아있는 경험을 통해서 드러날 수밖에 없는 것이다. 아래의 시로 예를 들어 보자.

   (바) 소는 잘못한 것이 없는데
       매를 맞는다.
       소는 무거운 짐을 나르는데
       매를 맞는다.
       소는 말도 잘 듣는데
       매를 맞는다.
       매 맞는 소를 보면
       눈물이 나올라 한다.
       우리 소가 아니라도
       눈물이 난다.

—윤동재(2002), 「소」 전문

  독자가 (바)를 읽는 상황을 가정해 보자. 시에 나타난 소의 모습과 시적 화자의 느낌은 모두 과거의 것이다. 그러나 독자에게 이러한 과거의 경험이나 기억들은 모두 현재 느껴지고 있는 것들이다. 독자는 그가 보았던 소의 모습과 함께 시적 화자의 정서를 재연할 것이다. 정서를 재연하는 독자에게 그 정서는 현재의 체험일 수밖에 없다. 독자의 체험에는 현재의 감각이나 정서, 시적 화자의 마음을 알아내면서 느끼는 감동에 의해서 바로 지금 – 여기의 정서 체험의 맥락을 형성한다.

(사) 소는 잘못한 것이 없는데 매를 맞는다고 하니 불쌍한 생각이 들었다. 짐도 나르고 말도 잘 듣는데 왜 맞을까? 나는 일하는 소를 본 적이 없다. 일하는 소는 텔레비전이나 옛날이야기 책에서 보았다. 예전에 '워낭소리'라는 영화에서 본 적이 있다. 그런데, 거기 나온 소는 할아버지한테 사랑을 많이 받고 있었다. 할머니보다도 할아버지는 소를 아끼는 것 같았다. 그 소는 늙어서 일어나지 못하고 죽었다. 시에 나오는 소에 비하면 정말 행복한 소이다. 이 시에서 말하는이는 소가 아니더라도 억울한 일을 당하는 동물을 표현한 것 같다. 많은 동물들이 억울하게 버림받거나 잡혀 먹히기도 한다. 동물이기 때문에 어쩔 수 없다. 나도 억울한 일을 당했을 때 눈물이 난 적이 있다. 억울한 일을 당하는 건 내가 어쩔 수 없는 일이다. 그런 일이 없었으면 좋겠다.

소-ⓕ-성미진[21](공주J초 6학년)

(사)는 소를 읽고 쓴 학습자의 반응지이다. 성미진은 일하는 소를 직접 본 적이 없다고 말한다. 다만 텔레비전이나 옛이야기 책에서 보았을 뿐이다. 또한 영화에서 만난 일하는 소는 시에 표현된 소와는 달리 행복한 소라고 판단하고 있다. 이러한 반응은 독자가 자신의 현재 맥락 속에서 시 텍스트를 구성하고 있음을 보여준다. 성미진은 자신의 경험과 시의 내용이 차이가 있음을 인지하고, 시적 화자의 의도를 찾으려고 하고 있다. 시적 화자가 '매맞는 소'를 표현한 의도는 억울한 일을 당할 때의

---

[21] 이 글에서 언급되는 학습자의 이름은 가명이며, 글의 가독성을 위해 숨김표를 사용하지 않았다. 'ⓕ'는 '최종적 해석체'를 의미한다. 수집된 자료 표시 방법은 130쪽 각주 13 참조.

느낌을 표현하기 위한 것이라고 파악한 것이다.

현재의 맥락을 형성하기 위해 독자는 시적 화자를 인식하는 과정을 필수적으로 거쳐야 한다. 시적 화자라는 용어는 시학적으로나 교육학적으로 다양하게 이해되고 있다(신헌재 · 이향근 2011: 95~100). 시적 화자는 독자가 시에 개입하게 되는 창문으로서 기능한다. 시가 진공 상태에 있는 낱말 집합이 아니라 인간에 의해 발화되고 있는 표현이므로 발화자의 심정이 될 수 있는 기제인 것이다.

시적 화자를 중심으로 독자는 두 측면을 고려하여 시 텍스트를 구성한다. 첫 번째 측면은 시적 화자의 '바깥쪽'인 행위를 파악하는 것이고 두 번째 측면은 시적 화자의 '안쪽'인 정서나 시선을 파악하는 측면이다. 독자가 시적 화자의 행위를 파악하는 것은 기본적인 내용 이해의 차원이다. 반면 그 행위가 '왜' 생기게 되었는가를 이해하는 것은 독자의 마음속에서 시적 화자의 행위를 그대로 재연함으로써 가능하다. 따라서 시적 감성은 독자 정서와 시적 정서의 소통 경로를 형성하면서 시 텍스트를 구성하여 정서 체험의 맥락을 구체화시킨다.

(2) 시 텍스트 소통과 시 작품의 구성

시는 예술 작품으로 창작되었다. 시가 예술 작품 이외의 목적으로 창작된다면 그것은 시가 아닌 다른 것이 된다. 시가 시인의 발화(utterance)임에도 불구하고 그것은 의도적인 독자를 상정하기보다는 자기충족적인 성격을 지닌다. 시인은 소비할 대상을 만드는 기술가와는 달리 시 창작 그 자체를 목적으로 삼는 것이다.

(아) 예전에 문인들은 글을 잘 쓰려 해서 잘 쓴 것이 아니라, 쓰지 않을 수 없어서 쓰다 보니 잘 쓴 것이다. 산천의 안개와 구름, 초목의 꽃과 열매는 모두 안

으로 차고 넘쳐서 밖으로 드러난 것이듯, 이는 감추려 해도 소용없는 일이다.

—蘇軾의 『남행시』 서문(안희진, 2009: 30~31에서 재인용)

(아)는 시가 시인에게 어떤 존재감을 가지는지 보여준다. 시인에게 시는 자신의 삶을 지탱해 주는 하나의 해방구와 같다. 이 해방구는 세상 사람이면 누구나 느낄 수 있는 삶의 진실성을 담고 있기에 사람들의 생각이 미치지 못하는 부분을 열어 보여주고, 사회의 아픈 환부를 치유할 수도 있는 것이다. 기쁨을 표현한 시를 이해할 수 있는 독자는 그러한 종류의 기쁨을 경험했거나 경험할 수 있는 사람이다. 독자가 시를 이해하는 것은 단순히 시인의 표현을 이해하는 것이 아니라 자신의 정서와 느낌으로써 그것을 체험하는 것이다. 이 순간 그 시는 독자 자신의 시가 된다. 시인은 자신의 정서를 표현하는 문제를 스스로 해결할 수 있는 사람인 반면 독자는 시를 읽었을 때 비로소 자신의 정서를 길어 올릴 수 있는 사람이다.

시인이 다루는 시어의 사물성은 예술적 재료로서의 언어적 특성을 드러낸다. 김준오(2002: 65)는 시를 "언어를 통해서 언어로부터 해방되려는, 언어를 씀으로써 언어를 쓰지 않는 언어가 되려는 불가능하고 모순된 노력"이라고 말한다. 의사소통의 도구로 쓰이는 언어는 구체적인 경험을 추상화한다. 그러나 시의 언어는 이러한 개념적 의사소통의 도구로서의 기능을 거부하는 것이다.

이와 같은 관점은 야콥슨(Jakobson)의 지적에서도 찾아볼 수 있다(Zima 2000: 33~34). 야콥슨은 '시적인 전언'이 전언 자체에 주의를 집중시키는 기능을 가지고 있다고 말한다. 전언 자체가 자기 목적이 된다는 것은 시어의 '자기 지시성'을 말한다. 특히 운율과 같은 음운론적 반복성이나 새로운 의성어, 의태어는 독자로 하여금 시적 전언에 담긴 내용보다는 전언 자체 즉, 소리에 주목하게 만든다. 표현 차원이 내용 차원으로부터 독립하여 그 자체로서 가치를 얻는 것이다.

여기서 시어의 사물성을 언급하는 것은 시적 진술이 사전적인 의미나 일상적인 의미와는 다른 방식의 언어 실천임을 드러내고자 함이다. 시는 의사소통 상황만을 전제로 쓰인 발화가 아니며, 반(反)커뮤니케이션의 상황으로 구성될 여지를 늘 안고 있다. 따라서 시 텍스트의 소통 관계는 생산물의 소비 체계처럼 설명되기보다는, 예술 작품의 창조와 감상의 관점에서 이해되어야 한다.[22] 시 텍스트의 소통을 소쉬르 전통의 기호이론이나 의사소통적인 정보이론으로 설명할 경우 시가 가지는 예술성과 시어의 물질성은 무시될 수 있기 때문이다. 시 텍스트의 소통을 생산체계에 기반을 두어 판단하는 것은 시인과 독자를 의사와 환자의 관계 혹은 제조업자와 소비자의 관계로 이해하는 것과 유사하다. 기존의 시 텍스트의 소통과정에 대한 연구에서는 주로 작가와 독자가 시 텍스트의 생산자와 소비자로서 위치하고 있었다(권오현 1992, 김창원 1995 등). 그러나 시를 예술 작품으로 보았을 때 시 텍스트의 소통은 시적 감성과 관련하여 〔그림 1〕과 같이 나타낼 수 있다.

〔그림 1〕 시적 감성의 작용 공간

〔그림 1〕에서 시인과 독자는 시를 통해 자신의 시 작품을 구성하고 있

22 김창원(1995)은 시 텍스트를 소통의 관점에서 보고 시 텍스트 속에 등장하는 화자와 청자를 분리시켜 도식화하였다. 그는 시 텍스트 안에 존재하는 가상의 수신자와 발신자들을 보여주고 있는데, 이것은 채트먼(Chatman 1990)이 제시한 도식을 활용한 것이다. 여기서는 채트먼의 '피화자' 개념이 '시적 청자'로 변경되었다.

다. 독자는 시를 읽고 끊임없이 시 텍스트를 생산하면서 자신의 시 작품을 구성한다. 여기서 시적 감성은 독자가 시 텍스트를 구성하고 이상적인 시 작품으로 내면화하는 작용을 한다.

시는 표면적으로 드러난 표층 구조와 글에 나타내는 표현들만으로 충분히 이해되지 않는다. 이를 해결하기 위해서는 발화자의 의도(intention)에 의존할 수밖에 없다. 발화자의 의도에 충실한 읽기는 시적 화자가 추구하고 의도하는 바를 달성하기 위한 방식이다. 따라서 독자의 읽기는 시적 화자의 의도성과 유사한 방향으로 진행되어야 한다. 물론 시의 의미가 실제로 의도된 것인지를 알 수 없거나, 중의성(ambiguity)을 띠거나, 다치성(polyvalue)을 띨 수 있다. 이러한 경우 시적 화자의 의도와 그 안에 숨겨진 시인의 의도는 더욱 불명확해진다. '시적 감성①'과 '시적 감성②'의 차이를 나타내는 '③'은 독자에 의해서 포착되어야 하며, 독자에 의해서 극복되어야 하는 거리인 것이다. 이러한 이유에서 시 텍스트의 소통은 독자의 '내적 소통'[23]의 특성을 가질 수밖에 없다. 결국 시의 의미는 독자의 조정행위를 통해 해석될 수밖에 없다.

예술 작품으로서의 시는 수용자인 독자의 창조와 해석에 의해서 확인되는 것이다. 시는 지향성(intentionality)[24]을 가지는 개체로, 물리적인 속성이나 지각 가능한 속성뿐만 아니라 관계적 속성을 본질적으로 가지고 있다. 따라서 시적 감성의 요인인 독자 정서와 시적 정서의 속성에 따라 시 텍스트의 모습은 달라질 수 있다. 이것은 심미적 대상의 아름다움이 그 대상과 그것을 바라보는 주체의 만남에 의한 체험에서 비롯되기 때

---

23 이것은 로트만(Lotman)의 '자가-커뮤니케이션'의 개념이다(Lotman 1998). 배대화(2000)는 개인에게 일어나는 외부와 내부의 기호작용으로서 로트만의 이러한 소통 작용을 '자동-커뮤니케이션'이라고 명명하기도 하였다. 그러나 이 글에서는 개인 내부에서 일어나는 소통과정임을 강조하기 위하여 '내적 소통'으로 바꾸어 사용하고자 한다.

24 지향성(intentionality)은 인간의 의식 현상이 '의식에게 나타난 것'이며 '의식에게 주어진 것'이라는 의미이다. 인간의 심리적 체험에 내적 의식 속에서 대상과 맺고 있는 관계를 지향성이라고 할 수 있다(노양진 2009: 191~192, Thevenaz 2011: 41~43).

문이다.

지금까지 독자의 시적 감성의 작용 특성을 살펴보았다. 독자의 시 텍스트 소통은 독자 내적 소통이다. 시적 화자는 소통의 객체로서 독자와 끊임없이 보이지 않는 대화를 주고받는 가상의 인물이다. 독자는 시적 화자의 정서를 포착하고 시적 화자가 시를 통해 구상하려고 했던 시 작품을 표현한다. 시적 감성은 독자의 사적 주관성에 의한 것이 아니라 시 작품의 보편적 요소에 근거한 심미안(審美眼)이다. 따라서 시는 시에 대해 미적 태도를 취하는 주체에 의해서만 예술적 대상이 될 수 있다. 미적 태도는 그것이 어떤 대상이든 그 자체를 위해서, 무관심적 (disinterested)이고 공감적(sympathetic)으로 주목하고 관조하는 것이다(최경석 2007: 9).

3. 시적 감성의 교육 방향

이 절에서는 시적 감성이 문학 교육과정에서 어떻게 수용되었는지 비판적으로 검토하고 시적 감성 교육의 방향을 제시하고자 한다. 시적 감성의 교육적 수용 양상은 교육과정의 내용 요소를 중심으로 시적 감성에 대한 접근 원리가 무엇인지 논의하고자 한다. 이를 통해 시적 감성의 교육적 쟁점을 찾고 이를 해결하는 방향으로 시적 감성의 교육 내용 설계 방향을 제시하고자 한다.

1) 시적 감성의 교육적 수용 양상

국어과 교육과정은 시 교육에 대한 공식적인 기준이 되며 학교현장에서 어떻게 지도되고 있는지를 예상할 수 있는 자료이다. 시적 감성이 교육과정에서 어떠한 맥락으로 언급되었는지 살펴보는 것은 시적 감성의 교육적 실현태를 예상하는 데 도움이 된다. 여기서는 교육과정에서 시적 감성이 어떻게 적용되고 있는지를 살펴보도록 하겠다. 내용 요소에 '시적 감성'이라는 용어가 직접적으로 등장하지 않더라도 문맥상 시적 감성의 성질이나 특성을 내함하고 있는 부분은 논의의 대상으로 삼았다. 따라서 정서적 체험이나 정의적 영역의 내용도 시적 감성과 관련된 교육 내용으로 판단하였다.

국어과 교육과정에서 '문학영역'이 독립적으로 분리된 것은 제4차 교육과정기부터이다. 물론 교수요목기에 '국문학사'[25] 영역이 존재하였으나 중등학교 수준에서만 제시되었으며 그 내용 역시 문학 체험과는 거리가 멀었다. 물론 문학 교육에 대한 활발한 연구와 그 성과(김대행 1995, 박인기 1996, 우한용 1997, 구인환 외 1998, 김대행 외 2000, 황정현 외 2000, 신헌재 2002 등)는 1990년대 이후부터라고 할 수 있으므로 제6차 교육과정 이후부터 살펴보는 것이 타당할 수도 있다. 그러나 이 연구에서는 국어과 교육과정에서 독립적인 영역을 확보한 제4차 교육과정기부터 문학 교육에 대한 깊이 있는 고민이 시작되었다고 판단하고 시적 감성과 관련된 교육 목표와 교육내용을 살펴보도록 하겠다.[26]

시적 감성과 관련된 교육목표와 내용은 두 가지 측면에서 살펴보고자 한다. 시를 통한 정서교육의 측면과 시 텍스트 소통 교육의 측면이다.

---

25 미군정청 학무국(1946) 교수요목집(1)에서 중학교 교수요목의 '二 교수 방침'에 국문학사 관련 내용이 있다. 구체적인 내용은 "국문학의 사적 발달의 대요를 가르쳐, 국민의 특성과, 고유 문화의 유래를 밝혀, 문화 사상에의 우리 고전(古典)의 지위와 가치를 알림"으로 설명되어 있다.

26 이 절에서 인용되는 교육과정의 내용은 한국교육과정평가원의 웹사이트(http://ncic.kice. re.kr)인 '국가교육과정 정보센터'의 자료를 기준으로 검토한 것이다. 따라서 자료의 인용 쪽수를 밝히지 않는다.

(1) 시를 통한 정서 교육의 측면

먼저 정서 교육의 측면에서 시적 감성을 어떻게 인식하고 있는지 파악하고자 한다. 제4차 교육과정에서 초등 문학 교육의 목표는 '아름다운 정서를 기르게 한다'로 명시되어 있다. 이는 당시 문학 교육이 심미적 정서의 함양을 목적으로 하고 있음을 의미한다. 한편 교과서의 주된 활동으로 구현된 것들을 살펴보면 시적 정의(poetic justice)[27]가 충실히 지켜지는 옛이야기나 동화를 제재로 삼아, 등장인물의 마음씨를 알아보는 과제가 주로 등장하는 것을 볼 수 있다. 이를 통해 제4차 교육과정의 문학 교육에서는 다양한 감정과 정서를 섬세하게 표출하는 문학 제재가 아닌 교훈적 제재를 통해 학습자가 본보기로 삼을 만한 고운 심성을 지도하는 데 주력하였음을 알 수 있다.

한편, 시적 감성과 관련하여 주목할 만한 교육내용도 눈에 띈다. "6-문학-(3) 시에 쓰인 말이 감각적 경험을 되살려 줌을 안다."가 그것이다. 이 내용은 일상적인 표현과는 다른 낯선 표현이 불러일으키는 특별한 감각적 경험을 강조하는 교육 내용으로서, 언어유희성을 지도하는 내용으로 구체화되어 있다. 언어유희성은 시 감상 교육에서 소홀히 다루어질 수 없는 부분으로, 언어놀이를 통해서 학습자의 재미와 흥미를 유발한다(이향근 2012). 이러한 교육 내용은 시어와 일상 언어의 차이를 포착하는 시적 감성의 입문기 교육내용으로서 적합하다고 여겨진다.

또한, 제4차 교육과정의 중등 문학 교육 목표는 '감상력과 미적 감수성 함양'으로 정리할 수 있다. 교육과정에서는 "작가의 명상적 태도 속에 감추어진 생각을 파악한다"고 언급하고 있다. 이를 통해 문학 교육에

---

[27] 여기서 '시적'이라는 표현은 연극까지 포함하는 문학 전체를 의미한다. 시적 정의는 문학이 개연성과 합리성을 가지고 도덕적 훈계와 예증으로 교훈을 주어야 하며 인물들은 이상형이거나 그들 계층의 일반적인 대변자로서 행동해야 한다는 원칙을 말한다.

서 학습자의 감상력이나 미적 감수성이 작가 정신에 대한 탐구를 통해 지도되었음을 알 수 있다. 그러나 학습자로부터 시작되는 감상력이나 미적 감수성에 대한 교육 내용은 찾아보기 어렵다. 중학교 3학년의 학년 목표에서 "문학작품에서 삶의 다양한 모습을 이해하고 자아를 인식하게 한다."는 진술이 주목되긴 하지만, '자아 인식'이 학습자의 자아인지 문학작품에 등장하는 인물의 자아인지 확인하기 어렵다. 다만, '시적 정의'를 강조한 초등 문학 교육의 목표와 연계하여 판단한다면, 여기서 말하는 '자아 인식'은 문학작품의 등장인물의 삶의 태도나 의식의 흐름을 말하고 있는 것으로 보인다.

다음으로, 제5차 교육과정의 문학 교육내용을 살펴보자. 제5차 교육과정기의 목표와 내용은 제4차 교육과정기와 다른 모습을 보인다. 초등 문학 교육의 목표는 "작품을 즐겨 읽고 아름다운 정서를 기르게 한다." 라고 명시되어 있다. 이것은 제4차 교육과정기의 목표에 '작품을 즐겨 읽는다'는 학습자의 주체적인 행위가 추가된 것이다. 그러나 이러한 목표와 관련하여 교육 내용으로 구현된 것은 찾아볼 수 없다는 아쉬움이 있다. 문학적 정서를 함양하기 위한 구체적인 내용과 접근 방식이 제시되지 않았기 때문이다. 반면, 학습자의 '취미(趣味) 판단'을 존중하는 교육 목표가 설정된 것은 시적 감성의 교육을 위한 근거가 마련된 것이라고 판단된다.[28] 교육과정의 목표로 선정된 "작품을 즐겨 읽는다"는 진술은 고전과 같은 문학작품이 인간에게 주는 감동과 이에 대한 심미안(審美眼)을 키워 주기 위한 내용이라고 할 수 있다. 시적 감성 역시 시 작품에 대한 심미안을 의미하기 때문이다.

제5차 교육과정의 문학 교육내용이 학습자의 '취미 판단'을 중시하고 있음은 중등 교육 내용에서 명확히 드러난다. 여기서는 두 가지 특징적

---

28 칸트는 취미를 단순한 개인적 선호가 아닌 객관적인 타당성에 근거한 판단이라고 말한다 (Kant 2005).

인 접근이 포착된다. 하나는, 문학에 관한 기초적인 지식을 익힌 후, 작품의 감상력과 미적 감수성을 기르도록 하는 것이고, 다른 하나는 작품에 대한 감상력을 비평문을 통해 신장시키고자 한 것이다. 먼저, 미적 감수성 향상을 위해 문학에 대한 기초적인 지식을 익히는 내용을 살펴보자. 중학교 2학년 교육 내용에는 "바) 문학에 관한 기초적인 지식을 익힌 후, 작품 감상력과 미적 감수성을 기르게 한다."라고 진술된 부분이 있다. 작품의 감상력과 미적 감수성은 문학에 관한 기초적인 지식의 바탕 위에 접근 가능한 것으로 보고 있는 것이다. 즉, 기초적인 지식을 습득하는 것이 감상력이나 감수성에 우선한다고 보고 있다. 둘째, 비평문을 통해 감상력을 키우고자 한 부분이다. 여기서는 학습자를 '의사-비평가(pseudo-critics)'로 보고 있음이 드러난다. 물론 모범적인 비평문을 통하여 비평적 안목을 모방적으로 익히도록 한 의도는 타당할 수 있다. 그러나 그것이 작품 감상에 대한 전형을 고착화할 수 있다는 단점이 있음은 주지의 사실이다.

제6차 교육과정의 경우 제5차 교육과정의 교육내용과 유사하다. 그러나 고등학교 선택과목인 문학 교과에서 두드러지게 달라진 점이 있다. 문학 과목의 목표 '나'항에서 "문학작품을 즐겨 읽고 감상하게 함으로써 미적 감수성과 문학적 상상력을 기르게 한다."라고 진술된 것이다. 이 목표에 대한 하위 진술 내용으로 보아, 제5차 교육과정에서 비평문을 통해 모방적으로 미적 감수성을 익힌 것과는 다른 출발지점으로 파악된다. 시를 권위적인 글로 인식하는 것이 아니라 학습자가 즐겨야 하는 대상으로 인식한 점은 학습자의 능동성을 인정하였다는 데 의의가 크다. 그러나 시에 대한 가치 판단을 개인적 경험을 바탕으로 인식한다면, 개인적 경험의 다양성과 편협함으로 인해 작품의 다양한 세계를 접하게 할 수 없게 될 수도 있다. 또한 학습자들은 시에 대한 부분적인 인상으로 그 가치를 판단할 우려도 있다. 그런데 이후 진행된 제7차 교육과정,

2007 개정 교육과정, 2009 개정 교육과정 모두 시적 감성의 근원을 학습자 중심으로 찾으려는 관점을 그대로 유지해 오고 있다.

(2) 시 텍스트 소통 교육 측면

다음으로, 시 텍스트 소통 교육의 측면을 살펴보고자 한다. 문학작품의 소통 교육은 주로 중등교육과정의 목표와 내용을 통해 추론할 수 있었다. 먼저, 제4차 교육과정의 고등학교 문학 교육과정(국어 (Ⅱ))의 하)항에는 "본질적으로 시는 시인의 은밀한 독백을 독자가 엿듣는 전달 상황에 있는 문학 양식임을 안다."라는 진술이 확인된다. 이와 함께 거)항에는 "시에서, 노래하는 사람이 독자에게 직접 설득하는 목소리, 스스로 자신에게 독백하는 목소리, 인물간의 대화를 모방하는 목소리, 남의 사건을 이야기하듯 하는 목소리 등을 구별함으로써, 서정시의 다양한 표현방식을 구체적인 작품을 통해 감상한다."와 같은 시적 화자 교육과 관련된 교육 내용을 찾아 볼 수 있었다. 이를 통해 제4차 교육과정기의 시교육에서 시 텍스트 소통 활동은 '시인의 은밀한 독백을 독자가 엿듣는 상황'으로 파악하고 있는 것을 알 수 있다. 이러한 감상 방법을 지도하기 위해 시적 화자의 목소리와 표현 방식을 이해하는 '거)항'이 등장하고 있는 것으로 판단된다.

제4차 교육과정은 학문중심 교육과정이라는 별칭에 맞게, 서정 시학을 바탕으로 교육내용을 설계하고 있는 것으로 보인다. 이러한 관점은 시를 예술 작품으로 보는 관점에 가깝다고 할 수 있으나 작가의 절대적 권위를 인정하고 있다는 점에서 문제점을 드러낸다. 또한 교실 대화적 상황에서 시 텍스트가 소통되는 맥락은 드러내지 못했다는 아쉬움이 있다.

시 텍스트 소통 활동을 '시인의 은밀한 독백을 독자가 엿듣는 상황'으로 보았던 관점은 제7차 교육과정에서 변화를 맞는다. 아래의 부분은 그와 관련된 제7차 교육과정 7학년 문학영역 교육 내용이다.

> (자) (1)소통행위로서의 문학의 특성을 안다.
> (기본)문학이 작품을 중심으로 작가와 독자가 의미를 서로 주고받는 상호작용임을 설명한다.
> (심화)작품의 수용이 작품 세계와 독자의 삶이 만나는 과정임을 설명한다.

(자)의 내용은 문학에서 자유를 누릴 수 있는 권리가 작가에서 독자로, 교사에서 학습자로 이양되고 있음을 드러낸다. 이는 시가 수동적으로 배우고 익혀야 할 고정적인 학습대상에서 느끼고 즐겨야 할 대상으로 간주되기 시작했음을 의미한다. 또한 아름다움을 느끼게 하는 미적 자질은 시 텍스트와 독자의 소통, 즉 양자의 결합된 작용에 의해서 가능함을 드러낸 것이라고 하겠다.

제7차 교육과정 이후 이러한 소통 교육의 관점은 2007 개정 교육과정과 2009 개정 교육과정[29]의 문학교과에서 더 확고해진다. 2007 개정 교육과정의 8학년 문학영역에 제시된 "문학작품의 세계가 누구의 눈을 통해 전달되는지 파악한다."와 같은 성취기준은 그 대표적인 예라고 할 수 있다. '문학의 본질', '문학의 수용과 창작', '문학과 문화', '문학의 가치와 태도'와 같은 기존 문학 교육과정의 하위 내용 범주가 2009 개정교육과정에서 '문학의 성격', '문학의 활동', '문학의 위상', '문학과 삶'으로 정련화된 것은 문학 활동 영역에 '문학의 소통'과 관련된 성취기준이 확고하게 자리잡게 된 예라고 볼 수 있다. 이러한 소통의 관점은 2009

---

29 여기서 말하는 2009 개정 교육과정은 고등학교 선택교과에 대한 국어과 교육과정을 의미한다.

개정교육과정에 의한 국어과 교육과정에도 연결된다. 2009 개정 국어과 교육과정에서는 5~6학년 군에 "작품에서 말하고 있는 사람의 관점을 이해한다."는 성취기준이 새롭게 등장했다. 이것은 소통 행위로서 문학 활동의 특성이 중등 문학 교육의 성취기준에만 존재하였던 것에서 초등학교까지 그 범주를 확대한 것으로 판단된다.

지금까지, 국어과 교육과정에서 시 교육과 관련된 내용을 중심으로 정서 교육과 시 텍스트의 소통과 관련된 내용을 살펴보았다. 시의 정서에 접근하는 방식은 비평가의 시선을 모방적으로 인식하는 활동에서 독자의 정서적 감응으로부터 시작하는 활동으로 변화하였다. 이는 모범적인 인식의 결과를 통해 시적 정서를 익히는 것에서 독자 자신의 정서를 잣대로 시적 정서를 인식하는 것으로 문학 교육의 입장이 변화해 왔음을 보여준다. 그러나 이러한 변화는 시의 의미가 독자 주체에 의해서 구성된다고 하더라도 그 의미의 출발은 시 작품 안에 있음을 간과한 것은 사실이다. 따라서 연구자는 독자가 시적 발화의 의도를 바탕으로 의미를 구성하도록 해야 한다는 점을 지적하고자 한다. 여기서 말하는 시적 발화는 발화자의 의미(utterer's meaning)인 시인의 의도를 지칭하는 것이 아니라 발화의 의미(utterance meaning)를 말한다. 이를 통해 독자 자신의 정서도 스스로 재평가(reappraisal)할 수 있다.

또한, 시 텍스트 소통 교육은 시인의 목소리를 엿듣는 독자의 입장에서 작가와 독자의 소통맥락을 중요시하는 소통 관점으로 변화하였다. 그러나 여기서 중요한 것은 예술텍스트인 시가 순전하게 거래적 소통의 위치에 있지 않다는 것이다. 따라서 시를 예술텍스트로 바라보고 학습자인 독자를 작독자(wreader)로서 바라보는 교육적 접근이 필요하다.

최근 디지털 매체 읽기와 관련하여 작독자의 개념이 담론화되고 있다(김양선 2007). 양방향 매체가 가지는 하이퍼 텍스트성은 작가와 독자의 경계를 모호하게 하고 있다. 이 개념은 독자에게 '작가로서 읽기(reading-as-an-author)'를 지향하도록 한다. 작가로서 읽기는 작가와 같은 언어, 사유, 감성을 지니라는 것이 아니라, 시를 통해 전달되는 무수히 많은 삶의 인상을 체험하고 느끼는 차원을 넘어선 '질서를 부여'하는 읽기를 말한다 (Woolf 2011). 독자가 질서를 부여한다는 것은 시가 발산하는 감각적 질을 생생하게 체험하면서 그것의 잠재력을 평가하는 것이다. 그것은 유아론적으로 시를 읽거나 무분별하게 시의 힘에 압도되어 주체성을 잃어버리는 읽기와 다르다. 이러한 읽기는 시인이 선사하는 낯설고 섬세하며 파괴적인 언어를 적극적으로 받아들이는 자세로부터 시작된다.

2) 시적 감성의 교육적 쟁점

시적 감성이 교육적으로 수용된 양상은 시적 정서의 판단이나 시 텍스트의 소통과 관련하여 고찰할 수 있었다. 이 절에서는 위와 같은 교육과정의 내용 구성의 근간이 된 이론적 담론을 통해 시적 감성의 교육적 쟁점을 살펴보고자 한다.

(1) 시적 감성에 대한 인지적 접근의 문제

문학 교육에서 일찍이 감성을 언급한 연구는 김대행(1985)이다. 그는 고려가요의 정서를 고찰하는 과정에서 감성을 설명하고 있다. 그에 따르면 감성은 "지각, 감정(感情, feeling), 정서(情緒, emotion), 정조(情操, sentiment)를 포함하는 개념이며 이성 작용을 예시(豫示)해 주고 체계적 형상화를 이루게 하는 요소"(김대행 1985: 11)이다. 그에 의하면, 감정은 생득적, 본능적, 경험적 차원에서 발생하는 것으로서 "객관적 사실을 몰각(沒却)"하게 하는 특징을 가진다. 또한 정서는 감정이 한 단계 복잡화, 체계화된 것으로서 충동의 갈등, 즉 고통의 문제를 수반한다고 한다. 정서의 단계에서 필연적으로 수반되는 고통은 가치 판단의 척도가 되는 지적 과정이라는 것이다. 또한 정조는 "사고와 감정의 양자를 혼합한 주관적 가치"이며 "미적, 도덕적, 종교적인 것과 관련"을 맺고 있다고 지적한다(김대행 1985: 8). 김대행에 의하면 감성은 감정, 정서, 정조와 같은 어떤 느낌[30]의 상위어이다.

김대행은 감성을 감정의 총체로서 이성의 상대적 개념으로 파악하고 있다. 그런데 그는 이성을 이상적인 인간이 가져야 하는 최고의 가치에 두고 있으며 감성은 그것을 보완하기 위한 부차적인 것으로 파악하고 있다. 감성은 "이성 작용을 예시해 주고 체계적 형상화"를 이루기 위한 요소라고 지적한 부분에서 그가 이성중심적인 입장에서 감성을 파악하고 있음이 드러난다. 감성을 이성에 봉사하기 위한 도구적인 성격으로 바라보고 있는 것이다.

위의 논의는 김대행 외(2000)에도 그대로 이어져 문학적 정서는 감성의 층위보다는 인지적 정서의 층위에서 설명된다(김대행 외 2000: 196~201). 문학적 정서와 관련된 김대행의 논의는 이후 문학 교육의 정서적 측면을 다루는 국면에서 원론적인 전제로 작용하고 있다. 문학적인 정서가 고양된 심리적 작용이라고 바라본 그의 논의는 문학적 정서를 받아들이는 기제로서 시적 감성과 맥을 함께한다. 그러나 아쉬운 점은 감성을 이성중심적으로 파악한 점과 정서를 촉발하는 기제가 무엇인지에 대한 천착이 이루어지지 못한 점이다. 따라서 김대행 외(2000)는 김대행(1985)에서 다룬 감정, 정서, 정조 등의 감정적 측면을 모두 문학 교육의 정서 교육 내용으로 끌어안지 못하고 문학적으로 고양된 정서만을 교육적 가치가 있는 것으로 수용하는 한계를 드러내고 있다. 이러한 관점을 감성에 대한 인지주의적 관점이라고 할 수 있다.

---

30 여기서 느낌은 반사적이고 직관적으로 발생하는 감정 상태를 의미한다.

인지주의적인 관점에서 정서 발생과 감성적 작용의 핵심적인 요인은 '믿음'이나 '판단'과 같은 인지적이 요소이다(Robinson 2004: 28~29). 상대방의 어떤 표정이 나를 무시한다고 믿기 때문에 화가 나기도 하고, 풀숲에서 무서운 뱀이 나와서 자신을 물 수도 있다는 판단 때문에 두렵다고 느낀다는 것이 감성에 대한 인지주의적 관점이다. 정서를 유발한 원인이 인간의 믿음과 같은 객관적 근거를 가진다는 것은 정서를 매우 신중하고 주지주의적인 것으로 바라보는 이성적인 판단이다.

정서를 객관적 근거에 의해 판단하는 것은 정서 발생의 원인과 인간의 감성 능력을 가시적으로 보여준다는 점에서 명료한 관점이 될 수 있다. 또한 특정 상황에 적절한 정서와 그렇지 않은 정서를 구별할 수 있게 함으로써 감성의 합리적 작용 방향을 판단할 수 있는 준거도 마련해준다. 그러나 문학적 정서는 합리적으로 설명 가능한 것이라기보다는 합리적인 설명이 불가능한 정서를 유비적으로 보여주는 것이다. 일상적으로 포착할 수 있었던 느낌이 아니라 평소에는 마주치지 못했던 타자(他者)적인 것들이 시가 되기 때문이다.

타자의 개념을 범박하게 말한다면 '주체에게 현상으로 다가오는 것들의 총체'를 말한다. 시의 타자성은 독자에게 충격을 가하는 요소로 작용한다. 시는 독자의 생각과 의도를 좌절시키면서 삶에 개입하는 타자적인 존재인 것이다. 가리타니 고진은 동일한 규칙을 공유하지 않는 타자와 조우했을 때, 인간은 비로소 자기 자신을 돌아보게 된다고 말한다(柄谷行人 2004). 그는 동일한 규칙을 공유한 사람 사이에서 일어나는 대화는 겉으로는 대화처럼 보일지 모르지만 그저 수다스런 독백에 불과하다고 지적하며 타자와의 소통만을 '대화'[31]라고 명명할 수 있다고 말한다. 물론 규칙을 공유하는 두 사람 사이의 이야기에서도 과거의 것과는 전혀

---

[31] 본 논문에서 쓰이는 '대화'는 일반적으로 쓰이는 사람들 간의 대화를 의미한다. 다만, 가리타니고진에 의해 명명된 대화를 의미할 때에는 '타자와의 대화'라는 어구로 표현하였다.

다른 새로운 정보가 들어올 수는 있다. 그러나 그 정보를 해석하고 이해하는 방식 혹은 규칙이 같다면 결국 두 사람의 이야기는 대화일 수 없다. 과거의 것과는 전혀 다른 타자로서의 정보가 들어온다 하더라도 그 정보를 해석하는 규칙과 방식이 같기 때문에, 과거와 다른 새로운 정보로서의 타자는 결국 하나의 표상 속에 귀속되고 말기 때문이다. 그런 의미에서 독자의 추체험 과정은 독자가 지금까지 인식하지 못했던 또 다른 규칙을 인식하게 되는 일종의 타자와의 대화라고 할 수 있다. 이를 통해 학습자가 정서의 명료성(lucidity)과 이해가능성(intelligibility)을 획득하게 되며 더불어 심미적 정서를 함양하게 된다.

인간의 정서는 의식적인 심상을 통한 인지만으로 설명되거나, 감각기관에 의한 자극-반응으로 설명될 수 없다. 인간의 체험에서 매개적 경험과 비매개적 경험을 분리한다는 것은 오직 개념상으로만 가능할 뿐 실제적으로는 불가능하다. 매개적 경험과 비매개적 경험이 실제적으로 구분되지 못한다는 것은 시적 감성의 교육적 접근에 중요한 실마리를 제공하여 준다. 이것은 지식 교육과 정서 교육에 관한 통념에 들어 있는 오해가 무엇인가 하는 문제를 해결해 주기 때문이다. 지식 교육은 전적으로 사고와 관련된 교육이며 정서교육은 전적으로 정서와 관련된 교육이라는 주장은 오류가 있다. 사고와 정서의 분리를 가정하고, 지식 교육과 정서 교육을 분리하여 인간 경험의 모든 측면을 고려할 수 있도록 교육해야 한다는 주장 또한 오류이다. 이제까지의 논의를 통하여 밝혀진 바와 같이 사고와 정서는 함께 경험된다고 보아야 한다. 만약 문학적 정서만을 그 내용으로 삼는다면 학습자는 작품 속의 정서를 이해하는 수동적인 감정이입에 머무를 것이다. 또한 문학적 정서에 대한 동일시와 거리 두기를 정서적 메커니즘 속에서 설명하기 어렵게 된다. 정서텍스트인 시 감상 교육에서 사고냐 정서냐의 문제는 더 이상 관건이 아니다. 그것은 인간 주체의 몸을 통해서 어떻게 습관화된 것이냐의 문제이기 때문이다.

그동안 인간의 몸은 합리적인 의미구성에서 주관적인 요소들을 끌어 들인다는 이유로 무시되어 왔다(Johnson 2000: 28~29). 이러한 이유에서 전통적인 심리학과 인지과학의 관점은 인간의 인지를 상징과 정보처리 과정을 중심으로 설명하였다. 그러나 최근 인지과학의 패러다임은 몸의 감각과 움직임이 인간의 경험과 인지에 미치는 영향력에 대해서 주목하고 있다(이정모 2010). 특히 레이코프(Lakoff 1987, 1993)와 존슨(Johnson 2000)은 언어를 이해하는 데 있어 신체적 기능과 경험의 측면을 강조한다. 그들은 의미 체계를 구성하고 추상화하는 단계에서 신체화된 상상력이 작용한다고 말한다. 따라서 언어를 통한 의미구성은 컴퓨터의 정보처리와 같은 계산적 과정이 아니라 신체화된 이해(embodied understanding)의 과정이라는 것이다.

따라서 시를 읽는 독자의 감각적인 지각에 의해 촉발된 본능적이고 일차적인 감정도 교육학적으로 중요하다. 이것은 학습자의 정서적 스키마가 가장 민감하게 반응하는 부분이며 학습자의 출발점 행동을 점검하는 좋은 예가 되기 때문이다. 독자의 즉각적인 반응은 학습자가 가지고 있는 정서적 경향성을 드러냄과 동시에 감성의 작용을 이끄는 마중물로서 역할을 수행한다. 마중물에 의해 끌어 올려진 샘물이 순환 고리 속에 존재하듯이 일차적인 감정은 고양된 정서와 연결되어 있다.

(2) 시적 감성과 감수성의 의미 혼용 문제

시 감상 교육에서 감수성과 감성의 개념적 혼용은 감성 교육이 소극적으로 다루어지고 있는 원인이 되고 있다. 엄경희(2007)는 그동안 시 교육에서 감성(sensibility)[32]과 감수성(sensitivity)을 명료하게 구분하지 못하였기 때문에, 감성 교육의 혼란이 야기되었다고 지적한다. 그에 따르면 수동성이 강조된 감수성과 달리 감성은 시를 읽고 감상할 수 있도록 하는 능동적인 힘이다. 독자가 주체적으로 시를 읽고 감상하는 '기술(skills)'을 원활하게 활용하기 위해서 그것들을 작동시키는 힘이 필요한데, 그것이 감성이라는 것이다. 엄경희는 감성 교육적 측면에서 시를 교육하지 못하고 있기 때문에 독자들이 시로부터 멀어지고 있다고 지적한다. 따라서 시를 가르칠 때뿐만 아니라 이해할 때에도 핵심적인 역할을 하는 감성(sensibility)의 교육[33]이 필요하다고 말한다.

최지현(2001)도 감수성은 외연이 일정하지 않으므로 감수성 자체가 교육의 목표나 내용이 되기에는 적합하지 않다고 지적한다. 따라서 교육의 내용이 되기에 합당한 것을 '문화적 감수성'으로 규정하고 사회적으로 수용되는 정서와 감정으로 교육의 대상을 한정하고 있다. 그러나 시 감상 교육의 목표를 '문화적 감수성'으로 삼는다면, 감정의 축적물로서 감성을 이해하게 되는 오류를 범하게 될 수 있다(엄경희 2007). 문화적 감수성을 교육 내용으로 받아들인다면, 학습자는 집단의 의식처럼 공동체가 인정하고 허락하는 수동적 정서를 획득하는 것을 목표로 삼아야 하기 때문이다.[34] 또한 시적 감성의 본질이 사회 체제나 개인의 평범한 상식에 순응하기보다는 세계를 낯설게 보고, 사회 체제를 비판적으로 바라보는 탈주적인 시선에 있음을 인정한다면 문화적 감수성을 시적 정서를 인식하는 능력으로 보는 것은 부적합하다.

---

[32] 느끼는 능력을 가리킬 때에는 단수 'sensibility'를 사용하고 감정적 혹은 도덕적인 느낌을 총체적으로 가리킬 때 주로 'sensibilities'를 쓰는 경우가 보통이다. 시학에서 감수성은 'susceptibility'로 표현되는 것이 보다 그 의미를 명료하게 할 수 있다.

[33] 김대행 외(2000)에서는 '감성 중심의 글읽기'를 사색적인 글읽기와 반대되는 의미로 사용하고 있다. 감성 중심의 글읽기는 단숨에 판단하고 반응하는 방식의 읽기로서 반성적 사고는 배제된다는 것이다. 여기서 감성은 자극에 대한 말초적 반응 감각을 의미하고 있다고 판단된다.

[34] 수동성을 앞세운 문화적 감수성의 개념은 최지현이 주장하는 정서체험교육(최지현 1998)과도 어긋나는 지점이다. 왜냐하면 사회적으로 받아들여지는 정서와 감정의 획득은 학습자 스스로 시적 상황을 통해 느끼게 되는 다양한 '정서 체험'이 아니라 화석화된 '정서 수용'으로 판단되기 때문이다.

시 감상 교육에서 감성과 감수성 구별이 불명확하게 인식되는 것은 전통적인 시론의 영향으로 판단된다. 전통적인 시론에 따르면 현실 세계 속에서 시인은 외부 대상과 조화롭지 못한 상태에 놓여 있다. 이런 상태에 놓인 시인과 그를 둘러싼 외부 세계 사이의 갈등을 조정해 주는 역할을 하는 것이 시적 상상력이다. 시인의 조화롭지 못한 상태의 삶을 조화로운 상태로 조정해 가는 것이 바로 시창작의 과정으로 파악하는 것이다. 창작 주체와 그가 바라본 대상의 합일이라는 의식은 서정시가 주관성에 근거한 독백체적 텍스트로, 세계와 자아의 서정적 동일성을 지향한다는 일반적인 견해(유성호 1997, 김준오 2002, 오성호 2006, 고봉준 2007)를 가능하게 하였다. 여기서 동일성이란 조화된 삶의 상태로서, 시를 창작하는 주체의 주관성이나 내면성을 의미한다(김준오 2002: 27~36, 서림 2000: 11, 김경복 2001: 179).

시 장르의 핵심 기제라고 할 수 있는 서정을 '세계의 자아화'라는 개념으로 설명하려 할 경우 시인이 가진 감성은 동일성에 이르는 방식이 된다. 또한 최지현(2001)의 설명대로 사회문화적인 영향하에서 주체가 형성된다고 볼 때, 시인이 가진 감성은 문화적 감수성으로서 학습자들이 수동적으로 받아들여야 하는 시대의 감성이 된다. 그러나 이러한 동일성을 추구하는 서정의 개념은 최근 비판을 받고 있다.

구모룡(2000)은 '동일성'이라는 용어를 비판적으로 지적하고 있다. 그에 의하면 동일성의 사고는 근대 서구의 사상에서 배태되었다. 그중에서도 가장 큰 영향을 미친 것은 근대 낭만주의 시학인데, 낭만주의 시학에서 서정적 동일성이란 '세계의 자아화'로, 다분히 폭력적이고 비민주적인 사고방식이다. 김경복(2001) 역시 동일성을 역사철학적으로 고찰하면서 동일성의 개념에는 서구 중심의 사상이 침투하여 있으므로 극복되어야 할 대상이라는 지적한다. 고봉준(2007)도 서정시의 이론에서 본질주의적인 시선으로 '서정(抒情)'을 정의하는 것은 서정시의 모든 역사적 형태를 담을 수 없는 한계를 가진다고 말하면서 '서정'의 개념을 확대할 것을 제안하였다.

위의 논의들을 통해 알 수 있는 것은 시 감상 교육에서 감성 교육이 문화적 감수성을 습득하는 수동적인 과정을 넘어서 능동적인 방향으로 진행되도록 해야 함을 의미한다. 시를 통해 문화적 감수성을 인식하는 데 교육적 중심을 두었을 때, 학습자는 시적 정서를 메시지 받아들이듯이 탐독하려 할 것이다. 그러나 시적 감성 교육에서 중요한 쟁점은 학습자들에게 시를 능동적으로 인식하고 평가할 수 있도록 유도하는 것이다.

3) 시적 감성의 교육 방향

시적 감성의 작용 공간([그림 1] 참조)은 교사의 도움이나 독서를 방해하는 소음 없이 독자가 시를 읽는 상황을 가정한 것이다. 이 상황은 독자가 자신이 창조한 제3자의 말을 듣고 있는 상황과 유사하다. 독자는 자신이 창조한 또 다른 자아와 자구자문(自句自問)하면서 의미텍스트를 만들어 낸다. 이러한 읽기 과정이 가능한 이유는 독자의 '내적 언어(inner speech)'(Vygotsky 1986: 30~35) 덕분이다. 내적 언어는 사람의 정신 내부에서 발생하는 의식의 흐름이다.[35] 혼자서 시를 읽는 독자는 내적 언어를 통한 소통을 하고 있다(Lotman 1990: 42~65). 이러한 '나-나'의 소통 상황에서 정보의 매개체인 시의 모습은 변하지 않지만 시를 통해 구성되는 의미텍스트는 지속적으로 재생산되면서 새로운 의미를 획득해 나간다. 시가 독자에 의해 재구성되면서 새로운 자질들을 획득하게 되는 것이다.

---

[35] 비고츠키(Vygotsky)는 구어나 문어로써 단어나 문장으로 표현되는 외적 언어(external speech)와는 달리 내적 언어는 아직 언어로 표현되지 않은 머릿속에 있는 언어라고 하였다. 비고츠키는 외적 언어뿐만 아니라 내적 언어도 사고의 도구로 보았다.

독자가 혼자서 시를 읽을 때 시적 감성은 '내적 소통'의 고리가 된다. 결국 시적 감성에 의한 의미텍스트 구성과정은 독자의 내적 소통 상황이 교실 맥락에서 어떻게 교수-학습적으로 변형되어야 하는가에 대한 해결 방안이라고 할 수 있다. 시적 감성이 교육의 내용이자 과정으로 의미를 지니기 위해서는 '학습 상황'에서 학습자가 얻게 되는 내면적 변화를 염두에 두어야 하기 때문이다. 따라서 이 절에서는 시적 감성의 교육 내용 구성 원리를 '작독자로서 의미 구성'이라는 특징으로부터 시작하고자 한다.

또한 교실에서 학습자의 시 텍스트의 구성은 이중적으로 형성된다. 학습자는 개인적인 차원에서 시 텍스트를 구성하기도 하고, 동시에 교사나 동료와의 대화를 통해 구성하기도 한다. 따라서 학습자의 '혼자 읽기(individual reading)'의 상황과 '함께 읽기(shared reading)'의 상황은 시적 감성의 교육 내용 선정의 기본 전제가 된다. 혼자 읽기의 상황에서는 '시적 감성의 체현적 작용'을, 함께 읽기의 상황에서는 '시적 감성의 표현적 작용'을 원리로 제시하고자 한다.

(1) 작독자(wreader)로서의 의미 구성

리파테르(Riffaterre)는 시어로는 드러나 있지 않지만, 시 안에 이미 존재하고 있는 단어나 구를 하이포그램(hypogram)[36]이라고 말한다(Riffaterre 1989: 28). 하이포그램은 시의 언어나 언어적 형식에 의해 구성되어 시의 내부에 잠재되어 있으며, 독자에 의해 채워지거나 구성된다. 특히 시어와 시어 사이에서 결속구조가 희미할 때, 독자는 시어 밖에서 삶의 섬세한 모습이나 비언어적인 측면, 관습적으로 정해진 은유나 우화 등에 의

---

36 독자반응이론가들이 말하는 빈틈(gaps)이나 여백(blanks)과 유사하다(Iser 1978: 165~170).

존할 수밖에 없게 되는데, 이 과정을 통해 독자는 수동적인 감상자가 아닌, 능동적인 의미 구성의 주체가 된다.

독자의 읽기 활동은 아무 준비 없이 막연히 시작되지 않는다. 어떤 물리적 대상을 알기 위해서 가장 적절한 위치에 가야 하는 것처럼, 독자도 글의 성격에 따라 적당한 '독서 입장(reading stance)'[37]을 정하게 된다. 독자의 독서 입장은 의식적으로 선택될 수도 있고 무의식적으로 선택될 수도 있다. 예를 들어 병원에서 주는 처방전을 읽을 때와 연예인 잡지를 읽을 때의 독서 입장은 다르다. 이것은 시를 읽을 때도 마찬가지이다. 의도적으로 대항적 독서(oppositional reading)를 할 공산이 아니라면 동시집을 읽으려는 독자의 독서입장은 백과사전을 읽을 때의 독서입장과는 다를 것이다. 주어진 글을 효과적으로 읽기 위하여 독자는 그 글의 장르성과 가치에 대해 어떤 입장을 선택해야만 한다.

그런데, 독서 입장은 독자의 의도에만 따르는 것이 아니다. 그것은 시의 텍스트성에도 영향을 받는다(Pearce 1997: 49). 시가 가지고 있는 양식과 코드가 독서 입장에 관여하기 때문이다. 독서의 입장은 독자와 글 사이에서 조정되는 무게 중심과도 같다. 글을 읽는 동안 독자가 갖는 관심의 무게에 따라 달라지기 때문이다(이경화 2008: 305). 경험적 독자에게 독서 입장은 자신의 경험과 시읽기를 통해 습득한 심미적 감성, 문화적 상상력과 시의 텍스트성에 의해 결정된다. 그러나 경험적 독자가 교육의 맥락 안으로 들어와 학습자로 변모하였을 때, 상황은 달라진다. 교사와 학습과제의 성격에 따라 학습자의 독서 입장이 결정되기 때문이다. 교사가 학습자를 어떠한 독서 입장에 위치 지워 주느냐에 따라 학습자의 읽기 목적은 달라진다. 학습자의 시적 감성이 발현되는 정도와 방향감도 교

---

37 이 연구에서 독서 입장은 독자가 텍스트를 읽을 때 의식적 무의식적으로 가지게 되는 태도를 말하며 장르적 성격의 파악이나 독서의 물리적 맥락과 함께 이데올로기적인 부분까지도 포함한다.

사가 어떻게 독서 입장을 위치 지워 줄 것이냐에 따라 영향을 받는다. 교사에 의해서 설계된 독서 입장이 학습자의 반응에 영향을 미친다는 연구 결과들(Galda 1990, Many 1991, Many 1992, Galda & Liang 2003)은 교사의 계획된 안내가 학습자의 반응에 영향을 미치고 있음을 밝히고 있다.

크라니 - 프란시스(Cranny-Fancis)에 따르면 독서 입장(reading stance)이란 "텍스트가 일관성을 가지고 이해될 만한 것으로 판단하는 독자의 입장"이다(Cranny-Fancis 1990: 25). 독서 입장은 독자가 문학 텍스트를 읽을 때, 일관된 이해를 할 수 있도록 돕는다. 로젠블랫(Rosenblatt)[38]도 독서 입장은 독서 목적을 드러내 주는 것이라고 지적하면서, 독자가 특정한 글에 갖는 예측 양식이나 글에 개입(involve)하는 유형(type)이 독서 입장을 결정한다고 말한다(Rosenblatt 2006).

그동안 우리나라의 많은 연구자와 교사들이 로젠블랫(Rosenblatt)의 상호 교통 이론(The Transaction Theory of the Literary Work)을 차용하여 문학 교육현장에 적용하여 왔다.[39] 그러나 상호 교통 이론의 근간이라고 할 수 있는 독자의 독서 입장은 교육적 접근 방법으로 섬세하게 고려되지 못했다고 판단된다. 상호 교통 이론은 반응 중심의 문학 교육 방법으로 지칭되면서 그동안 교실에서 배려되지 못했던 학습자의 위치를 승격시켰다. 또한 문학 독서 행위의 개인적 차원뿐만 아니라 사회적 문화적인 차원을 드러내 주었다는 점에서도 우리 문학 교육에 긍정적으로 기여하였다. 그러나 상호 교통 이론이 한국 문학 교육에 유입되는 과정에서 '반응(response)'이라는 용어에 집중하여 학습자의 정서적 의미 구성만을 강조하는 방법으로 받아들여졌다. 이러한 이유로 시 텍스트와의 교류는

---

[38] 로젠블랫이 독서 입장(reading stance)을 처음 언급한 것은 아니다. Hading(1937)에 의해 처음 언급되었다고 Paulson & Armstrong(2010)은 밝히고 있다(Paulson & Armstrong 2010).

[39] 로젠블랫이 말한 상호 교통 이론은 '상호교통(transaction)'에 의한 것이다. 이것은 흔히 '거래'라고 해석되기도 하는데 인지심리학적 입장에서 인지적인 것이 아닌 심리적인 것을 주고받는다는 의미에서 '상호교통'이나 '교류'로 번역되는 것이 옳다고 본다(엄해영 2009: 35).

퇴색해버렸으며, 시의 의미와 결(texture)을 찾아 시적 정서를 내면화하는 문제는 소홀하게 다루어지게 되었다.[40]

반응은 '~에 대한' 것이다. 이것은 독자 자신에게 생긴 흔적의 원인을 밝히는 것이며 시 텍스트 구성을 통한 작품과의 '교류(transaction)'에 의해 끌어올려진 것이어야 한다(엄해영 2009: 35~36). 작품과의 능동적인 교류를 통한 반응을 끌어올리기 위해서 학습자는 시를 창조하는 능동적인 입장에 서야 한다. 달리 말하면 '독자의 입장'에서 시를 읽는 것이 아니라 '작가의 입장'에 서야 한다는 의미이다. 독자가 작가의 입장에서 시를 읽을 때, 독자는 비로소 창조자로서 역할을 하게 된다. 이것은 앞서 언급한 '작독자(wreader)의 위치'를 말한다.

학습자의 독서 입장을 중요하게 판단하고 교육적인 적용을 시도한 벡(Beck)과 그의 동료들의 연구는 독서 입장의 교육적 처치에 시사점을 준다(Beck etc 1997). 그들은 학습자에게 작가의 입장에서 글을 읽게 하였을 때, 능동적인 읽기 자세를 취했다고 보고하고 있다. 물론 그들의 연구는 내용교과에 대한 읽기 능력을 향상시켜 주기 위해 'QtA(Questioning the Author)'[41]라는 교육 방법을 구안하기 위한 것이었다(Lee 2008). 그러나 그들의 문제의식은 학습자의 시 읽기 과정에도 적용될 수 있다.

---

40 로젠블랫에 의해 시도되었던 것은 'approach'의 수준이었다. 이것은 분명 'method'가 아니라 하나의 방향을 제시한 것이었다. 그러나 경규진(1992)에 의해 한국에 소개되는 과정에서 'method'의 형태로 변모하게 되었다.

41 'QtA'는 피츠버그 대학교의 학습연구 개발센터(Learning Research and Development Center)에서 개발한 정보적 성격의 글(information text) 읽기 방법 중의 하나이다. QtA는 5단계의 과정을 거쳐서 진행된다. 5단계 과정은 다음과 같다. ①읽을 글을 선정하고 저자의 입장에 서기(selecting reading passage and deposing the authors) ②글을 의미 단위로 나누기(making segments of text) ③탐구 질문 만들기(create inquiry) ④동료들과 토론하기(developing discussion with students about text) ⑤평가하기와 적용하기(assessment and independent reading). 여기서 주목한 부분은 첫 번째 단계에서 학습자의 독서 입장을 저자의 위치에 세워 주는 것이다. 한편 단계인 '평가하기와 적용하기'의 'independent reading'은 '적용하기'로 해석하였다. '독립적으로 읽기'라고 할 수도 있으나, 활동의 특성상 평가한 내용을 바탕으로 일상생활에 적용하는 차원의 독립적 읽기 활동이기 때문이다. 여기서 'and'는 'then'의 의미이다(Beck etc 1997).

독서 입장에 대한 또 다른 논의로는 파울슨과 암스트롱의 연구(Paulson & Armstrong 2010: 88~89)가 있다. 이들은 독서 입장에 대한 논의들을 정리하면서 학습자의 독서 입장을 '필자의 위치'에 놓을 것을 주장한다. 이들이 제안한 읽기 방법은 '필자를 위한 읽기(reading-for-the-writer)'[42]이다. 이것은 필자의 글을 평가할 목적으로 읽는 행위와 유사하다. 흔히 교실에서 동료가 쓴 글을 읽고 잘된 점이나 고칠 점 등을 평가하는 상황을 예로 들 수 있겠다.

파울슨과 암스트롱에 의하면, '필자를 위한 읽기' 과정은 주로 두 단계로 진행된다. 처음 단계에서 독자는 텍스트의 의미를 이해하기 위해 읽고, 다음 단계에서는 필자에게 어떠한 견해(comments)를 밝히기 위해 읽는다. 이들의 제안은 앞에서 언급한 벡(Beck)과 그의 동료들이 취했던 독자의 독서 입장과 유사하다. 이러한 독서 입장을 시 읽기에 적용하였을 때, 독자는 시인과 같은 위치에 서게 된다.

이것은 [그림 1]에서 작가와 독자가 같은 위치에 있는 상황과 유사하다. 시 감상 학습에서 시 텍스트의 소통은 일반적인 대화의 상황에서처럼 독자와 필자가 메시지를 서로 주고받는 가운데 형성된다기보다는 학습자가 시인의 입장에서 시를 읽는 행위를 통해 능동적으로 이루어진다.

(2) 시적 감성의 체현적 작용

학습자가 홀로 시를 읽을 때, 학습자의 시적 감성은 체현적으로 작용한다. 시적 감성의 체현적 작용이란 독자가 시를 읽으면서 이성적이고 초월적으로 시 텍스트를 구성하는 것이 아니라, '몸을 통해 형성된 이해의 틀(embodied understanding)'로써 시 텍스트를 구성하는 것을 의미한다.

---

42 이것은 앞서 언급한 '저자로서 읽기(reading-as-an-author)'의 개념과 유사하다.

체현적 작용은 '믿는 체하기를 통한 해석체의 생산', '시적 화자의 시선 투사와 영상적 재현', '학습자 정서의 재평가'로 구체화된다.

가) '믿는 체하기'를 통한 해석체의 생산

월턴(Wallton)은 허구적인 예술 작품을 통해서 인간이 감동을 느낄 수 있는 이유는 감상자의 '참여(participation)' 때문이라고 한다. 월턴이 말하는 참여는 문학작품을 감상할 때 독자가 스스로를 허구 작품의 한 등장인물로 상상하는 것이다(Walton 1990). 독자가 작품을 읽을 때, 허구의 세계는 단순한 작품 속의 세계를 넘어서서 새로운 상상의 세계로 확대된다. 그 확대된 세계는 작품의 세계를 포함할 뿐만 아니라 감상자에 관한 사실까지 포괄하는 확장된 세계이다. 예를 들어 '로미오와 줄리엣'을 읽을 때 독자는 로미오와 줄리엣이 서로 사랑한다는 사실을 믿고, 그들의 죽음을 함께 슬퍼할 수 있다. 그러나 참여자인 독자가 그들의 죽음을 막을 수는 없다. 독자의 심리적 참여는 이같이 독자 자신이 허구 세계 안에 들어가 허구적인 대상을 감각하고 허구적 사실을 인식하며 반응하는 모습을 스스로 상상하는 것이다. 이러한 독자의 특성을 '믿는 체하기 (make-believe)'라고 할 수 있다(Walton 1990: 4~5, 67~69).

시를 읽고 시적 상황을 구성하며 시 텍스트를 구성하는 것도 이와 마찬가지이다. 독자가 '믿는 체하기(make-believe)' 게임을 성공적으로 수행했다는 것은 시적 화자의 관점[43]을 모방하게 되었다는 것을 의미한다. 독자가 상상하는 시적 상황은 자기를 포함하는 상상이어야 한다. 어떤

---

43 시를 읽으면서 독자가 모방하게 되는 관점은 창작 주체인 시인의 관점이라고 말하기는 어렵다. 시가 시인 자신의 마음을 그대로 드러낸 것이라고 볼 수도 있지만, 시를 창작하는 과정은 직접적 주관성과 창조적 주관성이 함께 관여하기 때문이다. 더군다나 시로 형상화되는 과정에서 어쩔 수 없이 일어나는 '의도의 오류'와 시적 화자의 존재를 인정할 때 독자가 모방하는 관점은 시적 화자의 시선이라고 할 수 있다.

대상에 대한 막연한 상상이 아니라 체험 주체인 독자 자신이 텍스트 안의 부분이 되었을 때, 비로소 독자는 시적 정서와 만날 수 있다. 누군가가 울고 있는 모습을 보았기 때문에 마음속에 울림이 일어나는 것이 아니라 그 속에서 함께 울고 있는 나를 발견했기 때문에 마음속에 울림이 일어나는 것이다.

학습자가 시 텍스트를 구성하기 위해서는 이렇게 자기 스스로를 텍스트 안의 시적 허구 세계 안에 참여시키는 과정이 필요하며 이를 통해 학습자는 자신을 허구 세계 안의 소도구로 생각하게 된다. 시는 하나의 기호로서 학습자의 반복적인 참여에 의해 그 의미를 드러낸다. 학습자의 반복적인 참여는 기호의 해석과정이라고 할 수 있다.

퍼스(Pirece)는 기호의 의미를 해석하는 과정을 표상체(representamen), 대상(object), 해석체(interpretant)[44]의 삼항 관계로 설명한다(Short 2004a: 214). 해석체는 해석자의 정신에 의해 창출된 기호이다. 예를 들어 '병아리'라는 단어를 볼 때, 사람들은 초년생이나 신입생, 또는 실제 병아리의 도상을 떠올린다. 이때 사람들의 마음속에 떠오르는 신입생, 병아리의 모습, 초년생과 같은 의미들이 해석체인 것이다. 해석체는 하나의 기호를 해석하게 하는 또 다른 기호라고 할 수 있다. 따라서 하나의 해석체는 새로운 표상체로 작용하여 그 자신의 해석체를 가질 수 있다. 해석의 과정은 해석자가 해석을 멈추지 않는 한 끊임없이 지속된다. 독자가 구성하는 해석체는 의미의 성취에 따라 즉각적 해석체, 역동적 해석체,

---

44 이 연구에서 해석체는 'interpretant'를 의미한다. 'interpretant'는 퍼스(Pierce)의 기호학에서 유래한 개념으로 '주어진 기호로부터 촉발되는 의미효과'를 말한다(Misak 2004: 10). 유재천은 리파테르(Riffaterre)의 『시의 기호학(*Semiotics of Poetry*)』를 해석하면서, 'interpretant'를 '해석항'으로 번역한 바 있다(Riffaterre 1989: 39~185). 시교육에 기호학적 방법론을 도입한 김창원(1995)에서도 해석항으로 사용하고 있다. 그런데 'interpretant'를 '해석항'이라고 할 경우, 하나의 전체에 관여하는 부분으로 여겨진다. 'interpretant'는 통일성을 가지는 시의 지시적 의미(meaning) 차원이 아니라 표면적 통일성을 넘어선 기호론적 의미(significance)로 보아야 한다. 따라서 이 연구에서는 퍼스의 'interpretant'를 '해석체'로 번역하여 사용하고자 한다.

최종적 해석체로 나눌 수 있다(Short 2004b: 214~237).

〔그림 2〕는 시적 감성의 작용을 해석체의 형성이라는 입장에서 설명하고자 하는 그림이다. 시를 읽는 독자는 시라는 기호를 해석하는 해석자(interpreter)이다. 해석자인 학습자는 주어진 기호(poem, P)로부터 촉발되는 의미, 즉 해석체를 구성한다. 이 때, 해석체와 표상체는 끊임없이 대상 정서와 교류하면서 의미 구성과정에 있는 역동적 해석체(T1, T2 … Tn)를 생성한다. 이러한 해석과정을 통해서 최종적인 해석체인 시 작품을 구성하게 된다.

〔그림 2〕에서 해석의 과정이 반복될수록 화살표가 진하게 변하는 것은 학습자가 시 작품의 구성에 점점 더 가까이 가고 있음을 나타낸 것이다. '화살표 ①'은 가장 처음 시도된 해석과정으로 '해석체 T1'을 만든다. '해석체 T1'은 시적 정서를 구체화하여 '시적 정서 E1'을 구성한다. 학습자는 일차적으로 구성된 시적 정서의 이미지를 가지고 다시 시를 읽게 된다. 이러한 과정은 '화살표 ②'의 과정 이후 계속 진행된다. '화살표 ②'와 '화살표 ⓝ' 사이에는 무수히 많은 시적 감성의 작용들이 진행된다. 그리고 최종적인 해석 과정인 '화살표 ⓝ'을 통해 학습자의 의미구성 과정은 잠정적으로 끝나게 되고 최종적인 해석체인 시 작품을 형성하게 된다.

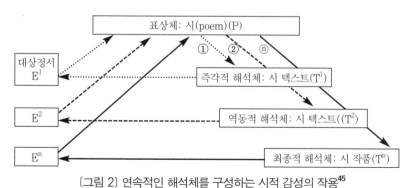

〔그림 2〕 연속적인 해석체를 구성하는 시적 감성의 작용[45]

〔그림 2〕에서 최종적인 해석체인 시 작품이 사실상 가장 이상적(理想的)인 텍스트라고 볼 수는 없다. 텍스트의 의미가 화행 맥락에 따라 달라진다고 할 때, 의미의 미끄러짐은 계속적으로 일어날 수밖에 없기 때문이다. 최종적 해석체는 학습자가 최상으로 구성한 가설(best-warranted hypothesis)라고 할 수 있다. 해석자인 학습자는 하나의 기호를 의식적으로 끊임없이 해석하는 것은 아니다(Short 2004b: 179). 그는 독서를 마쳤을 때 해석을 끝내기도 하고, 수업을 마치면서 끝내기도 하며, 때로는 시 텍스트에 대한 사고를 의식적으로 거부하기도 한다. 물론 일정 시간 동안 학습자의 마음속에 잠재되었던 시 텍스트가 어느 순간 다른 해석체로 드러나는 경우도 있다. 각각의 경우 모두가 학습자에게 최종적 텍스트가 생산되는 순간이다. 따라서 최종적 해석체는 의미가 확정되었다는 것이 아니라 학습자가 더 이상 의미구성의 필요성을 느끼지 못하는―그것이 자의에 의한 것이든, 타의에 의한 것이든―상태가 되었다는 것이며 의미구성의 개별화·구체화를 일단락지었다는 뜻이다.

예를 들어, '사랑의 느낌'을 언어로 표현하고자 할 때, 보통 사람이라면 사랑이라는 단어를 사용하여 그 감정을 표현하고자 한다. 그렇지만 사랑이라는 단어가 발화자가 느낀 감정 그 자체인 것은 아니다. 기호는 발화자의 실제 사랑이 아니라 사랑을 가리키는 손가락과도 같은 것이다. 사람들은 손가락의 방향으로 사랑의 느낌을 추정하고, 그러한 추정을 통하여 사랑의 느낌을 하나의 감정이나 개념으로 구성해낸다. 마찬가지로 시인은 기표가 덮을 수 없는 세계를 그들의 손가락인 시로 가리

---

45 퍼스(Peirce)가 제안한 기호의 기본 구조(Cobley & Jansz 2002: 25).

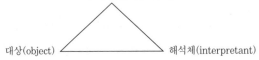

기호(sign)/표상체(representamen)

대상(object)　　　　　　해석체(interpretant)

킬 뿐이다. 학습자는 이러한 시가 가리키는 시적 정서를 포착하기 위해 해석체를 구성할 수밖에 없다. 해석체는 단순한 느낌이나 실제적 노력 혹은 추상적 사고일 수도 있다. 해석체는 개념에 국한된 것이 아니라 느낌이나 행동이 될 수도 있는 것이다.

나) 시적 화자의 시선 투사

시적 시선은 시적 화자의 독특한 시야를 말한다. '시적 시선(詩的 視線)'의 개념은 김홍규(1992)에 의해 제안된 바 있다. 그는 시적 화자의 시선을 심리적 거리에 따라 예찬의 시선, 공감의 시선, 객관화와 관용의 시선, 비판적 관찰의 시선으로 정리하였다. 화자의 시선을 인식하는 것은 시에 대한 상상적 참여를 통해 가능하다.

필자는 시선의 인식에 따른 학습자의 반응 차이를 알아보기 위하여 대학생 114명[46]에게 다음 사진에 대한 느낌을 적도록 하고, 그 차이가 어디에서 기인하는지 적어 보도록 하였다. 실험에 사용한 사진은 〔그림 3〕과 같다.

---

46 조사 대상 학생들은 다음과 같다.
　(사진 출처: http://blog.naver.com/rknavy/20138695784)

조사 대상	인원	조사 방법			
		사진 제시 방법	일시	프로토콜 생성 과정	비고
S대 3학년	26명	(가)사진 제시 후 (나)사진 제시	2011.10.17.	①(가)사진과 (나)사진을 보고 느낌을 쓰도록 한다. ②느낌의 차이를 생각하고 그 차이가 어디에서 오는지 쓰도록 한다.	먼저 제시한 사진의 영향으로 인해 나중에 제시하는 사진의 평가가 달라질 수 있으므로 사진 제시 순서를 바꾸어 제시함.
	25명	(나)사진 제시 후 (가)사진 제시			
K대 3학년	31명	(가)사진 제시 후 (나)사진 제시	2012.03.23.		
	32명	(나)사진 제시 후 (가)사진 제시			

(가)   (나)

〔그림 3〕 시선 인식 확인을 위한 사진

〔그림 3〕에서 (가)와 (나)는 같은 경치를 보여주고 있다. 단지 다른 점은 (가)사진에는 없었던 두 소녀가 (나)사진에는 등장하고 있고, 그들의 시선은 사진을 바라보는 학생들의 시선과 동일하게 바다를 바라보고 있다는 점이다. 물론 (가)와 (나) 모두 사진을 찍은 사람의 시선을 가지고 있다. 사진을 찍은 사람은 시적 화자라고 할 수 있고, 사진에 등장하는 두 인물은 시적 대상과 유비적 관계에 있다. 시적 대상 역시 시적 화자의 시선을 덧입고 있으므로 여기서는 시적 대상인 인물의 시선을 학생들이 어떻게 처리하는지 살펴보고자 하였다. 실험의 엄격성을 위해 사진 제시 순서를 달리하였다. 그러나 (가)와 (나) 사진의 제시 순서를 바꾸어도 학생들의 반응에서 유의미한 차이는 없었다. 사진(가)에 대한 학생들의 반응 특성은 〔표 2〕와 같다.

〔표 2〕 (가) 사진에 대한 학생들의 반응

반응 특성	반응 내용
정서 환기	· 푸른 바다가 너무 예쁘다. 사진 속 장소로 놀러 가고 싶다. 햇빛도 너무 밝고 잔디색도 너무 예쁘다. 마음이 편안해지고 봄 날씨가 떠오른다. · 하얀 하늘, 파란 바다, 연두 빛의 풀들이 아름답고 생기가 느껴진다. 특히 연둣빛의 풀들이 사진을 더욱 생동감 있게 만들어 준다. 화면 밖에 동물들이 뛰놀 듯한 기분이다.

장소에 대한 동경	· 푸른 바다. 싱그러운 연두색과 대비되어 너무도 예쁘다. 구름 한 점 없는 맑은 날씨 저렇게 예쁜 곳에 가서 시원한 바닷바람을 맞으며 산책하고 싶다. 가슴이 뻥~ 뚫릴 것 같다.
	· 울타리가 좀 더 튼튼해 보이고 견고하다면 그 위를 걸어보고 싶다. 하늘 위에 둥둥 뜬 느낌이 들 것 같다. 푸른 잔디에 돗자리 안 깔고 그냥 앉아서 멍하니 있어도 좋을 것 같다.
경험 회상	· 사진을 보자마자 제주도에 친구들과 수학여행을 간 것이 생각났다. 바다색과 풀색이 너무 선명하고 예쁘다. 뉴질랜드에 여행 갔을 때가 생각났다. 그때도 초록빛 색과 파란색에 매료되었었다. 기분이 너무 좋다. 하늘도 마음에 든다.

〔표 3〕 (나) 사진에 대한 학생들의 반응

반응 특성		반응 내용
인물과 풍경을 관련시킴	인물의 시선과 동일시함	· 가족여행을 온 걸까? 무슨 생각하고 있을까? 나도 저기 놀러가고 싶다. 어디 보고 있는 거지? 내 시선은 왜 풍경으로 가고 싶지?
	인물의 상황을 부러워함	· 저들은 얼마나 행복할까? · 여름인 것 같다. 풍경을 감상하는 두 사람의 뒷모습이 아름답고 한편으론 부럽기도 하다. · 바다를 보며 여행하고 있는 사람들이 부럽다. · 나도 연인과 함께 아름다운 풍경이 있는 곳으로 놀러가고 싶다.
인물을 풍경의 한 부분으로 판단함		· 따뜻한 느낌이다. 흰옷, 검은 옷 입은 사람이 바다를 보고 있는데, 옷이 단색이라 그런지 풍경과 조화되는 것 같다. · 두 사람이 그림 같은 풍경에 서 있다. 인물이 정중앙이 아닌 측면에 있어 사람이 풍경 속에서 잘 어울려진다.

(가)사진에 대한 학생들의 반응은 주로 세 가지 범주로 나타났다. 사진 속 장소가 주는 편안함이나 시원함 때문에 기분이 좋아졌다는 의견, 사진 속 장소에 가고 싶고, 그곳에 가서 구체적으로 무엇을 하고 싶다는 의견, 사진과 관련된 과거의 경험을 떠올리고 회상한 의견이다. 그러나 (나)사진에 대한 느낌은 다르게 나타났으며 〔표 3〕과 같다.

(나)사진에 대한 반응에서 특이한 점은 자신의 경험을 회상한 경우가

대폭 줄어들었다는 것이다. (나)사진을 본 학생들의 반응에 가장 큰 영향을 준 것은 등장인물이며, 그들의 생각이나 느낌을 어떻게 처리해야 하는지 난감해하는 학생들이 있었다. 어떤 학생들은 등장인물의 시선에 동일시하여 그들의 시선으로 풍경을 바라보기도 하고, 어떤 학생들은 등장인물조차도 풍경의 일부로 생각하는 경우도 있었다. 이렇게 풍경의 일부로 보는 학생들에게서 두 사진에 대한 반응 차이는 거의 없었다. 그 학생들에게 풍경 속의 인물은 그저 풍경의 일부일 뿐이기 때문일 것으로 판단된다. 반면, 반응에서 차이를 보였던 학생들은 아래와 같이 그 이유를 설명하였다. 학생들의 설명은 자신의 반응 정도에 대한 것((차)의 경우)과 반응 방식에 대한 것((카)의 경우)으로 정리할 수 있었다.

(차) · 풍경만 있는 사진보다는 사람이 있는 사진이 더 아름다워 보인다.
 · 사람이 있으니 경치가 달라 보인다. 더 내 가슴을 설레게 하고 풍경이 더 멋있게 보인다.
 · 풍경만 볼 때는 평온한 마음이었는데 사람과 같이 있으니 부럽다.
 · (가)는 풍경 자체가 내 눈으로 들어오지만, (나)는 풍경보다는 누군가와 함께 아름다운 곳에 놀러간 상황이 떠오른다.

(카) · 내 시선이 (가)는 울타리로, (나)는 수평선의 한가운데로 모인다.
 · (가)는 풍경이 그냥 추상적으로 보였는데, (나)는 저 사람들의 생각과 겹쳐서 생각된다.
 · 사람이 있는 사진에서는 그 사람이 나라는 입장에서 사진을 보게 되고, 보이는 풍경보다는 그 풍경을 바라보는 사람의 마음을 보게 된다.
 · (가)는 우리가 주인공이 되어서 바라보는 것 같고, (나)에는 3명의 주인공이 있는 것 같다. 여자 2명, 사진을 찍은 사람.
 · 사진을 바라보는 나와 사람들이 바라보는 시선이 똑같아서 그들이 어

떻게 느낄지 궁금하다.

· 배경에 사람이 있고 없음으로 해서 느낌의 차이가 있는 것 같다. 첫 번째 그림(그림 나)에서는 그곳에 있는 사람이 부러워서 나도 가고 싶었는데, 두 번째 그림(그림 가)에서는 그런 마음이 들지 않았다.

먼저 (차)는 반응 정도의 차이를 인식한 내용이다. 학생들은 풍경 안에 있는 사람들로 인해서 풍경이 더 아름다워 보이거나 자신에게 주는 울림이 크다고 하였다. 또한 (카)와 같이 반응의 방식을 설명한 학생도 있었다. 이들은 자신들의 시선에 주목하고 있다. 등장인물의 시선 때문에 자신의 시선이 방해를 받거나 그들의 시선에 동일시하였다고 고백하고 있으며, 등장인물이 느꼈을 느낌을 궁금해하고 있다.

위의 조사 결과를 통해 독자의 시선 인식에 대한 유비적 추리를 할 수 있다. 조사를 끝내고 학생들과 사진에 대하여 논의하는 과정에서, 학생들은 등장인물이 있는 사진에 대한 느낌을 쓰는 것이 좀 더 힘들고 난해했다고 말했다. 이것은 보는 사람의 판단이 등장인물의 시선에 의해 방해를 받기 때문이다. 따라서 독자가 자신의 지평으로 읽을 때와 매개인의 시선을 파악하며 읽을 때 텍스트에 대한 평가와 반응은 다를 수 있음을 추론할 수 있다.

독자가 시를 읽고 의미텍스트를 구성하는 것은 시적 시선을 덧입는 과정을 통해 가능하다. 만약 독자가 시 텍스트의 밖에서 시를 그저 풍경으로만 바라볼 때, 독자의 시선은 작가의 시선을 타자적으로 받아들이지 못한다. 독자는 그저 독자의 지평에만 머물 뿐이므로 시적 화자의 지평과의 만남이나 소통은 불가능한 것이다.

다) 학습자 정서의 재평가

시에 대한 정서적 반응은 자기 자신을 잣대로 삼아 내놓은 본질적인 평가(appraisal)에 속한다. 감성은 자신의 정서를 사고 대상으로 삼는다. 즉 자신의 정서적 반응이 어디에 기초를 두고 있는지를 재고해보는 것으로 정서에 대한 메타적 인식인 것이다. 그런 의미에서 여기서 말하는 '평가(appraisal)'란 본질인 것에 대한 평가로, 어떤 목적에 대한 성취를 확인하는 '시험(test)'이 아니라 정서의 가치에 대한 평가(value)에 가깝다. 왜 그러한 정서적 반응이 나오게 되었는지를 평가하여 자신의 정서를 성찰해 보는 것이다. 이는 왜 그렇게 생각하는지, 자신의 정서를 탐구하는 과정 속에서 자신이 원래 원하는 바가 무엇인지를 사고할 수 있다. 이것은 독자가 시적 정서에 대한 이해를 넘어 자기 자신의 정서에 대한 이해까지 지평을 확대할 수 있음을 의미한다.

자신의 정서를 평가하기 위해서는 앞에서 살펴본 시적 화자의 시선을 느끼는 것이 중요하다. 자기 자신에 대한 평가는 자신의 행동을 타자의 시선으로 바라볼 때 가능하기 때문이다. 자기를 반성적으로 바라보는 것은 다른 사람의 시선을 통해서 나를 바라보는 것이다. 예를 들어 쓰레기를 무심코 버리는 행동을 한 아이가 주변을 두리번거리면서 쓰레기를 줍는 행위는 자기 자신의 행동을 반성적으로 바라보았기 때문이다. 다른 사람의 시선으로 자신을 바라보고 자신의 행동에 문제가 있음을 알게 된다고 볼 수 있다. 자기 자신에 대한 재평가는 자신의 행동을 타자의 시선으로 바라볼 때 가능하다. 이것은 무의식으로 잠재해 있는 주체가 드러나게 되는 순간이기도 하다. 보이지 않거나 보려고 해도 볼 수 없었던 자신의 모습을 타자의 시선을 통해서 알게 되는 것이다.

이는 시를 읽는 학습자에게도 적용된다. 재현적 이미지로 형상화된 시는 이미 어떤 이의 시선을 가지고 있다. 이것은 시적 화자나 시적 대상을 통해 드러난다. 학습자에게 그들의 시선은 상상 세계로 난 창(窓)이다. 그 창 안으로 과감하게 들어가서 텍스트 내부의 대상들과 마주했을 때 학습자는 자신의 시선과 다른 또 다른 타자로서 시인의 시선을 경험하게 된다. 학습자는 시인의 시선을 추체험하고 그들의 정서를 함께 느낌으로써 자신의 정서를 되돌아보게 된다. 기존의 학습자의 정서가 재평가되어지는 것이다.

(타) 풀섶 두꺼비가
　　엉금엉금 비 소식을 알려 온다

　　비 젖은 달팽이가
　　한 입 한 입 잎사귀를 오르며 길을 낸다

　　흙 속에서 지렁이가
　　음물음물 진흙 똥을 토해 낸다

　　작고
　　느리고
　　힘없는 것들이

　　크고
　　빠르고
　　드센 것들 틈에서

　　보이지도 않고
　　들리지도 않는

바닥 숨을 쉬고 있다.

—김환영(2010), 「들리지 않는 말」 전문

학습자는 김환영의 「들리지 않는 말」을 읽으며 풀섶을 들추어 보고, 엉금엉금 움직이고 있는 두꺼비를 보게 된다. 한 입 한 입 잎사귀를 오르는 달팽이의 느린 걸음걸이, 흙 속에서 음물음물 진흙을 토해내는 지렁이를 보면서 학습자는 자기 자신을 바라본다. 그들에 비해 자신은 크고 드세며 빠르게 살고 있음을 느끼게 된다. 학습자는 시적 상황 안에서 시적 화자가 보여주는 시선을 따라 움직이며 사유하고 있는 학습자 자신과 마주하게 되는 것이다. 의식을 마주하고 있는 '나'를 발견했을 때 거기서 학습자의 주체가 형성된다고 할 수 있다.

시적 정서를 인식하는 것은 시어를 통하지 않고서는 이해될 수 없다. 인간이 가진 자아는 언어적 질서를 인식함으로써 구성된 것이며 그 언어를 통해 현실 세계를 어떻게 인식하느냐에 따라 변화하면서 구성된다(Fink 2002: 90~93). 언어를 통하여, 타자에게 보이는 학습자 자신을 인식했을 때 학습자의 주체가 드러난다.

(3) 시적 감성의 표현적 작용

교실 상황에서 학습자는 홀로 시를 감상하는 것이 아니라 교사 및 동료 학습자와 함께 한다. 학습자가 타인과 함께 시 텍스트를 구성하는 과정은 '함께 읽기'를 통해 가능하다. 따라서 학습자들이 자신이 구성한 시 텍스트를 타인에게 말하기 위해서는 자신이 의도한 의미를 언어화하는 과정이 필요하다. 시적 감성을 통한 언어화는 자신의 정서를 '서술(description)'[47]하는 것이 아니라 '표현(expression)'하는 것이다.

정서는 '서술'될 수도 있고 '표현'될 수도 있다(Collingwood 1996: 110~

115). 그러나 정서의 서술과 정서의 표현 사이에는 커다란 차이가 있다. 어떤 대상을 서술한다는 것은 그것을 어떤 종류에 속해 있는 하나의 예속물로 보고 일정한 개념에 종속시켜서 분류하는 것이다. 이때 서술되는 것은 그 대상이 가진 고유한 속성이 아니라 그 대상이 속해 있다고 여겨지는 종류나 개념의 속성이다. 반면, 어떤 대상을 표현하는 것은 그 대상 고유의 특성을 의식하고 타인이 그것을 잘 이해할 수 있도록 드러내는 것이다.

정서의 '표현'은 정서의 '표출(表出)'과도 다르다. 표현 텍스트는 표현의 의도(purpose), 형식(form), 실체(substance) 모두를 포함해야 한다(이삼형 외 200: 202~203). 그러나 정서의 표출은 이러한 세 가지 범주 모두를 갖추고 있지 못하다. 문틈에 손가락이 끼었을 때 자신도 모르게 '아야!' 하고 소리를 내거나, 뜨거운 물체가 몸에 닿았을 때 '앗, 뜨거워!' 하고 놀람을 나타내는 경우는 정서가 표출된 경우이다. 이때 '아야!'라는 말은 표현 형식과 표현의 실제 조건은 갖추었지만, 표현 의도는 갖추고 있지 못하다. 따라서 이러한 말은 표현 텍스트가 될 수 없다.

교실에서 시를 함께 감상하기 위한 타자와의 대화는 이러한 표현적 특성에 부합되어야 한다. 학습자의 시적 감성은 '개별화된 정서를 표현' 하게 하고 '시 텍스트를 대화적 매체'로 변화시키는 작용을 함으로써 학습자의 정서를 내면화한다.

가) 개별화된 정서의 표현

시적 감성의 표현적 특성은 예술 행위로서 가지고 있는 속성에서 비

---

47 콜링우드(Collingwood 1996)에서는 서술이 아니라 기술(記述)로 번역되어 있다. 그러나 본 연구에서는 기술(skills)과 혼용되어 읽힐 뿐만 아니라, 원문에서의 'description'으로 되어 있으므로 서술(敍述)로 바꾸어 쓰고자 한다.

롯된다. 정서를 '표현'한다는 것은 그 정서의 독특성이 행위자에게 주는 느낌 또는 의식을 충분히 나타내고 있다는 말이다. 그러므로 어떤 대상을 잘 표현했다는 것은 그 대상이 가진 독특성을 잘 드러내었다는 의미이다. 다시 말하면, 그 대상이 다른 것들과 어떻게 다른지 인식하고 그것을 드러내는 일에 성공하였다는 것이다. 따라서 어떤 정서가 표현되었을 때, 그 표현된 정서는 다른 사람의 정서와 구분될 뿐만 아니라 그 사람이 이제까지 느꼈던 다른 정서와도 구분된다. 이 점에서 정서를 표현하는 것은 그 정서를 다른 정서들과 구분한다는 것, 즉 그것을 '개별화'한다는 것을 뜻한다.

서술은 대상을 '일반화'하는 것인 반면 '표현'은 대상을 '개별화'하는 것이다(김혜련 2007: 538~544). 서술은 대상을 '객관화'하는 것인 데 반하여, 표현은 대상을 '주관화'하는 일이라는 것이다. 앞에서도 언급하였듯이 어떤 대상을 서술한다는 것은 그것을 일정한 종류나 개념에 속하는 것으로 분류한다는 것을 뜻한다. 여기서 알 수 있는 것은 어떤 대상을 서술하려면 그 서술이라는 행위 이전에 그 대상이 무엇인가를 이미 알고 있어야 한다는 것이다. 서술하려는 대상이 무엇인지를 알고 있는 경우에만 그것을 어떤 종류나 개념에 따라 분류할 수 있기 때문이다. 그러므로 서술이라는 것은 자신이 알고 있는 어떤 대상을 다른 사람에게 '알려주는 일'이라고 할 수 있다. 즉 서술은 자신이 알고 있는 어떤 대상을 다른 사람들도 이미 알고 있는 종류나 개념에 따라 분류함으로써 그 대상을 다른 사람들에게 알리는 행위이다. 이런 의미에서, 어떤 대상을 서술하는 것은 그 대상을 '객관화'하는 일이다.

그러나 어떤 대상을 표현하는 경우는 이와 다르다. 위에서 말한 대로, 표현은 그 대상이 가진 모종의 독특성을 인식한다는 말과 같다. 즉 자신에게 체험된 개별적이며 주관적인 정서를 포착하여 그것을 드러내는 것이다. 어떤 사람이 자신의 정서를 표현하는 경우, 그가 맨 처음부터 그 정서가 무엇인지를 알고 있는 것은 아니다. 물론 그는 자신이 어떤 정서를 느끼고 있음을 의식하고 있다. 하지만 그것이 어떤 정서인지는 알고 있지 못하다. 그는 어떤 정서를 느끼고 있으면서도 그것이 무엇인지를 알 수 없는 이 상태에서 어떤 흥분감이나 불쾌감을 느끼고 있는 것이다. 그는 이런 상태에서 벗어나기 위해서 자신의 정서를 어떤 식으로든 표현하려고 한다. 그리고 자신의 정서를 표현함으로써 자신의 상태가 어떤 것이었는가를 비로소 알게 된다. 이때 그가 표현하는 것은 다른 사람의 정서나 그가 이전에 느꼈던 다른 어떤 정서와도 구분되는 그 자신만의 독특한 정서이다.

결국 표현이라는 행위는 원칙적으로 자기 자신을 대상으로 하여 행해지는 것이다. 여기서 원칙적이라고 말한 이유는 표현이 비록 자신을 대상으로 하는 행위이지만 표현되는 것이 다른 사람에게 알려지기에 합당해야 하기 때문이다.

학습자가 시에 대한 정서를 표현하는 일 또한 하나의 기호화 과정이라고 할 수 있다. 대상에 대한 경험을 자신의 의도에 따라 물리적인 기표로 만들어 내는 것이기 때문이다. 이러한 기호화에는 두 개의 개별적인 기호 영역이 필요하다. 그 하나는 기호 대상에 대한 경험이고, 다른 하나는 '기표'에 대한 경험이다(노양진 2009: 160~161). 대상에 대한 경험의 관점에서 시는 '원천 영역(source domain)'이라고 한다면, 시에 대한 체험은 '표적 영역(target domain)'이라 할 수 있다.

학습자가 표현의 기준으로 삼아야 하는 원천 영역은 시인을 그렇게 표현하도록 만들었던 감성을 독자의 마음속에서 작동시킴으로써 찾을 수 있다. 이렇게 되었을 때 시인에 의해서 표현된 정서가 독자에게 전달되었다고 할 수 있으며 이것이 바로 소통의 시작 지점이다. 반면 표현의 '표적 영역'은 학습자가 가지고 있는 언어에 대한 경험이다. 자신의 정서를 언어로 표현하기에 위해서는 그것을 표현할 적절한 어휘 목록이 있어야 한다. 그런 의미에서 표적 영역은 학습자가 가지고 있는 물리적 대상이나 추상적 대상에 대한 어휘 목록으로, 그가 가진 언어적 경험을 바탕으로 한다.

시가 정서의 표현이라고 한다면 정서를 표현하는 것은 곧 자신의 정서를 인식하는 일이 된다. 이때 정서를 인식한다는 것은 순간적인 것으로서 지나가버릴 수도 있었을 정서에 주의하게 되는 것, 그리하여 그 감정을 마음속에서 지속적으로 경험하게 되는 것을 뜻한다. 독자가 자신의 정서를 의식하게 되었다는 것 또한 마찬가지이다. 그것은 독자가 시인이 느낀 정서에 주의하게 되었다는 것, 그리하여 시인이 느꼈을 정서를 자신의 마음속에서 자신의 것으로 상상하게 되었다는 것을 뜻한다. 다음은 학습자가 시를 읽고 자신의 느낌을 표현한 문장이다.

(파) 엄마 목소리가 계속 계속 내 귀속으로 계속 계속 들어온다. 엄마 목소리가 계속 귀에 들어오면 계속 들릴 때마다 눈물이 난다. 길가 풀숲 옆에 앉아 있는 아이는 아무 말 없이 손으로 풀을 뜯고 있지만, 눈에서 눈물이 흐르고 있다.

—엄마-①-박현민(대전T초 6학년)

(하) 아버지께 혼이 난 일이 생각나서 슬프다. 내가 그렇게 잘못한 것도 아닌데, 혼이 나니 억울했다.

—엄마-①-김수빈(서울S초 6학년)

(파)와 (하) 모두 「엄마 목소리」를 읽고 자신의 생각을 표현한 것이다. 그런데 (파)와 (하)의 내용은 차이를 보인다. (파)의 경우 학습자가 시에 대한 시 텍스트를 성실히 구성한 것으로 보인다. 박현민은 시적 상황과 맥락을 파악하여 섬세하게 시적 화자의 느낌을 표현하고 있다. 그러나 김수빈의 경우 시적 상황이 아니라 자신이 경험을 환기하여 설명

하고 있다. 따라서 김수빈은 시 텍스트를 성실하게 구성하는 과정이 소홀한 것을 알 수 있다. 이것은 김수빈의 심적 상태가 '질적 느낌(qualitative feeling)(Nagel 1976)'으로 변하지 못했기 때문이다. 시를 대면하는 독자는 시인이 경험한 정서의 표현을 성실하게 자기 마음 안에서 재구성하는 사람이다. 이것은 단순한 수용이나 관조가 아니라 협력의 과정이라고 할 수 있다. 그렇게 함으로써 독자는 자기 자신의 시적 감성으로 시 텍스트를 재창조할 수 있다. 이것이 가능하기 위해서는 시인과 같이 독자도 자신의 정서를 누설하지 않고 성실하게 표현함으로써 그것을 개별화할 수 있어야 한다. 이를 통해 시 작품은 창작 주체 자신의 것만도 아니며 독자 자신의 것만도 아닌 공동체의 소산으로서 소통되게 된다.

콜링우드는 정서를 표현하는 행위는 자신의 정서를 탐구하는 행위라고 말한다(Collingwood 1967: 111). 정서를 표현하지 않는다면, 그 사람은 자신의 정서를 알 수 없을 것이다. 그리고 정서를 표현함으로써 자기 자신을 알게 되는 일, 이것이 바로 시의 장르적 성격이라고 할 수 있다. 시적 감성은 정서를 표현함으로써 자신이 알고자 정서를 탐구하는 의식적인 노력으로 규정된다. 시인과 독자 모두 자신의 정서를 표현하는 과정을 통하여 자신의 감성을 향상시키는 것이다.

나) 시 텍스트의 대화적 매체화

교실에서 시 텍스트는 학생 개인의 차원에서, 학생과 학생의 차원에서, 학생과 교사의 차원에서 소통된다. 학습자와 교사의 대화와 교수 - 학습활동으로 구성되는 수업은 시 텍스트를 통한 담론을 구성하는 공론의 장(field)이라고 할 수 있다. 이 공론의 장에서 교사와 학생, 학생과 학생들이 주고받는 대화, 학습자의 활동, 학습과제 등은 시적 감성의 작용 방향에 영향을 미치는 요소이다.

풀루서(Flusser)는 인간의 소통은 '코드들로 정돈된 상징에서 유래'한다고 하였다(Flusser 2001: 82). 여기서 상징은 어떤 합의에 따라 두 사람 이상에 의해 다른 현상으로 지칭될 수 있는 것을 의미하고, 코드(code)는 상징들의 조작을 이끄는 체계를 의미한다. 따라서 코드는 간주관적(間主觀的)으로만 확인될 수 있다. 예를 들어 시를 읽고 시의 내용을 이해할 수 있는 것은 작가와 독자 사이의 암묵적인 약속을 통해 의미가 공유되었기 때문이다. "코드로 해석되지 않는다면 그것은 기호가 아니다(류기수 2005)"라는 주장은 코드가 간주관적 의미 약속이라는 속성을 명쾌하게 설명한다. 시적 감성은 독자와 시인 사이의 간주관적인 의미 약속으로써 시의 코드를 인식하게 하는 체계라고 할 수 있다. 시를 읽는 독자는 시적 감성을 통해 기호로써 시를 해석할 수 있는 하나의 코드를 습득하게 되며, 이 같은 과정의 반복은 코드화를 통해 독자에게 무의식적으로 다른 시를 인식할 수 있게 하는 틀을 제공한다.

학습자와 교사의 대화로 이루어지는 시 감상 수업에서 학습자와 교사는 중계자가 된다. 중계자는 '정보의 흐름'을 생산하고 전달하는 장치를 이용해 '중계(channel)' 역할을 하는 사람을 말한다. 이때 학습자의 시 읽기는 내적 소통의 상황이 아니라 '독자-작품-또 다른 독자'의 소통 방식의 구조를 가진다. 그런데 이러한 문학적 소통은 평등한 거래로 형성되기보다는 과두적거나 독과점에 의해 유통되는 경우가 많다(윤여탁 외 2011: 89).

문학적 소통에서의 이 같은 불평등한 거래는 교실상황에서도 볼 수 있다. 교실 안에서 시 텍스트를 구성하는 학습자의 행위는 교사라는 강력한 중계자에 의해서 이루어진다. 교사는 시로부터 송신한 정서적 정보를 받아들여 학습자에게 보내기 전에 교사의 의도에 따라 잡음을 제거한다. 또한 정서적 메시지를 통제하거나 조절할 것을 목적으로 재코드화한다. 여기서 교사와 학습자에 의해서 만들어지는 대화는 시 텍스트에 대한 '해석체'의 성격을 가진다. 그렇다면 해석체의 소통은 어떻게 이루어지는 것인가?

중계자들 사이의 이해는 소통의 매체[48]에 따라 두 가지 등급으로 구별된다(Flusser 2001). '담론적 매체(diskursive medien)'와 '대화적 매체(dialogische medien)'가 그것이다. 담론적 매체는 코드화된 메시지를 송신자의 기억에서 수용자의 기억으로 흐르게 하는 매체이고, 대화적 매체는 코드화된 메시지가 다양한 기억들 간에 교환되도록 하는 매체다. 전자의 예로는 포스터와 영화관을, 후자의 예로는 증권시장이나 마을의 공터를 들 수 있다. 영화관에서 영화를 보고 있는 관객은 영화의 스토리에 관여하여 스토리의 방향을 바꾸거나 결말을 선택할 수 없다. 이러한 과정에서 수용자는 발신자로부터 오는 메시지를 받아 자신의 기억에 저장하는 방식으로 소통한다. 반면 마을 공터의 경우, 어떠한 문제를 서로 논의하는 일은 대화 참여자들의 이해관계에 따라서 달라진다. 사람들은 공터에서 다양한 의견을 교환한다. 각각의 이해관계에 따라 참여자들은 다양한 주장을 하게 되고, 이러한 이해관계의 얽힘에 따라 결론은 다양하게 선택되어진다. 그러나 단순히 매체가 소통의 형식을 결정짓는 것은 아니다. 매체의 성질이나 소통의 법칙을 어길 때, 소통의 형식은 달라진다. 예를 들어, 누군가가 못과 같은 도구로 스크린을 긁거나, 스크린 위에 달걀을 던지면 영화관은 대화적 매체의 장이 될 가능성이 있다. 반면 마을 공터에 정치가의 연설을 들으러 간다면 공터는 담론의 장으로 변모하게 된다. 다시 말하면 매체가 소통의 형식을 결정하는 것이 아니라 참여자가 어떠한 역할을 하느냐에 따라 소통의 형식은 달라진다.[49]

---

48 여기서 매체는 인간이 의사소통으로 사용하는 도구만을 의미하는 것이 아니라 의사소통이 이루어지는 공간까지도 포함하는 개념이다.

49 코드의 기능은 맥루한(Mcluhan 1995)이 주장한 뜨거운 매체(hot media)나 차가운 매체(cool media)와 같은 형이상학적 형태에 달려 있는 게 아니라, 수용자가 어떻게 매체를 다루느냐에 달려 있다는 것이다(Flusser 2001).

그런 의미에서 교실에서 시 텍스트를 소통하는 학습 활동은 해석체들의 역동적 흐름에 따라 두 가지 소통 방식이 공존하고 있다고 할 수 있다. 수많은 대화적 그룹을 통해 시 텍스트의 의미가 계속 확대 재생산되는 '대화적인' 소통이 그 하나의 방식이라면 교사나 교사와 비슷한 아비투스를 지닌 학습자에 의해 중앙 집중적으로 정보가 송출되는 '담론적'인 소통 방식이 또 다른 하나의 방식이다. 본질적으로 학생들은 대화적인 소통을 지향하고, 교사는 중앙집권적으로 해당 수업의 목표를 달성하기 위한 담론적 소통을 지향한다. 그러나 이 두 가지 유형도 앞에서 언급한 바와 같이 참여자들이 어떤 역할을 담당하느냐에 따라 담론적일 수도 있고 대화적일 수도 있다.

교사는 무엇인가를 지도해야 하고 학생은 무엇인가를 배워야 한다는 일반적인 교실 상황을 전제로 한다면, 수업의 목표 달성을 위한 담론적 소통이 중요하다. 그러나 교실 상황에서의 대화적 그룹을 통한 교류와 의미의 확대, 재생산 또한 그 중요성을 과소평가할 수 없다. 만약 교사가 피라미드적인 위계질서 안에서 권위를 가지고 자신이 허용하는 채널만을 인정한다면 그가 전달하려는 메시지는 충실히 달성될 수 있으나, 열린 대화적 공간으로서의 교실 분위기를 형성하기는 어려울 것이다. 반면 학생들의 대화만으로 시 텍스트가 소통된다면 학습자들의 인지적·정서적 불균형은 적을 수 있으나 그들이 얻게 되는 마음의 울림 폭이나 자신의 시선을 수정하거나 확대시킬 기회는 줄어들 것이다.

교실에서 교사가 학생과 대화하는 모습, 학생과 학생이 서로 대화하는 모습, 학생이 시 텍스트와 씨름하는 모습 등을 통해 대화적 공간인 교실의 모습을 가시적으로 확인할 수 있다. 하지만 더욱 중요한 것은 서로 다른 의미를 소유한 주체들이, 그들이 가진 사고 차이로 인해 발생하는 갈등과 긴장을 경험하게 하면서 다양한 상상의 공간을 형성하는 것이다. 이러한 상상의 정신 공간은 교실의 맥락과 끊임없이 연결되어 있다.

교실 상황에서 학습자의 시적 감성은 교사가 의도한 방향으로 흐를 가능성이 크다. 그러나 교사는 시 텍스트를 대화적 매체로 사용할 수 있도록 학습자들을 이끌어야 한다. 또한 교사와 학생 사이의 차이가 시 텍스트 소통과정에서 서로 교차되고 상승적으로 합의될 수 있도록 조정해야 한다. 한편 학습자는 학습자의 감성을 교사나 동료들이 이해할 수 있도록 표현할 수 있어야 한다. 학습자는 자신의 구성한 시 텍스트를 다른 사람과 소통할 수 있는 매체로 변형시킬 수 있어야 한다.

제2장

학습자의 시적 감성과 특성

시적 감성은 구체적 맥락 안에 있는 다양한 독자의 행위로 드러나기 때문에 주체와 주체를 둘러싼 환경 및 시 감상 학습의 맥락을 함께 고려하지 않고서는 그 실체를 제대로 파악하기 어렵다. 시적 감성의 발현은 시 텍스트의 소통에 참여하는 주체의 능력과 관련된다는 점에서, 해석해야 할 표지는 학습자가 수행한 학습활동의 과정과 결과이어야 한다. 이는 학습자가 구성해 낸 활동 속에서 이미 시적 감성이라고 불릴 수 있는 '질성(質性)'이 들어 있음을 가정한다.

시와 학습자의 정서적 태도에 따라 시적 감성은 다르게 작용할 수 있다. 따라서 시적 감성의 성격과 구조는 학습자가 시적 정서를 어떻게 인식하고 구성하는지를 살피는 가운데 드러나게 될 것이다.

1. 학습자의 시적 감성 분석을 위한 틀

1) 조사 연구 설계의 모형

이 장은 설명적(explanatory) 사례연구의 방법을 따랐다. 이는 첫째, 학습자의 시적 감성의 작용과 시 텍스트의 소통 과정 현상을 관찰하여 그것으로부터 실재적(substantive) 이론을 도출하는 과정을 거치기 때문이다. 둘째, 이 연구에서 자료로 삼고자 하는 학습자의 내적 대화 및 타자와의 대화가 질적 연구를 통해 밝혀질 수 있는 성질을 가지고 있기 때문이다. 이 연구에서 학습자의 시적 감성을 분석하는 목적은 시적 감성의 구조와 전략을 구체화하고 이를 학습자 수준에 맞는 교육 내용으로 구안하는 데 있다.

초등학교 학습자가 시를 읽고 그 느낌과 생각을 논의한 활동을 분석함으로써 학습자에게 필요한 시적 감성 교육의 요소가 무엇인지, 학습자가 제대로 수행하지 못하는 미진한 요소는 무엇인지, 그리고 그것을 어떻게 교육 내용으로 조직할 것인지를 파악할 수 있을 것이다. 따라서 학습자의 학습활동은 학습자의 개인적 체현 작용과 교실 대화적 표현의 특성과 같은 타인과의 상호 교섭 양상을 중심으로 살펴보고자 한다.

조사 연구를 위해 학습자의 학습 행동을 관찰하고 그것으로부터 실재적(substantive)이론을 도출하기 위해 '지속적 비교 분석법(constant comparative method)'(Glaser & Strauss 1967)을 활용하였다. 정성적 연구 방법의 하나인 지속적 비교 분석법은 자료로부터 어떤 이론을 도출하기 위해 주로 사용되는 연구 방법이다. 지속적 비교 분석은 어떤 현상의 유사점과 차이점을 결정하기 위해서 자료의 한 부분을 다른 부분과 비교하는 방법이다. 실험 초기에는 유사한 차원끼리 함께 묶고 그 차원을 임시적으로 명명한다. 주로 인간의 경험에 대한 자료를 분석할 때 주로 사용된다(Strauss & Corbin 1994: 277).

2) 연구 과정의 세부 내용

(1) 연구 대상 설정 및 투입 제재 선정

가) 투입 제재 선정

관찰 대상 학생에게 제시할 제재는 주요 평론가들에 의해서 조명된 시[1]와 앤솔로지[2]를 활용하여 연구자가 30편을 선정하였다. 선정된 시는 학습자들의 시적 감성의 작용 양상을 관찰하기 용이하도록 다양한 정서를 담고 있는 제재로 선택하였다. 또한 고학년 학습자의 가독성을 고려하여 시의 내용이 선명하고 난해한 표현이 없는 시를 골랐다. 따라서 구체시[3]와 같이 시의 형식을 통하여 의미를 구성해야 하는 제재는 배제하였다. 선정된 30편[4]의 시 중에서 투입 대상 제재의 선정은 아동 선호도 조사와 델파이 조사법을 활용하였다. 먼저 학습자의 선호도를 조사하기 위하여 대상학교를 〔표 5〕와 같이 표집하여 조사를 실시하였다.

---

1 김용희(1999), 원종찬(2001, 2004, 2010), 김제곤(2003), 김상욱(2003, 2007), 김이구(2005) 평론집 참조.
2 김소월 외(1999), 권태응 외(1999), 한국명작동시선정위원회(2005), 김용택(2008a, 2008b), 김미혜(2011), 김영호 외(2011) 참조.
3 미술과 문학의 경계에 자리 잡고 있는 구체시는 주로 도형을 그리듯이 시어를 시각적으로 배열한다(한국문학평론가협회 편 2006: 268).
4 〈부록 1〉 참조.

〔표 5〕제재 선정 조사 대상 학교

지역	학교명	학년	학생수	부적합 샘플	샘플수	조사기간
강원	원주K초	4학년(2개학급)	32	2	30	
경기	광명D초	5학년(2개학급)	48	12	36	
서울	서울D초	6학년(1개학급)	31	1		2011.09.05. ~ 2011.09.20.
전남	광양Y초	6학년(2개학급)	42	3	102	
충남	공주J초	6학년(2개학급)	36	3		
계	5개 학교	9개 학급	189	21	168	

　조사 대상 학교의 5~6학년 학생들에게 시를 읽도록 하고 가장 공감이 되는 제재 5편을 선정하여 이유를 간단하게 적게 하였다. 그 결과는 〔표 6〕과 같다.

〔표 6〕제재에 대한 학습자의 공감도

순	제목	핵심 정서	작가	6학년	5학년	4학년	계	%
1	깜장꽃	배려	김환영	5	2	1	8	0.95
2	우식이	진실함	김은영	20	6	10	36	4.29
3	큰 물 지나간 강가	상생	김용택	14	8	1	23	2.74
4	설레는 나무	설레임	이상교	23	8	4	35	4.17
5	해바라기	외로움	임길택	12	10	2	24	2.86
6	우리 아빠 시골 갔다 오시면	그리움	김용택	31	6	8	45	5.36
7	들리지 않는 말	소중함	김환영	7	2	2	11	1.31
8	엄마 무릎	사랑	임길택	26	14	3	43	5.12
9	거울	위로	이상교	22	2	6	30	3.57
10	개펄 마당	조화로움	안학수	10	2	2	14	1.67
11	세상에서 제일 무서운 것	두려움	김용택	13	8	5	26	3.10
12	바닷가에서	호기심	윤복진	12	9	5	26	3.10
13	같이 놀자	놀고싶은마음	이화주	12	6	8	26	3.10
14	공터	관계맺기	안도현	17	10	8	35	4.17
15	소	억울함	윤동재	25	4	6	35	4.17

16	오늘	기대감	유경환	7	3	2	12	1.43
17	이제는 그까짓 것	자신감	어효선	21	7	6	34	4.05
18	하루	소외감	김동극	12	6	3	21	2.50
19	한 솥밥 먹기	존재감	남호섭	15	5	5	25	2.98
20	엄마 목소리	사랑/서러움	이종택	30	6	11	47	5.60
21	바람	고마움	이봉춘	13	8	3	24	2.86
22	담요 한 장 속에	아버지와의정	권영상	14	1	5	20	2.38
23	물도 꿈을 꾼다	순응/꿈	권오삼	13	8	5	26	3.10
24	발	소명/최선	권오삼	15	2	6	23	2.74
25	도시의 산	안타까움/아픔	이국재	30	6	10	46	5.48
26	제기 차기	해방감	김형경	20	8	6	34	4.05
27	떨어져도 튀는 공처럼	열정/자생	정현종	18	3	6	27	3.22
28	우리가 눈발이라면	나눔과배려	안도현	11	3	4	18	2.14
29	만돌이	놀고싶은마음	윤동주	32	10	4	46	5.48
30	처음 안 일	배려의어려움	박두순	10	7	3	20	2.38
계				510	180	150	840	100

독자가 시를 읽는 과정은 산문을 읽는 과정보다 '정원길 현상(garden-path)'에 빠지기 쉽다. 정원길 현상은 독자가 글을 읽을 때 한 단어씩 눈을 이동하면서 즉각적인 해석을 하려는 경향을 말한다. 학습자가 시를 읽을 때에도 이러한 현상은 자주 목격된다. 시를 읽는 독자에게서 이러한 현상이 자주 발생하는 이유는 뜻이 모호한 단어 때문이라기보다는 시어의 배열이나 구조가 완성된 형식의 문장으로 읽히지 않기 때문으로 보인다. 시를 읽을 때에는 여러 번 반복하여 읽고, 소리 내어 낭송하거나 음미해 봄으로써 정원길 현상을 지양해야 한다. 따라서 설문을 진행하는 교사들에게 이러한 정원길 현상을 극복할 수 있도록 차분하게 시를 읽을 수 있는 시간을 가질 수 있도록 배려해 줄 것을 부탁하였다. 학습자들의 공감도를 조사한 결과 「우식이」, 「설레는 나무」, 「우리 아빠 시골갔다 오시면」, 「엄마 무릎」, 「거울」 등의 13편이 28명 이상의 학생

들에게 선택되었다.[5] 〔표 6〕에서 학습자들이 공감한 시의 빈도수를 볼
수 있다.

　다음으로 교사와 아동문학평론가에 의한 제재 선호도 조사과정을 살
펴보고자 한다. 교사와 아동문학평론가의 의견을 수집하기 위하여 델파
이 조사법을 실시하였다. 델파이 조사법은 응답하는 전문가들의 식견으
로부터 의견을 수렴하고자 할 때 적합하다(이종성 2006). 제재 선정을 위
하여 아동문학비평가 5인, 문학 교육적 소양이 있는 교사 30인의 의견
을 중심으로 분석하였다. 설문지는 개방형 문항(시적 감성의 교육 내용에 적합
한 시 추천 관련 문항)과 폐쇄형 문항(시 중에서 시적 감성의 교육에 알맞은 텍스트 추
천 관련 문항)으로 구성하였다.[6]

　교사 전문가 26명에게 설문지 응답을 받았으며, 그중 국어교육 관련
학위 소지자 및 아동문학관련 연구 모임이나 아동문학작품 읽기 소모임
에 참여하는 교사들을 선별하여 10명의 자료를 샘플링하였다. 교사 및
아동문학전문가들이 선정한 결과는 〔표 7〕과 같다. 이들이 주목한 시는
「우식이」, 「설레는 나무」, 「들리지 않는 말」, 「담요 한 장 속에」 등의 16
편이다.

〔표 7〕 제재 선정을 위한 전문가 조사 결과

번호	제목	교사전문가										아동문학비평가					계	선호도 (%)
		1	2	3	4	5	6	7	8	9	10	1	2	3	4	5		
1	깡장꽃											1			1		2	2.67
2	우식이		1		1				1					1			4	5.33
3	큰 물 지나간 강가														1		1	1.33
4	설레는 나무		1			1			1			1				1	5	6.67

---

5 빈도수를 원점수로 하여 T검증을 하였을 때, 평균점수 3.3을 중심으로 등분산을 보였고, 평균점
　수 3.3보다 높은 빈도수를 보인 제재를 학습자들이 선호하는 시로 선정하였다. 교사 및 아동문
　학평론가의 선호도점수 역시 평균점수 3.33보다 높은 경우에 선호하는 시로 선정하였다.
6 〈부록 2〉 참조.

	제목																계	%
5	해바라기																0	0
6	우리 아빠 시골 갔다오시면	1			1	1					1						4	5.33
7	들리지 않는 말				1		1				1	1					4	5.33
8	엄마 무릎	1			1			1			1						4	5.33
9	거울				1		1	1									3	4.0
10	개펄 마당									1		1	1	1	1		4	5.33
11	세상에서 제일 무서운 것																0	0
12	바닷가에서			1							1				1		3	4.0
13	같이 놀자	1	1														2	2.67
14	공터				1					1	1						3	4.0
15	소	1								1							2	2.67
16	오늘																0	0
17	이제는 그까짓 것			1						1		1					3	4.0
18	하루			1													1	1.33
19	한 솥밥 먹기							1									1	1.33
20	엄마 목소리			1			1	1			1						4	5.33
21	바람				1												1	1.33
22	담요 한 장 속에	1	1				1			1							4	5.33
23	물도 꿈을 꾼다		1								1				1		3	4.0
24	발	1			1												2	2.67
25	도시의 산			1			1	1	1								4	5.33
26	제기 차기			1													1	1.33
27	떨어져도 튀는 공처럼									1							1	1.33
28	우리가 눈발이라면																0	0
29	만돌이		1	1			1	1			1					1	6	8.0
30	처음 안 일					1				1		1					3	4.0
계		5	5	5	5	5	5	5	5	5	5	5	5	5	5	5	75	99.97

학습자와 교사 및 아동문학평론가들에 의해 선택된 시는 공통적으로 겹치는 부분도 있고 그렇지 않은 부분도 있었다. 일부 시의 경우 학습자

의 선호도가 높은 반면 교사와 아동문학평론가의 선호도는 낮았다. 〔표
8〕은 최종 선정된 제재와 학습자, 교사, 아동문학평론가의 선호도를 보
여준다.

〔표 8〕 최종 선정 제재

순	제목	학습자 선호도(%)	교사·평론가선호도(%)	최종선택여부	비고
1	우식이	4.29	5.33	○	
2	설레는 나무	4.17	6.67	○	
3	우리 아빠 시골 갔다 오시면	5.56	5.33	○	교사·평론가 선호도 낮음
4	들리지 않는 말	1.30	5.33	·	학습자 선호도 낮음
5	엄마 무릎	5.11	5.33	○	
6	거울	3.57	4.0	○	
7	개펄 마당	1.67	5.33	·	학습자 선호도 낮음
8	바닷가에서	3.09	4.0	·	학습자 선호도 낮음
9	공터	4.17	4.0	○	
10	소	4.17	2.77	·	교사·평론가 선호도 낮음
11	이제는 그까짓 것	4.04	4.0	○	
12	엄마 목소리	5.59	5.33	○	
13	담요 한 장 속에	2.38	5.33		
14	물도 꿈을 꾼다	3.09	4.0	○	학습자 선호도 낮음
15	도시의 산	5.47	5.33	○	
16	제기차기	4.04	1.33	·	교사·평론가 선호도 낮음
17	만돌이	5.47	8.0	○	
18	처음 안 일	2.38	4.0	·	학습자 선호도 낮음

제시된 시들 중 「들리지 않는 말」과 「개펄 마당」, 「담요 한 장 속에」 등은 학습자의 선호도가 낮아 투입 텍스트에서 제외하였다. 또한 학습자들이 선호하는 「제기차기」의 경우 교사와 아동문학평론가들에게 높은 선호도를 보이지 못해 제외하였다. 학습자들에게 공감도를 얻으면서 교사전문가들에게 교육적 적합성을 인정받고, 아동문학전문가들에게 문학성을 높게 평가받은 시를 투입 제재로 선정하였다.[7]

나) 관찰 대상 학급과 학생 선정

시적 감성의 작용 양상과 특성을 관찰하기 위하여 초등학교 고학년 학습자들을 관찰대상으로 선정하였다. 저학년 학생들의 경우 정서(emotion)의 분화가 아직 미비할 수 있으므로(Griffiths, 2004b), 시적 감성을 현상적으로 관찰하기 어려울 것으로 판단되었기 때문이다. 관찰 대상이 되는 학생들에게 문용린(1999)에 의해 제작된 '청소년용(초4~고교생) EQ검사'와 'EQ 생활태도 검사'를 실시하여 학생들의 감성 상태를 가늠하고 집중 관찰 대상 학생을 선별하는 기초 자료로 삼았다.

(2) 예비 연구 내용 및 연구 결과

예비 연구는 본 연구를 위한 사례 연구적 성격을 지닌다. 연구 대상과 연구 기간은 다음과 같다.

---

7 아동문학작품에 대한 아동독자와 어른독자의 반응 차이는 아동문학작품이 가진 내포 독자의 이중성에서 비롯된다. 어느 독자의 판단이 교육적으로 더 적합하다기보다는 두 층위에 있는 독자들의 반응을 어떻게 조화롭게 반영할 것이냐가 초등학교 아동문학 교육의 해결 문제 중의 하나이다. 이것은 학생독자와 교사독자의 반응 차이와 교육학적 수용의 관계를 규명하는 문제이다. 이러한 문제 의식의 해결은 차후 연구과제로 남겨둔다.

〔표 9〕예비 연구 대상 학교 및 조사 기간

지역	초등학교	학년	아동수	대상 제재	교사 협의·수업· 면담기간
경기도	광양Y초등학교	5학년	28명	이제는 그까짓 것	2011.11.28.~ 2011.12.09.
충남	공주J초등학교	6학년	26명	소	2011.12.05.~ 2011.12.07.

가) 연구자료 수집 과정

① 담임 교사와 협의

연구 자료를 수집하기 전에 학급의 담임교사와 함께 투입 제재 선정과 적용 가능한 활동, 학습자들의 실태 고려 방법 등에 대해 논의하였다. 협의의 목적은 학습자들의 시적 감성을 보다 명징하게 관찰하기 위해 필요한 조치들에 대한 것이었다. 그 결과 최대한 교실 상황을 고려하여 학급 구성원들의 평소 실태와 흥미 등을 배려하도록 활동을 구안하였다.

② 자료 수집을 위한 수업 활동 구안

자료 수집을 위하여 투입 제재와 학습자의 특성을 고려한 수업활동을 구안하였다. 수업활동은 2장에서 고찰하였던 시적 감성의 구조와 작용을 활용하였다. 시를 읽고 개인적 수준의 소통과정과 타인과의 상호작용을 통한 대화적 수준의 소통과정을 살펴볼 수 있는 활동으로 구안하였다. 따라서 수업은 주로 개인 활동과 조별 활동이 반복적으로 이루어지게 하였다. 수업활동은 2차시로 구안하였다.

③ 수업 활동 관찰 및 녹화, 기타 자료 수합

계획된 수업 활동에 따라 2차시 분량의 수업이 진행되는 동안 교실 안에 2~3대의 카메라를 설치하였다. 수업활동 관찰은 담임교사와 연구자가 담당하였고 보조연구자 1명이 함께 학습자를 관찰하였다. 녹화여부는 수시로 검토하였다.

시를 읽고 적은 학습자들의 사고구술은 생각이나 느낌을 쓰는 단순연상적 쓰기(associative writing)활동으로서 학습자가 자신의 머릿속에 떠오르는 생각을 그대로 글자로 옮겨 쓰는 활동이다. 단순연상적 쓰기의 경우 미숙한 필자도 쉽게 해결할 수 있는 학습 과제이며 자신이 무엇을 쓸 것인가를 스스로 생산해 내므로, 학습자가 시 텍스트를 구성하는 전략과 학습자 내부에서 일어나는 감정이나 정서가 어떻게 활성화되고 내면화되는지 알 수 있다.

④ 평가 및 협의

자료 수집 결과에 대한 협의는 담임교사, 연구자 및 보조 연구자가 함께 실시하였다. 녹화된 테이프를 보면서 반응이 활발했던 학습자들과 그들의 대화에 주목하였다. 또한 본 연구를 위해 수정할 부분이나 보충할 부분에 대하여 논의하였다.

⑤ 학습자 면담 실시

특징적인 반응을 보이는 학습자와의 면담은 학습자들의 특성을 메타적으로 분석하기 위해 실시하였다. 먼저 학습자들과 수업활동 내용에 대한 대화를 나누었다. 이후 학습자에게 수업 장면이나 소집단 활동 장면을 보여주었다. 학습자의 대화 현장이 녹화된 자료를 보면서 자신의 수행에 대한 평가를 하도록 유도하였다. 이것은 자신의 행동을 인식하고 평정하는 자기보고식 평가(self-report assessment)를 활용한 것이다.

나) 광양Y초등학교의 사례

전라남도에 있는 광양Y초등학교는 아파트 밀집지역 안에 위치하고 있었다. 담임교사에 의하면 학부모들이 대부분 교육열이 높으며, 학생들의 학습 능력도 높은 편이다. 그러나 학생들의 경쟁심 역시 높아 교과 점수에 민감한 것이 특징이다. 대상 제재로 「이제는 그까짓 것」을 선정한 이유는 교사협의회에서 다음과 같은 협의가 이루어졌기 때문이다.

연구자: 지난번에 아이들한테 시 공감 정도 조사했었잖아요? 결과를 수합해 보니까 10개 정도 결정됐어요. 여기 시 제목들이 있는데요, 한번 살펴보실래요?

교사K: (시 제목을 훑어 보면서) 네, 지난번 그 조사말이구나. 우리 반 아이들이 좋아한 시들도 많이 있네. 좋은 시들이 많았는데, 아이들이 어려워하는 시들도 있었어. 음…… 여기 이거 「바닷가」에서도 좋아했던 거 같고, 「엄마무릎」도 좋아했던 것 같은데…….

연구자: 네.

교사K: 아, 이게 좋겠다. 지금 우리 반이 12살이잖아. 사춘기가 시작되는 애들도 있고, 벌써 멋이 든 애들도 있거든. 아직도 애기 같은 애들도 있지만.

연구자: 나이가 비슷해서 아이들이 공감할 것 같다는 말씀이시죠?

교사K: 응. '이제는'이나 '그까짓 것' 같은 말이 반복되니까, 이젠 정말 자신 있다 이렇게 느껴지는 것 같아.

연구자: 이 시에 대해서 평가해 준 어떤 선생님은, 이 시가 굉장히 반항적으로 읽힌다고 하셨어요. 그러니까, 어른들이나 선생님이 가르쳐 준 내용들 별거 아니다 이런 분위기라는 거죠. 그리고 사회에 대해서 부정적인 생각을 가질 수 있을 것 같다는 의견도 있었어요. 선생님

은 어떻게 생각하세요?

교사K: 글쎄, 잘 모르겠어. 내 생각에 정말 그렇게 느낄 수도 있겠지만, 음…… 여기 보면, '사람은 죄다 나쁜 건 아니다' 이런 것들이 좀 걸리긴 해. 왠지 나쁜 사람들이 많은 것 같거든. 그리고 '꾐에 빠지지 않고, 정신 똑바로 차리면 된다.' 이 문구도 그렇고. 하지만, 현실이 그렇지 않아? 매스컴에 매일 오르락내리락하는 얘기들 거의 다 나쁜 사람들 얘기잖아. 하지만, 그래도 세상에 좋은 사람도 있는 거니까. 그런 이야기 할 수 있으면 좋겠네. 이 시 읽으면서. (조금 머뭇거림) 그리고, … 그런데, 그렇게 느끼는 거, 그거 어른들의 시각 아닐까? 아이들이 그렇게 느끼지는 않을 것 같아. 그리고 우리 반 아이들 중에 자신감 없는 아이들도 많거든. 아이들이 엄마들한테 공부, 공부하면서 시달리니까, 자기가 무엇인가 잘한다는 것에 대한 확신이 없어. 이거 읽으면서 자신감에 대해서도 이야기할 수 있을 거 같아. 진짜 잘해서 칭찬해 주는데, 아이들은 그게 빈말인 줄 알아.

연구자: (웃음) 그래요? 선생님이 너무 칭찬을 자주 하셔서 그런 거 아니에요?

교사K: 그런가? (웃음) 그래서 이 시 읽으면 좋을 것 같은 생각이 들어.

교사 K는 자신의 학급학생들이 칭찬에 둔감한 상황을 안타까워하고 있었다. 그에 따르면 Y초등학교가 대단위 아파트 단지 안에 위치해 있고 학부모들의 교육열이 높기 때문에 아이들의 최대 목표가 성적이 되어 버려 높은 성적에 대한 자부심이 상당한 반면, 일상적인 일이나 행동 등에 대한 칭찬이 학생들에게 효과가 없다는 것이다. 그는 「이제는 그까짓 것」이 학생들에게 일상생활에서 오는 작은 일들이 이전에는 얼마나 두려워했던 것인지를 다시 생각하도록 유도할 수 있다고 판단하고 있었다. 협의회를 통하여 구안된 학습활동은 〔표 10〕과 같다.

활동지에는 정서나 감성이라는 어휘를 드러내지 않고 '마음'이라는 말을 사용하였다. 한명숙(2002)에서는 학생들의 문학 교육정서를 살펴보기 위해 설문지에 '정서'라는 표현 대신 '마음'이라는 단어를 사용하였다. 연구 결과 '마음'이라는 말에 대한 학생들의 반응은 정서적인 내용과 그 층위가 같음이 확인되었다. 따라서 본 연구의 활동지에서도 '정서'라는 단어 대신 '마음'이라는 단어를 사용하였다.[8]

〔표 10〕「이제는 그까짓 것」에 대한 활동지 구성

활동과정	제시된 과제	과제 제시 이유 및 시적 감성 관련성
학습목표 확인하기	「이제는 그까짓 것」을 읽고 말하는이의 마음을 알아봅시다.	· 학습목표 달성을 위해서 구안된 활동은 아니지만, 학습자들의 사고 방향을 제시하기 위하여 학습목표를 제시함.
자신의 마음 생각하기	지금 자신의 마음을 생각해 봅시다. 다음 얼굴 표정 중에서 자신의 마음을 가장 잘 드러내는 것은 무엇인가요? 그리고 그 이유를 간단히 적어 봅시다.	· 자신의 마음 상태에 따라 시적 감성의 방향감이 달라질 수 있음을 알아보기 위해 제시함.
사고구술 하기	「이제는 그까짓 것」을 소리 내어 읽어 봅시다. 소리 내지 않고 조용히 읽어 봅시다. 떠오르는 생각을 시어나 행, 연 옆에 적어 봅시다.	· 시 읽기 과정에서 학습자가 몰입하게 되는 부분을 확인하기 위해 제시함. · 시의 내용 흐름에 따라 시적 감성의 방향감을 확인하기 위해 제시함.
내용 이해하기	「이제는 그까짓 것」을 읽고 내용에 따라 마인드맵을 완성하여 봅시다. 완성한 내용을 친구들과 비교하여 봅시다.	· 시의 내용 이해를 위해 제시함.
말하는이의 마음 생각하기	말하는 이의 마음은 어떠할까요?	· 핵심 정서를 파악하기 위해 제시함.
말하는이가 되었다고 생각하고 다시 읽기	말하는이가 되었다고 생각하고 시를 읽어 봅시다. 말하는이는 어떤 말을 하고 싶었을까요?	· 시의 내적 정서를 확대하여 사고할 수 있도록 유도하기 위하여 제시함. 이를 통하여 시적 감성의 확대를 위해 제시함.

---

8 〈부록 3〉 참조.

| 말하는이가
되어
표현하기 | 말하는이가 되었다고 생각하고 일기
를 써 봅시다. | ·시적 화자와 같은 위치에서 생각과
느낌을 표현할 수 있도록 일기 쓰기
제시함. |

다) 공주J초등학교의 사례

공주J초등학교는 공주시내에 위치하고 있다. 그렇지만 공주가 작은 소도시의 형태를 가지고 있으므로, 학습자들의 환경은 농촌에 더 가깝다고 할 수 있다. 연구에 참여한 W교사는 교내 연구부장 업무를 하고 있는 교육과정전문가이다. 광양의 K교사와 마찬가지로 자료를 수집하기 전에 협의회를 하였으며 학습활동과 학습자들의 성향, 적당한 제재에 대해서 논의를 하였다.

W교사와의 협의 결과 학습자들의 시적 감성을 활성화시킬 수 있는 제재로 「소」를 뽑았다. 「소」에 대한 투입활동 역시 「이제는 그까짓 것」의 활동과 유사하게 구안되었다.

〔표 11〕 「소」에 대한 활동지 구성

활동과정	제시된 과제	과제 제시 이유 및 시적 감성 관련성
학습목표 확인하기	「소」를 읽고 말하는 이의 마음을 알아 봅시다.	·학습목표 달성을 위해서 구안된 활 동은 아니지만, 학습자들의 사고 방향 을 제시하기 위하여 학습목표를 제시 함.
자신의 마음 생각하기	지금 자신의 마음을 생각해 봅시다. 다음 얼굴 표정 중에서 자신의 마음 을 가장 잘 드러내는 것은 무엇인가 요? 그리고 그 이유를 간단히 적어 봅 시다.	·자신의 마음 상태에 따라 시적 감성 의 방향감이 달라질 수 있음을 알아보 기 위해 제시함.
사고구술 하기	「소」를 소리 내어 읽어봅시다. 소리 내지 않고 조용히 읽어 봅시다. 떠오 르는 생각을 시어나 행, 연 옆에 적어 봅시다.	·시 읽기 과정에서 학습자가 몰입하 게 되는 부분을 확인하기 위해 제시 함. ·시의 내용에 따라 시적 감성의 방향 감을 확인하기 위해 제시함.

내용 이해하기	「소」를 읽고 내용에 따라 마인드맵을 완성하여 봅시다. 완성한 내용을 친 구들과 비교하여 봅시다.	· 시의 내용 이해를 위해 제시함.
시적 화자 의 마음 생 각하기	소의 마음은 어떠한가요? 말하는 이의 마음은 어떠한가요? 그 런 느낌이 든 이유는 무엇인가요?	· 핵심 정서를 파악하고 학습자의 독 서위치를 확인하기 위해 제시함.
내 느낌 관찰하기	시를 읽고 난 느낌은 어떠한가요? 나는 왜 그런 느낌을 가지게 되었을 까요?	· 시적 감성의 작용을 파악하기 위해 제시함.
말하는이가 되어 표현하기	말하는이가 되었다고 생각하고 아래 활동 중에서 하나를 선택하여 글을 써 봅시다. (1) 일기쓰기 (3) 위로하는 글쓰기 (2) 편지쓰기	· 시적 화자와 같은 위치에서 「소」 서 술방식과 유사한 장르인 일기나 「소」 에서 흐르는 정서를 표현할 수 있는 장르를 제시함.

공주J초등학교에서도 광양Y초등학교와 마찬가지로 조사과정이 녹화
되고, 활동지와 사후 평가지, 면담자료가 수집되었다. 표본 조사 후 가
진 사후 평가회의에서 여러 가지 문제점이 지적되었다. 본 연구에서 수
정되어야 하는 문제점과 논의된 해결방안은 다음과 같다.

첫째, 개인 독자의 시적 감성 작용 양상을 전체 학습활동 상황에서 관
찰하기 어려웠다. 활동지에 사고구술 활동을 넣었으나 이것만으로는 시
적 감성의 특성을 구체화시킬 수 있는 자료로 충분하지 않았다. 따라서
개인별로 사고 과정을 수집할 수 있는 방법을 구안하는 일이 필요하게
되었다. 이에 연구자는 개인별 사고 과정을 표집할 수 있는 방법으로 상
징적 표상법(Symbolic Representation Interview)을 선택하였다. 신헌재 · 이
향근(2012)에서는 상징적 표상법을 활용하여 초등학교 고학년 학습자의
시적 화자 인식 양상을 고찰한 바 있다. 상징적 표상법은 이순영(2008)에
의해 소개되었는데, 개별독자의 독서 과정과 독서활동 및 반응을 알 수
있는 방법이다(이순영 2008: 363). 이순영(2008)에서는 주로 독후 활동의 성
격을 가지는 윌헴(Wilhelm)의 상징적 표상법을 소개하고 있으나, 본 연구
에서는 신헌재 · 이향근(2012)에서와 같이 독자의 독서 과정을 잘 드러내

는 앤시소(Enciso 1998)의 상징적 표상법을 활용하였다.[9]

둘째, 시를 읽고 난 후 자신의 느낌이나 생각을 표현하는 데 서툰 학습자들이 많았다. 또한 간단히 '좋았다/나빴다', '슬펐다/기뻤다' 등 모호하게 자신의 정서를 드러내는 학생들이 대부분이었다. 학습자들이 자신의 정서를 보다 풍부하게 표현하기 위하여 활동지 앞면에 기분을 나타내는 어휘를 제시하기로 하였다.

셋째, 선정된 제재가 학습자들의 흥미를 유발하는 데 실패했다는 것이다. 표집 대상 학생들에게 투입제재가 높은 공감을 얻지 못했다. 공주J초등학교는 「소」를 활동 제재로 삼았다. 그러나 교사협의회의 예상과는 달리 학습자들의 정서적 반응이 활발하게 개진되기보다는 동물 보호에 대한 토론으로 이어지는 양상을 보였다. 죄 없는 동물을 학대하는 것은 좋지 않다는 의견과 사람은 동물을 이용해도 된다는 의견이 맞서서 서로 양립하는 모습을 보였다. 물론 이러한 상황이 바람직하지 못한 것은 아니나, 본 연구의 범위를 넘어서는 자료가 되었다. 광양Y초등학교의 경우 「이제는 그까짓 것」을 투입 제재로 삼았다. 광양Y초등학교에서는 '부모님과 선생님이 가르쳐 주신 대로 그대로만 하면 된다'는 7연의 내용이 주된 논란거리가 되었다. 학생들의 논란은 어른의 요구와 아동의 순종이 옳은가에 대한 것이었다. 광양Y초등학교와 공주J초등학교의 주된 논란거리들은 문학작품에 대한 상투적인 반응의 예로 볼 수 있다. 참여자들은 시의 내용을 일상생활의 언어방식대로 이해하려고 하였다. 이러한 방식으로 시에 접근하게 되면 자연히 논리적이고 통일된 의미로 환원되는 부분과 그렇지 않은 부분이 드러나게 된다. 두 부분은 상호 대립적이어서 의미가 충돌할 수밖에 없다. 따라서 연구자는 학습자들에게 시의 언어가 가지는 특수성에 대한 이해가 전제되어야 한다는 점에 주목하게 되었다. 즉

---

9 앤시소(Enciso 1998)의 상징적 표상법은 신헌재 · 이향근(2012) 참조.

학습자들이 시의 표층텍스트에 드러난 결속구조(cohesion)보다는 텍스트의 기저를 구성하는 텍스트 세계(text world)에 집중하도록 유도해야 한다.

텍스트 세계는 '현실의 세계(real world)'와 같을 수도 있고 다를 수도 있다. 이 지점에서 시를 읽는 독자는 텍스트의 지향성(intentionality)에 주목해야 한다. 따라서 연구자는 학습자에게 시적 화자를 인식하고 시적 상황을 구성하는 활동이 강화되어야 한다는 판단을 내리게 되었다.

넷째, 담임교사가 수업을 진행했을 때, 학습자들의 반응이 활발히 개진되었다. 연구자가 수업활동을 진행한 광양Y초등학교의 경우 학생들에 대한 라포(rapport)가 형성되어 있지 않아 자연스러운 진행이 어려웠다. 그러나 공주J초등학교의 경우 담임교사가 진행하여 보다 자연스럽게 학습 활동이 진행되었으며, 학습 활동의 통제가 효과적으로 이루어졌다.

다섯째, 자료수집이 진행되는 과정에서 시 교육 관련 학습용어에 대해서 질문하는 학습자들이 있었다. 특히 시적 화자에 대한 질문이 많았다. 시적 화자는 초등학교 국어교과서에서 '말하는이'의 형태로 교과서에 자주 등장한다. 2007 개정 교육과정의 성취기준에는 초등학교 과정에서 '시적 화자'의 개념을 지도하는 내용은 없으나 교과서에서는 저학년부터 시의 내용이해나 학습목표 달성을 위해 '말하는이'의 상황이나 마음 상태를 알아보는 활동이 등장하고 있다. 이미지나 운율의 경우도 4학년 과정에서 이미 학습한 내용이지만 그 의미를 명확하게 이해하는 학습자가 적었다. 이러한 문제를 해결하기 위하여 자료 수집 전에 학습용어에 대한 미니레슨(mini-lesson)을 실시하기로 하였다.

여섯째, 학습자들이 자신들의 모습이 녹화되고 있다는 사실을 거북스러워하는 측면을 해결해야 했다. 담임교사들은 반 아이들이 자신들의 모습이 녹화되고 있다는 생각으로 평소의 수업 때와는 달리 학습행동이 둔감해졌다고 판단하였다. 이것은 학습자들을 면담하는 과정에서도 드러났다. 인터뷰하는 과정에서도 "이거 다 녹음 되는 거예요?"라는 질문을 자주 하면서 불편한 기색을 보이는 아동이 있었다. 따라서 녹화에 대한 부담감을 줄여주기 위한 방안으로 자료 수집 전에 몇 차례에 걸쳐 의사녹화(pseudo-recording)를 2~3회 더 실시하기로 하였다. 위의 문제의식과 해결방안을 정리하면 〔표 12〕와 같다.

〔표 12〕 예비 연구에서 드러난 문제점 및 보완 내용

항목	문제점	보완 사항
조사 내용	학습자들의 감성 작용을 파악하기 힘들었다.	· 개인 면담에서 학습활동과정에 대한 질문뿐만 아니라 시에 대한 사고구술 내용에 대해서도 인터뷰한다. · 개인의 사고 과정을 파악할 수 있는 인터뷰를 추가한다. 상징적 표상법(Symbolic Representation Interview)을 활용하여 학습자 개인의 개인적 소통과정을 추론하여 시적 감성의 작용 양상을 확인한다.
	소집단 안에서 학습자의 대화가 소수의 학생들 위주로 진행된다.	· 의도적으로 소집단을 구성하여 대화를 활성화시킨다. · 소집단 구성을 읽기 능력에 따라 인위적으로 조직하여 소집단 활동을 구성하다. 소집단 구성은 3개의 종류로 한다. ①능숙한 독자 ②능숙한 독자+미숙한 독자 ③미숙한 독자
	두 학교에서 진행된 관찰 결과로 학습자의 특성을 일반화하기에 사례수가 부족하다.	· 표집 학교수와 학생수를 늘려 일반화 가능성을 높인다.
제재 선정	교사와 협의에 의존하여 대상텍스트를 선정하여 학습자의 읽기 흥미유발이 미비하였다.	· 표집 학습자들의 요구(공감도와 선호도)도 포함하여 제재를 선정한다.
조사 방법 및 절차	자신의 학습 활동이 녹화되는 것에 대한 거부감이 있었다.	· 본 연구의 녹화 전에 대상 학급의 학습 활동을 녹화하는 시간을 늘려, 학습자들이 거부감을 최소화시킨다. · 학습자의 녹화 및 인터뷰에 대한 허가서를 학부모들에게 요청하고, 초상권 문제를 해결한다.
	기본적인 학습 용어에 대한 이해를 위해 예상하지 못한 추가 교육이 진행되었다.	· 학습 용어에 대한 이해를 위해 미니레슨을 실시한다. —대상 학습 용어: 이미지, 운율, 시어, 행, 연, 비유, 시적 화자(말하는이) 등

| 조사
방법
및
절차 | 자신의 느낌을 표현하는 데 서툰
학습자가 많았다. | · 자신의 기분을 생각해 보는 활동지 앞면
에 감정을 나타내는 어휘를 제시하여 학습
자들의 정서를 환기할 수 있도록 한다. |
| | 연구자가 교사로서 참여할 경우
반응이 활발하게 나타나지 않았
다. | · 자료수집활동 진행자(수업활동 진행자)를
담임교사로 한다. |

(3) 본 연구의 절차와 내용

가)기간 및 대상

예비 연구 결과의 내용을 바탕으로 아래와 같이 표집 대상 학교를 선정하였다. 조사대상 학교에서 예비 연구에 참여했었던 광양Y초등학교의 담임교사가 사정상 제외되었고, 대신 광명시에 있는 D초등학교 교사와 학생들이 섭외되었다. 예비 연구에 참여했던 공주J초등학교의 경우 텍스트를 달리하여 이 연구에 다시 참여하게 되었으며 원주와 서울, 대전지역의 다른 학급이 추가로 섭외되었다. 공주J초등학교에 대한 제반사항은 예비 연구에서 설명되었으므로 생략한다.

〔표 13〕본 연구 자료 수집 대상 학교 및 조사 기간

지역	초등학교	학년 및 학생수	대상 제재	교사 협의·수업·면담
강원	원주K초등학교	6학년 1학급(15명)	우리아빠 시골 갔다 오시면	2011.12.05.~ 2011.12.07.
충남	공주J초등학교	6학년 1학급(27명)	거울	2011.12.28.~ 2011.12.30.
경기	광명D초등학교	5학년 1학급(18명)	공터	2011.12.13.~ 2011.12.15.
대전	대전T초등학교	6학년 1학급(27명)	엄마 목소리	2011.12.16.~ 2011.12.18.
서울	서울S초등학교	5학년 1학급(18명)	엄마 목소리	2011.12.19.~ 2011.12.21.

원주K초등학교는 원주시 외곽에 위치하고 있다. 학년마다 1개 학급이 있는 작은 학교로서 독서프로그램을 중점적으로 추진하고 있는 학교였다. 수업을 진행한 K교사는 대학원에서 문학 교육을 전공하였으며, 8년차 교직경력을 가지고 있다. 탈놀이와 교육 연극에 관심이 많은 교사이다. 그는 초기에 학급 아이들과 마찰이 많았지만 학년이 끝나가는 현재, 정이 많이 들었다고 하였다.

대전T초등학교는 대전광역시 외곽에 위치하고 있으며, 인구밀도가 높은 지역으로 학습당 인원수가 30명을 넘었다. 또한 한 학년에 7~8학급이 있는 대규모 학교였다. 수업을 진행한 S교사는 국어교육학 박사학위 소지자로 문학 교육에 조예가 깊다. 올해로 교직경력 10년차인 그는 동화와 동화교육에 관심이 있어 학생들에게 동화를 자주 읽어 주는 편이다. 그는 학생들과의 유대 관계를 잘 형성하고 있었고, 학생들의 성격이나 친구관계, 가정 문제 등에 대해 상당히 많은 정보를 가지고 있었다.

광명D초등학교는 경기도 광명시에 위치하고 있으며, 학년에 4~5학급 정도의 소규모 학교이다. 수업을 진행한 L교사는 대학원에서 문학 교육을 전공하였으며 교직경력은 10년차이다. L교사는 학급 아이들이 또래에 비해 어린 편으로, 5학년이지만 아이들의 정서수준이나 어휘력, 표현력이 낮은 편이라고 판단하고 있었다. 다른 반에서는 사춘기에 접어드는 아이들도 많은데, 이 반의 학생들은 순진한 편이고, 3학년이나 4학년처럼 우르르 몰려다니며 함께 노는 것을 좋아한다고 하였다. 학부모들의 교육열이 높으며, 저소득층 아이들이 적은 편이었다.

서울S초등학교는 서울시에 위치하고 있다. 학교 주변이 재개발되면서 학생수가 줄어들고 있는 학교이며, 현재 32학급 정도의 규모를 유지하고 있다. 저소득층 아이들이나 한부모 가정이 많은 편이다. 성적이 높은 아이들은 서울의 강남구 쪽으로 이사를 가거나 주변에 아파트 단지에 있는 학교로 전학을 가는 경우가 많다고 한다. 수업을 진행한 J교사는 교직 경력 15년차이다. 그는 대학이나 대학원에서 국어교육을 전공하진 않았지만, 교수-학습 방법에 관심이 많으며 현재 교수학습 방법 전공으로 대학원을 다니고 있다.

투입 제재는 표집대상 학급의 학생들이 가장 선호하는 시로 선정하였다. 따라서 대전T초등학교와 서울S초등학교에는 같은 제재(「엄마 목소리」)를 투입하였다. 또한 좋아하는 제재가 여러 개일 경우 담임교사와 협의하여 결정하였다. 자료 수집활동은 거의 모든 학교에서 3일에 걸쳐 진행되었다. 날짜별로 활동 내용은 다음과 같다.

[표 14] 본 연구의 자료 수집 활동 진행 방법

순	수집 활동	수집 자료
첫째 날	· 투입할 제재 선택 · 학습자들의 시 교육 관련 학습용어 인식 여부 점검 및 지도 · 교사협의회: 지도 교사의 시에 대한 반응 쓰기, 학습 활동 논의 및 아동 실태 상담	· 교사 협의회 내용 · 지도 교사 인터뷰
둘째 날	· 선정된 제재 관련 교수-학습 활동 · 교사협의회: 교수-학습 활동 결과 공유 및 인터뷰 아동 선정	· 교수-학습 활동 녹음 · 학습자의 학습 활동 결과물
셋째 날	· 개별 아동 인터뷰	· 인터뷰 녹음

나) 투입 학교별 활동지 구성

투입활동지는 예비 연구 결과를 토대로 재구성하였다. 활동의 구성 중점은 아래와 같다.

· 학습자들이 시적 상황 안에서 상상적으로 느끼게 한다.
· 시인의 입장에서 시를 읽게 한다.
· 시인의 입장에서 시를 읽고 표현하도록 한다.

· 학습자 자신의 느낌이나 정서를 인식하고 재평가하도록 하다.

수업활동 전에 시수업과 관련된 학습용어를 지도하기 위한 미니레슨을 진행하였으며 정서를 나타내는 어휘를 활동지에 제시하여 학습자들의 사고를 촉진하도록 구성[10]하였다. 얼굴 표정 그림과 정서를 나타내는 어휘를 활동지에 제시하였다. 정서 어휘 관련된 어휘는 김광해(2003), 김은영(2004)과 정현원(2008)에서 제시된 정서 관련 어휘를 주요 내용으로 삼았다. 정서 어휘의 주요 범주는 '기쁨(喜)', '노여움(怒)', '슬픔(哀)', '두려움(懼)', '좋아함(愛)', '싫어함(惡)', '바람(慾)'의 기본 정서(basic emotion) 어휘를 기초로 삼았다. 표현 형태는 동사 형태로 제시하였다. 기본 정서 관련 어휘는 각 범주별로 아래와 같이 5개씩 선택하였다.

○기쁨: 기쁘다, 들뜨다, 설레다, 흐뭇하다, 재미있다.

○노여움: 분하다, 화나다, 속상하다, 약 오르다, 짜증나다.

○슬픔: 슬프다, 우울하다, 억울하다, 좌절하다, 외롭다.

○두려움: 겁나다, 두렵다, 무섭다, 긴장하다, 당황하다.

○좋아함: 편안하다, 감격하다, 감동하다, 상쾌하다, 정겹다.

○싫어함: 갑갑하다, 밉다, 따분하다, 심심하다, 부럽다.

○바람: 바라다, 서운하다, 섭섭하다, 아깝다, 망설이다.

시를 읽기 전 학습자들의 기분에 대해 생각하고 표현하도록 한 이유는 학습자들의 '기분일치 효과'[11](정범모 외 2003) 여부를 확인하기 위한 것이었다. 유의미한 기분일치 효과가 일어날 경우 일상생활의 감성과

---

10 〈부록 3〉 참조.
11 '기분일치효과'는 사람이 어떤 특정한 기분상태에 있을 때 그 기분과 유인가가 일치하는 내용을 쉽게 저장하거나 회상하는 경향을 말한다. 이것은 일상생활에서 자주 경험되는데, 기분과 일치하는 방향으로 사고 또는 행동이 영향을 받는다는 기분일치 효과이다(이정모 외 2003).

시적 감성의 관계성을 밝힐 수 있을 것이다.

① 광명D초등학교

〔표 15〕「공터」에 대한 활동지 구성

활동과정	제시된 과제	과제 제시 이유 및 시적 감성 관련성
학습목표 확인하기	·「공터」를 읽고 할아버지와 공터의 마음을 알아봅시다.	· 학습목표 달성을 위해서 구안된 활동은 아니지만, 학습자들의 사고 방향을 제시하기 위하여 학습목표를 제시함.
자신의 마음 생각하기	·· 지금 자신의 마음을 생각해 봅시다. 다음 얼굴 표정 중에서 자신의 마음을 가장 잘 드러내는 것은 무엇인가요? 그리고 그 이유를 간단히 적어 봅시다.	· 자신의 마음 상태에 따라 시적 감성의 방향감이 달라질 수 있음을 알아보기 위해 제시함.
사고구술 하기	·「공터」를 소리내어 읽어 봅시다. 소리내지 않고 조용히 읽어 봅시다. 떠오르는 생각을 시어나 행, 연 옆에 적어 봅시다.	· 시 읽기 과정에서 학습자가 몰입하게 되는 부분을 확인하여 시적 감성의 출발점을 확인하기 위해 제시함. · 시의 내용 흐름에 따라 시적 감성의 방향감을 확인하기 위해 제시함.
내용 이해하기	·「공터」'를 읽고 내용에 따라 마인드맵을 완성하여 봅시다. 완성한 내용을 친구들과 비교하여 봅시다.	· 시의 내용 이해를 위해 제시함.
시적대상의 마음 생각하기	· 할아버지와 공터는 어떤 관계일까요? · 할아버지는 무엇을 소중하게 여길까요? · 할아버지와 공터의 마음은 어떠할까요?	· 핵심 정서를 파악하기 위해 제시함. · 시 텍스트 내적 정서를 확대하여 사고할 수 있도록 유도하기 위하여 제시함. 시적 감성이 어떻게 확대 적용되는지 확인하기 위해 제시함.
시적화자의 입장에서 읽기	·「공터」의 말하는이를 찾아봅시다. ·「공터」의 말하는이 어떤 상황에 있나요? ·「공터」의 말하는 이의 마음은 어떠한가요? · 말하는 이의 입장에서 공터를 읽고 느낌을 써 봅시다.	· 말하는 이의 입장을 파악하여 작가의 입장에서 읽기를 시도하기 위한 활동임. · 말하는 이의 시선을 파악하여 작가의 입장에서 시를 읽고 시 텍스트를 구성하여 시적 상황을 구체화하는지 확인하기 위하여 제시함.
자신의 느낌	·「공터」를 읽으면서 내 느낌이 어떠했는지 생각해 봅시다.	· 자신의 느낌을 메타적으로 재평가하고 그것을 표현할 수 있는지 확인

관찰하기	·마음의 변화가 있었다면 무엇인지 말하여 봅시다.	하기 위하여 제시함.
표현 텍스트 쓰기	·「공터」를 다른 사람에게 소개하는 글을 써 봅시다.	·시적 화자와 같은 위치에서 「공터」에 대한 정서를 표현할 수 있도록 소개하는 글쓰기를 제시함.

② 공주J초등학교

[표 16] 「거울」에 대한 활동지 구성

활동과정	제시된 과제	과제 제시 이유 및 시적 감성 관련성
학습목표 확인하기	·「거울」을 읽고 '나'의 마음을 알아 봅시다.	·학습목표 달성을 위해서 구안된 활동은 아니지만, 학습자들의 사고 방향을 제시하기 위하여 학습목표를 제시함.
자신의 마음 생각하기	·지금 자신의 마음을 생각해 봅시다. 다음 얼굴 표정 중에서 자신의 마음을 가장 잘 드러내는 것은 무엇인가요? 그리고 그 이유를 간단히 적어 봅시다.	·자신의 마음 상태에 따라 시적 감성의 방향감이 달라질 수 있음을 알아보기 위해 제시함.
사고구술 하기	·「거울」을 소리 내어 읽어 봅시다. 또 소리 내지 않고 조용히 읽어 봅시다. 떠오르는 생각을 시어나 행, 연 옆에 적어 봅시다.	·시 읽기 과정에서 학습자가 몰입하게 되는 부분을 확인하여 시적 감성의 출발점을 확인하기 위해 제시함. ·시의 내용 흐름에 따라 시적 감성의 방향감을 확인하기 위해 제시함.
내용 이해하기	·「거울」을 읽고 내용에 따라 마인드맵을 완성하여 봅시다. 완성한 내용을 친구들과 비교하여 봅시다.	·시의 내용 이해를 위해 제시함.
시적화자 파악하기 활동	·「거울」의 말하는이를 찾아봅시다. ·말하는이는 어떤 상황에 있나요? ·말하는이는 무엇을 소중하게 여기나요? ·말하는 이의 마음은 어떠한가요?	·핵심 정서를 파악하기 위해 제시함. ·시 텍스트 내적 정서를 확대하여 사고할 수 있도록 유도하기 위하여 제시함. 시적 감성이 어떻게 확대 적용되는지 확인하기 위해 제시함.
시적화자의 입장에서 읽기	·말하는 이의 입장에서 「거울」을 읽고 느낌을 써 봅시다.	·말하는 이의 입장을 파악하여 작가의 입장에서 읽기를 시도하기 위한 활동임. ·말하는 이의 시선을 파악하여 작가의 입장에서 시를 읽고 시 텍스트를 구성하여 시적 상황을 구체화하는지 확인하기 위하여 제시함.

| 자신의 느낌 관찰 하기 | · 「거울」을 읽으면서 내 느낌이 어떠했는지 생각해 봅시다.
· 느낌의 변화가 있었다면 무엇인지 말하여 봅시다. | · 자신의 느낌을 메타적으로 재평가하고 그것을 표현할 수 있는지 확인하기 위하여 제시함. |
| 표현 텍스트 쓰기 | · 말하는이가 되었다고 생각하고 일기를 써 봅시다. | · 시적 화자와 같은 위치에서 「거울」의 진술방식과 유사한 장르인 일기를 통해 시적 화자의 정서를 이해하고 표현하는 과정을 살펴보기 위해 제시함. |

③ 대전T초등학교와 서울S초등학교

〔표 17〕「엄마목소리」에 대한 활동지 구성

활동과정	제시된 과제	과제 제시 이유 및 시적 감성 관련성
학습목표 확인하기	· 「엄마목소리」를 읽고 '나'의 마음을 알아봅시다.	· 학습목표 달성을 위해서 구안된 활동은 아니지만, 학습자들의 사고 방향을 제시하기 위하여 학습목표를 제시함.
자신의 마음 생각하기	· 지금 자신의 마음을 생각해 봅시다. 다음 얼굴 표정 중에서 자신의 마음을 가장 잘 드러내는 것은 무엇인가요? 그 이유를 간단히 적어 봅시다.	· 자신의 마음 상태에 따라 시적 감성의 방향감이 달라질 수 있음을 알아보기 위해 제시함.
사고구술 하기	· 「엄마목소리」를 소리 내어 읽어봅시다. 또 소리 내지 않고 조용히 읽어 봅시다. 떠오르는 생각을 시어나 행, 연 옆에 적어 봅시다.	· 시 읽기 과정에서 학습자가 몰입하게 되는 부분을 확인하여 시적 감성의 출발점을 확인하기 위해 제시함. · 시의 내용 흐름에 따라 시적 감성의 방향감을 확인하기 위해 제시함.
시적화자의 상황 파악하기	· 「엄마목소리」를 읽고 내용에 따라 마인드맵을 완성하여 봅시다. 완성한 내용을 친구들과 비교하여 봅시다.	· 시의 내용 이해를 위해 제시함.
시적화자의 마음 생각하기	· '나'의 마음은 어떠한가요?	· 핵심 정서를 파악하기 위해 제시함. · 시 텍스트 내적 정서를 확대하여 사고할 수 있도록 유도하기 위하여 제시함. 시적 감성이 어떻게 확대 적용되는지 확인하기 위해 제시함.
시적화자의 입장에서 읽기	· 말하는 이의 입장에서 「엄마목소리」를 읽고 느낌을 써 봅시다.	· 말하는 이의 입장을 파악하여 작가의 입장에서 읽기를 시도하기 위한 활동임. · 말하는 이의 시선을 파악하여 작가의 입장에서 시를 읽고 시 텍스트를

		구성하여 시적 상황을 구체화하는지 확인하기 위하여 제시함.
자신의 느낌 관찰 하기	· 「엄마목소리」를 읽으면서 내 느낌이 어떠했는지 생각해 봅시다. · 느낌의 변화가 있었다면 무엇인지 말하여 봅시다.	· 자신의 느낌을 메타적으로 재평가하고 그것을 표현할 수 있는지 확인하기 위하여 제시함.
표현 텍스트 쓰기	· 말하는이가 되었다고 생각하고 일기를 써 봅시다.	· 시적 화자와 같은 위치에서 「엄마목소리」 진술방식과 유사한 장르인 일기를 통해 시적 화자의 정서를 이해하는 과정을 살펴보기 위해 제시함.

④ 원주K초등학교

〔표 18〕「우리 아빠 시골 갔다 오시면」에 대한 활동지 구성

활동과정	제시된 과제	과제 제시 이유 및 시적 감성 관련성
학습목표 확인하기	· 「우리 아빠 시골 갔다 오시면」을 읽고 '나'의 마음을 알아봅시다.	· 학습목표 달성을 위해서 구안된 활동은 아니지만, 학습자들의 사고 방향을 제시하기 위하여 학습목표를 제시함.
자신의 마음 생각하기	· 지금 자신의 마음을 생각해 봅시다. 다음 얼굴 표정 중에서 자신의 마음을 가장 잘 드러내는 것은 무엇인가요? 그리고 그 이유를 간단히 적어 봅시다.	· 자신의 마음 상태에 따라 시적 감성의 방향감이 달라질 수 있음을 알아보기 위해 제시함.
사고구술 하기	· 「우리 아빠 시골 갔다 오시면」을 소리 내어 읽어봅시다. 또 소리 내지 않고 조용히 읽어 봅시다. 떠오르는 생각을 시어나 행, 연 옆에 적어 봅시다.	· 시 읽기 과정에서 학습자가 몰입하게 되는 부분을 확인하여 시적 감성의 출발점을 확인하기 위해 제시함. · 시의 내용 흐름에 따라 시적 감성의 방향감을 확인하기 위해 제시함.
시적화자의 상황 파악하기	· 「우리 아빠 시골 갔다 오시면」를 읽고 내용에 따라 마인드맵을 완성하여 봅시다. 완성한 내용을 친구들과 비교하여 봅시다.	· 시의 내용 이해를 위해 제시함.
시적화자의 마음 생각하기	· '말하는이'는 마음속에 무엇무엇을 그리고 있나요? · 말하는이의 마음은 어떠한가요? · 할머니와 아빠의 마음은 어떠할까요?	· 핵심 정서를 파악하기 위해 제시함. · 시 텍스트 내적 정서를 확대하여 사고할 수 있도록 유도하기 위하여 제시함. 시적 감성이 어떻게 확대 적용되는지 확인하기 위해 제시함.
시적화자의	· 말하는이의 입장에서 「우리 아빠	· 말하는 이의 입장을 파악하여 작가

입장에서 읽기	시골 갔다 오시면」을 읽고 느낌을 써 봅시다.	의 입장에서 읽기를 시도하기 위한 활동임. · 말하는 이의 시선을 파악하여 작가의 입장에서 시를 읽고 시 텍스트를 구성하여 시적 상황을 구체화하는지 확인하기 위하여 제시함.
자신의 느낌 관찰 하기	· 「우리 아빠 시골 갔다 오시면」을 읽으면서 내 느낌이 어떠했는지 생각해 봅시다. · 느낌의 변화가 있었다면 무엇인지 말하여 봅시다.	· 자신의 느낌을 메타적으로 재평가하고 그것을 표현할 수 있는지 확인하기 위하여 제시함.
표현 텍스트 쓰기	· 말하는이가 되었다고 생각하고 다음 중 쓰고 싶은 것을 골라 써 봅시다. (1)일기 (2)편지 (3)소개하는 글	· 시적 화자와 같은 위치에서 「우리 아빠 시골 갔다 오시면」 진술방식과 유사한 장르인 일기를 통해 시적 화자의 정서를 이해하는 과정을 살펴보기 위해 제시함.

다) 소집단 활동 조사 과정

소집단 활동 조사는 예비 연구의 결과로 새롭게 추가된 내용이다. 수업 과정 중에 학습자들이 개인적인 활동을 포착하는 것이 어려웠기 때문이다. 물론 수업 후에 인터뷰를 하였으나, 의미 있는 내용들이 충분하게 수집되지 못하였다. 따라서 본 연구를 진행하였던 학교 중에서 소집단 활동이 가능한 학교를 3학교 선정하여 연구자가 소집단 활동을 진행하였다. 소집단 활동 대상 학교는 〔표 19〕와 같다.

〔표 19〕 소집단 활동 및 조사 기간

지역	초등학교	대상 아동	대상 제재	소집단 구성 (학생 수준)	기간
서울	서울S학교	5학년 6명	설레는 나무	동질 집단 (상 수준 6명)	2012. 01.03. ~ 2012. 02.10.
대전	대전T학교	6학년 8명	만돌이	이질 집단 (상 2명+중 4명+하 2명)	
충남	공주J학교	6학년 6명	도시의 산	이질 집단 (상 2명+중 2명+하 2명)	

각 학교별로 선택된 아동은 학급활동 시간에 두각을 나타내고 의미
있는 반응을 한 아이들로 구성하였다. 대부분은 학급활동 후에 인터뷰
를 했었던 아동들이 소집단활동에 섭외되었으며, 최종 선정은 담임교사
와의 협의를 통해 결정되었다. 또한 동질 집단 구성과 이질 집단 구성으
로 학생의 수준에 따라 시적 감성의 작용 정도를 가늠할 수 있도록 설계
되었다. 〔표 20〕은 상징적 표상법을 활용하여 진행된 소집단 활동과정
이다.

〔표 20〕 상징적 표상법(SRI)을 활용한 소집단 활동의 과정

순서	독자의 활동 과정	활동 과제
1	시 읽기	시 낭송하기
2	시적 상황에 개입하기	가장 인상적인 부분 찾고 이유 말하기
3	시적 상황 상상하기	시의 세계 그리기[12]
4	시적 상황 설명하기	친구들에게 그림 설명하기 서로 궁금한 점 물어보기
5	시적 화자의 정서 파악하기	시적 화자의 상황 알아보기 자신이 시의 세계에서 어디에 있는지 생각하기 시적 화자의 마음 알아보기 시적 화자의 입장에서 느낌 말하기 시적 화자의 마음 평가하기
6	독자 정서 인식 및 평가하기	시에 대한 독자 자신의 마음 말하기 왜 그렇게 느꼈는지 생각해 보기

한편, 자료 수집의 한계점을 언급하지 않을 수 없다. 본 연구에서는
학습자의 시적 감성 작용 양상을 살펴보기 위해 학습자들에게 동시를
읽도록 하고 그들의 학습행동을 관찰하는 것을 주된 연구문제로 삼았
다. 이러한 연구 맥락으로 인하여 아래와 같은 한계점을 갖는다.

첫째, 시 감상 수업 상황은 학교에서 이루어지는 일반적인 수업상황

---

[12] 여기서 그림 그리기는 'drawing' 수준의 그리기를 말한다.

과는 다르게 학습자들의 시적 감성 작용을 관찰하기에 유리한 방향으로 구성되었다. 따라서 학습자의 학습행동에 영향을 미치는 교사의 교수 행위에 대한 기술은 제한되었다. 이것은 교사가 교실 상황에서 시 텍스트를 담론적 매체로 변화시키는 과정이나 학습자에게 미치는 영향관계 등을 면밀히 검토하지 못한 한계점이기도 하다.

둘째, 학습자들이 읽은 동시(童詩)의 텍스트성으로 인하여 '우아미'에 대한 시적 감성이 주된 내용을 이룬다. 문학작품은 '있는 것'과 '있어야 하는 것'의 관계를 통해 '숭고미', '우아미', '비장미', '골계미'를 가진다. '있는 것'과 '있어야 할 것'이 대립되어 나타나는 것에는 '비장미'와 '골계미'가 있고, 서로 융합되어 나타나는 것에는 '우아미'와 '숭고미'가 있다(조동일 1973). 동시(童詩)의 작가는 성인으로서 아동에게 무엇인가 주고자하는 욕망으로 시작(詩作)을 할 수밖에 없는 위치에 있다. 따라서 '우아미' 이외에 '숭고미', '비장미', '골계미' 등에 대한 시적 감성을 드러내는 데에는 한계가 있다. 우아미는 일상생활의 모습을 있는 그대로 받아들이며 작고 친근한 것을 추구하는 데서 오는 아름다움이다. 우아미는 작가가 주로 고상함과 순수함을 추구할 때 형상화되는 아름다움으로 이상을 꿈꾸는 정서라고 할 수 있다.

2. 학습자의 시적 감성 작용 양상과 특성 분석

1) 연구 자료의 분석 관점

연구 자료를 분석하는 관점은 연구 목적에 따라 달라지며, 채택된 관점은 분석의 과정과 결과에도 상당한 영향을 미친다. 시적 감성에 대하여 어떠한 관점을 취하느냐, 혹은 시적 감성을 교육하는 맥락에서 학생들의 어떤 면을 심도 있게 관찰할 것인가에 따라 분석 과정과 결과가 달라질 수 있다. 이 절의 목적은 학습자의 시적 감성 작용 양상과 소통 과정을 살펴서 학습자에게 유의미한 교육 내용을 추출하는 데 있으므로 이에 적절한 분석 관점을 설정해야 할 것이다.

이 연구에서는 학습자들의 구어 담화와 설문지, 활동지 등을 통해 시적 감성의 실체에 접근하기 위한 다면적 접근 방식을 취하고 있다. 따라서 시적 감성의 작용 양상을 시 텍스트의 의미구성을 위한 해석체 구성의 양상으로 살펴보자고 한다. 따라서 학습자들이 생산한 프로토콜을 분석하기 위해 해석체의 유형을 분석틀로 사용하고자 한다.

독자가 시를 읽고 의미를 구성하는 행위는 시 텍스트의 구성을 통해 얻어진 상상된 장면과 사태, 등장인물이나 시적 화자의 정서 등의 양상과 관련되어 있다. 시 텍스트에 의해서 그려진 상상의 공간은 하나의 정신공간(mental space)이다. 정신공간은 다양한 방식으로 서로 연결되며, 학습자는 그러한 정신 공간을 활용하여 시의 의미를 구체화한다. 이런 관점에서 본다면 시의 의미는 개별 시어의 특성도 아니고, 단순히 외부 세계와 관련한 해석의 문제도 아니다. 시의 의미는 독자가 시 텍스트를 구성하는 동적인 과정으로부터 발생되는 것이라고 판단할 수 있다. 2장에서 언급한 바와 같이 개인의 내적 소통은 이러한 동적인 과정을 설명해 줄 수 있으며 이는 [그림 4]와 같이 해석체의 구성 과정으로 설명될 수 있다.

[그림 4] 학습자의 시적 감성과 해석체 구성

〔그림 4〕는 학습자가 시를 읽고 구성하는 해석체의 구성을 보여주고 있다. 2장에서 논한 바 있는 시 텍스트의 구성 과정은 대상에 대한 이상적인 의미구성을 목적으로 즉각적 해석체, 역동적 해석체, 최종적 해석체로 구분할 수 있었다. 최종적 해석체는 잠재적인 해석체로서 텍스트의 의미가 가장 잘 발현된 최종의 모습을 띈 해석체이다. 따라서 이 연구에서는 수업 활동의 마지막 부분에서 학습자에 의해 구성된 해석 텍스트를 최종적 해석체로 보고자 한다. 물론 최종적 해석체가 가장 이상적인 해석체라고 할 수 없다. 그러나 수업 상황을 전제로 할 때 학습자가 만들 수 있는 가장 이상적인 해석체는 수업이 종료되었을 때, 만들어질 수밖에 없다. 학습자의 시 텍스트 구성을 위한 의식적인 사고 과정도 이때를 기점으로 멈추게 된다. 즉각적 해석체는 학습자가 시를 읽고 처음 구성한 텍스트이며 역동적 해석체는 최종적 해석체로 나아가는 사이에 만들어지는 다양한 의미텍스트들을 의미한다. 해석체별 성격과 수집 자료의 내용은 〔표 21〕과 같다.

〔표 21〕 내적 소통 상황에서 학습자의 해석체와 분석 내용

해석체의 종류	성격	분석 내용	분석 자료
즉각적 해석체 (intermediate interpretant)	기호의 고유한 해석 가능성의 표지	· 학습자가 시를 읽은 즉시 일어난 생각과 느낌 · 학습자에게 일어난 긴장성과 기분 등을 파악할 수 있는 틀 제공	· 프로토콜 · 초기 반응지
역동적 해석체 (dynamic interpretant)	즉각적 해석체를 어떤 특정한 방향으로 발전시킨 결과	· 학습자가 시를 읽고 텍스트 내에 흐르는 정서의 흐름 파악	· 초기 반응지 · 시적 화자의 정서에 대한 이해 텍스트
최종적 해석 (final interpretant)	해석자가 도달할 수 있는 최종적 해석의 결과	· 학습자가 시에 대한 최종적인 해석체 구성과 내용 파악 · 시적 정서에 대한 평가	· 초기 반응지 · 시적 화자가 되었다고 가정하고 표현한 텍스트 · 시적 정서에 대한 평가

다음으로 소집단 대화의 분석 과정을 설명하고자 한다. 이 연구에서 수집한 자료는 녹음 자료, 학생들이 작성한 반응지, 연구자가 작성한 관찰지가 있다. 이 중에서 녹음 자료와 녹화 자료의 분석을 위해 '대화 함축(conversation implication)' 분석을 포함하는 담화 분석법을 사용하였다. 학습자들의 대화는 발화 내용을 중심으로 그 국면(phase)이 형성된다. 발화의 국면은 학습자들의 대화 내용에 변화가 생기거나 흐름이 달라짐에 따라 달라진다. 발화 국면의 변화는 학습자들의 쟁점이 달라졌거나 의식이 변화되었음을 의미한다. 따라서 소집단 대화 자료는 학습자들의 발화 내용을 중심으로 분석하되, 주로 학습 활동 과정을 발화 내용의 기준으로 보았다.

[표 22]는 대화적 상황에서 학습자의 시적 감성 작용 양상을 관찰하기 위한 기준들이다. 학급 인원 전체가 참여하는 수업 상황과 소집단 상황 모두 해석의 자료로 삼았다.

[표 22] 교실 대화에서 학습자의 해석체와 분석 내용

시적 감성의 차원	분석 내용	분석자료
체현의 과정	· 학습자의 시에 대한 개입 경로 파악 · 학습자가 시적 상황 이해 여부 파악 · 학습자의 동일시 시선 파악 · 학습자의 시적 정서 이해 양상 파악 · 학습자의 감응 내용 파악 · 학습자의 자기 정서 인식 정도 파악 · 학습자의 자기 정서 평가 정도 파악	· SRI 그림 · 소집단 활동녹음 자료
표현의 과정	· 학습자 간의 시적 정서의 이해 양상 파악 · 학습자의 시적 정서의 표현 양상 파악	

2) 시적 감성의 작용 양상과 특성 분석 결과

시적 감성의 작용 양상은 내적 소통 차원과 교실 대화적 차원으로 나누어 그 특성을 설명할 것이다. 그런데, 이에 앞서 학습자들의 기분일치 효과 여부에 대한 결과를 먼저 기술하고자 한다.

자료 수집에 활용된 활동지의 첫 부분에 학습자들의 현재 기분을 설명하도록 하는 내용이 있었다. 이것은 학습자들의 현재 기분에 따라 시에 대한 반응 여부가 달라질 수 있을 것이라는 가설에 의한 것이었다. 그러나 학습자들의 정서 상태에 따라 그 반응이 유사하게 나타나지 않았다. 또한 시적 정서와 상반되는 감정 상태에 있는 학생들이 둔감하게 반응하는 경향도 발견할 수 없었다. 예를 들어, 기분이 좋지 않다고 한 학생이 「설레는 나무」를 읽고 시적 정서를 '슬픔'으로 읽어 내거나, '즐겁고 행복하다'라고 적은 학생이 「엄마 목소리」를 읽고 '슬픈 마음'을 읽어내는 데 어려움을 겪는 현상은 발견할 수 없었다.

이러한 결과의 원인은 인터뷰 내용으로 알 수 있었다. 인터뷰한 학생들의 대부분이 시를 읽을 때 자신의 일상적 느낌을 그렇게 중요하게 생각하고 있지 않았다. 또한 자신의 기분이나 느낌이 어떤 것인지 잘 모르겠다는 응답, 어떤 마음인지는 알겠는데 표현할 수 없다는 응답들도 많았다. 또한 자신의 마음 상태를 말하는 것이 어색하다는 응답들도 있었다. 이를 통해 학습자들이 정서와 관련된 표현 경험이 적은 편이며, 어휘력도 부족하다는 것을 알 수 있었다.

학습자들이 은어를 사용하는 경우도 관찰되었다. '열라(매우)', '간지나다(귀엽고 예쁘다)' 등의 표현이 반응지에 등장하였다. 이러한 현상은 학생들의 대화에서 심화되었다. 말을 잘 이어가지 못하거나, 머뭇거릴 때 문득 튀어나오는 단어들이 대부분은 은어에 속하는 말들이었다. 성낙수(2005)에서도 감정이나 심리 상태와 관련된 은어 사용 실태가 보고된 바 있다. 그는 이러한 현상이 심화될 경우 언어 교육의 심각한 문제가 될수 있다고 지적하고 있다(성낙수 2005). 따라서 학습자들에게 자신의 정서를 표현하게 하거나, 시적 정서를 파악하여 표현하도록 하는 과정에서 정서 어휘에 대한 교육이 필요함을 알 수 있었다.

(1) 내적 소통 차원에서 시적 감성의 작용

가) 즉각적 해석체

즉각적 해석체는 학습자가 시를 읽은 직후 일어난 생각과 느낌으로서 학습자에게 일어난 긴장성과 기분 등을 파악할 수 있는 틀을 제공한다. 즉각적 해석체는 독자가 시 텍스트를 구성하고 개입(involve)하게 되는 시발점으로서 큰 의미를 갖는다. 텍스트를 처음 접하고 난 후 학습자의 출발지점을 시사하는 자료이기 때문이다. 또한 역동적 해석체나 최종적 해석체와의 관계를 파악하는 실마리가 된다.

즉각적 해석체는 두 가지 범주에서 분석하였다. 먼저 즉각적 해석체의 공통적인 특성을 파악하였다. 이것은 제시된 시에 관계없이 공통적으로 나타나는 현상들을 포착한 것이다. 다음으로, 각각의 시에 따라서 학습자들이 구성한 해석체가 어떠한지 살펴보았다. 이를 위해서 학습자들이 교사의 도움 없이 시를 읽고 작성한 반응지, 시를 읽으면서 기술했던 프로토콜을 자료로 삼았다. 즉각적 해석체는 시에 따라 다양한 내용이 있었으나 주로 세 가지 내용으로 요목화할 수 있었다. 시의 이미지를 떠올리는 경우, 시적 화자나 등장인물의 정서를 추론하는 경우, 내포 작가의 창작 의도를 추론하는 경우가 있었다.

(가) 시 텍스트의 이미지를 통한 정서 환기

학습자들이 직접적 해석체에서 가장 많이 드러낸 양상은 시 텍스트의 장면 환기이다. 아래의 내용은 학습자가 시각적 이미지를 풍경처럼 설명하는 경우이다. 학습자들은 시를 읽고 떠오르는 장면들을 정지된 화면처럼 서술하고 있다.

말하는이가 아버지한테 혼나는 모습, 말하는이가 뒤안길에서 울고 있는 모습, 엄마가 말하는이에게 다가오는 모습, 아버지께 혼나서 뛰어나오는 모습, 엄마가 말하는이 이름을 부르고 있는 모습.

엄마-ⓘ-이미연(대전T초 6학년)[13]

이 세상 어딘가에 나와 꼭 닮은 아이가 다시 또 하나 있는 건 참 다행이지라는 것이 마음에 들었어. 왜냐하면 유령 존재 같은 이미지가 떠올랐기 때문이야.

거울-ⓘ-최호정(공주J초 6학년)

만돌이가 돌멩이를 던지면서 재밌어 하는 모습이 보인다. 다른 친구들이 옆에서 만돌이와 함께 공놀이 하고 싶어서 쳐다보고 있다. 멀리서 아저씨가 한심한 듯이 바라보는 모습도 보인다.

만돌-ⓘ-전상원(대전T초 6학년)

---

13 수집된 자료는 아래와 같은 방법으로 표시하였다.

종류	표시 방법
해석체	· 즉각적 해석체: ⓘ · 역동적 해석체: ⓓ · 최종적 해석체: ⓕ
시	· 이제는 그까짓 것: 이제 · 소: 소 · 거울: 거울 · 우리 아빠 시골 갔다 오시면: 우리 · 엄마 목소리: 엄마 · 설레는 나무: 나무 · 만돌이: 만돌

시적 상황을 하나의 영화장면처럼 설명하기도 하고 특정한 이미지가 떠올랐다고 고백하는 내용도 있었다. 특히 전상원은 돌멩이를 던지고 있는 만돌이와 만돌이 친구들, 그리고 시에는 나타나지 않은 아저씨의 모습까지 등장시켜 시적 화자의 시선을 읽어 내고 있다.

시각적 이미지에 정서적인 평가를 포함하고 있는 경우도 있었다. 아래에서 볼 수 있듯이 걱정하고 있던 엄마가 아이를 찾으러 등장한다던가, 뒤안길에서 '몰래' 운다는 표현 등은 시적 대상의 모습이나 행동에 어떤 정서적 동기를 부여하고 있는 경우이다. 또한 「우리 아빠 시골 갔다 오시면」에 대한 즉각적 해석체로 '무엇인가 바쁘게 싸고 있는 모습'을 연상한 내용이 있었는데, 이러한 모습은 시의 내용으로는 파악할 수 없는 것이다. 학습자는 아빠가 시골에서 할머니가 싸준 갖가지 채소들을 꺼내 놓으시는 내용이 주를 이루고 있는 시를 읽고 그것의 원인이 된 장면을 마음속에 그렸던 것이다.

아버지께 꾸지람을 듣고 집을 나가 뒤안길에서 울다가 엄마가 걱정되서 찾으러 나오는 장면이 생각난다.

엄마-①-김규민(대전T초 6학년)

아버지께 꾸지람을 듣고 뒤안길로 가서 몰래 울다가 엄마가 자기를 찾는 장면이 떠오른다

엄마-①-류양모(대전T초 6학년)

시골 할머니가 무엇인가 바쁘게 싸는 장면이 떠오른다. 시골에 갔다 오면 할머니들이 먹을 것을 싸주시는 것이 내 경험과 같았고, "시골이 다 따라와요"라는 표현이 좋았다.

아빠-①-(원주K초 6학년)

이 밖에도 학습자가 자신의 경험을 시 텍스트 내용에 투사하여 자신의 과거 경험을 이미지로 떠올리는 경우를 다수 확인할 수 있었다. 이정민은 할아버지가 자신을 애타게 찾아다니던 일을 떠올리고 있다. 또 조재희는 「거울」을 읽고 자신의 가장 친구의 모습을 떠올리고 있다. 모두 자신의 경험이 시의 내용에 투사되어 연상되고 있는 장면이다. 황준성은 「도시의 산」을 읽고 아파트 공사 현장을 떠올리고 있다.

우리 할아버지께서 내가 집을 비웠을 때 날 애타게 찾아다니던 일이 생각난다. 말하는 이의 외로움과 미안한 마음이 느껴진다. 아버지 어머니께서 울며 말하는이를 찾아 다니는 모습이 생각난다.

엄마-①-이정민(서울S초 5학년)

우리 아파트가 들어설 때 공사장에 갔던 생각이 난다. 좋은 집에 살거라면서 아빠가 말씀해 주셨지만, 공사장을 보니 그런 생각보다는 산이 무너져 있는 모습이 아프게 느껴졌다. 지금도 우리 집 근처에서는 공사를 하고 있다.

산-①-황준성(공주J초 6학년)

이 시의 아이의 모습이 떠오르고 또 이 아이의 모습을 보니 나의 친한 친구의 모습과 닮았다고 생각된다. 그리고 이 아이는 외로울 때마다 거울 속 자신의 모습을 보고 외로움을 극복해 나가는 것 같다.

거울-①-조재희(공주J초 6학년)

이 밖에도 청각적 이미지를 구성한 반응도 보였다. 「엄마 목소리」에서는 청각적 이미지가 드러난 제목처럼 어떤 소리에 대하여 묘사한 학생들이 많았다.

아버지께 꾸지람을 듣고 뒤안길에 나와서 서러운데 조용히 하려고 끅끅대는 장면과 엄마가 나를 불러서 더 서러워서 우는 모습이 생각된다.

엄마-①-윤지현(대전T초 6학년)

엄마 목소리가 계속 계속 내 귓속으로 계속 계속 들어온다. 엄마 목소리가 계속 귀에 들어오면 계속 들릴 때마다 눈물이 난다.

엄마-①-박현민(서울S초 5학년)

할머니가 잘 가라는 말이 들리는 것 같다. 돌아서서 울고 있을까? 아니다. 귀찮은 손자들 잘 가버렸다라고 생각하고 계실지도 모른다.

아빠-①-김영민(원주K초 6학년)

서울S초의 박현민의 경우 '엄마의 목소리가 계속 계속 내 귓속으로 들어온다'는 표현을 하여 청각적 여운이 계속되고 있음을 알 수 있다. 또한 「우리 아빠 시골 갔다 오시면」을 읽고 느낌을 표현한 김영민의 반응도 눈여겨볼 만하다. 그는 할머니의 '잘 가라'라는 말이 들리는 것 같다고 했다. 전체적인 시적 상황은 아버지가 시골에 다녀와서 먹을거리를 풀고 있는 상황인데, 김영민은 경우 할머니의 목소리가 들리는 것 같다고 진술하고 있다. 김영민이 시를 읽으면서 주목한 부분은 마지막 연임을 알 수 있다.

이 밖에도 후각적인 이미지를 떠올린 학생도 있었다. 김민규는 「우리 아빠 시골 갔다 오시면」을 읽고 다음과 같은 반응을 보였다.

시골에 그 채소들을 생각하면 시골냄새가 난다.

아빠-①-김민규(원주K초 6학년)

(나) 시적 화자나 시적 대상의 정서 상태 인지 및 추론

먼저 시적 화자나 시적 대상의 정서를 인지하고 추론하는 경우를 살펴보자. 대전T초등학교의 심하연은 시적 화자가 '망설이고 있음'을 인지하고 있다. 남궁시원 학생의 경우 '슬프고 서러울 것 같다'고 표현하고 있다. 김하연은 골목길에서 긴장하고 있는 시적 화자의 마음을 인식하고 있다.

> 엄마가 하는 말에 대답을 할까 말까 망설이는 것 같다. 아빠한테 혼나서 속상해하는 것 같다.
>
> 엄마-①-심하연(대전T초 6학년)

> 아버지한테 혼나 우는 모습인 것 같다. 슬프고 서러울 것 같다.
>
> 엄마-①-남궁시원(대전T초 6학년)

> 골목길에서 울면서 긴장하고 있는 느낌이 든다.
>
> 엄마-①-김보연(서울S초 5학년)

둘째, 시적 화자의 정서와 공감하거나 동감하고 있는 내용들도 확인할 수 있었다. 자신과 정서적인 성향이 비슷해서 공감이 된다고 언급하거나 자신이 어머니께 꾸지람을 듣는 것 같은 상상을 하고 있는 경우가 있었다. 부모님께 혼이 나서 슬픔을 느끼는 상황은 아이들에게 흔하게 일어난다. 아이들이 슬픔을 느끼는 가장 친근한 상황이 바로 부모님께 혼이 난 상황일 것이다.

> 엄마 목소리를 들으면 눈물이 더 나온다는 점이 나랑 비슷해서 마음에 와 닿

는다.

엄마-ⓘ-장예지(대전T초 6학년)

아버지께 꾸지람 듣는 것이 내가 어머니께 꾸지람 듣는 것 같다.

엄마-ⓘ-임준오(대전T초 6학년)

삐진 나를 위로해 주시는 어머니의 마음이 느껴진다. 사랑 같은 마음이 나타났다.

엄마-ⓘ-박시온(서울S초 5학년)

「거울」을 읽고 공감의 시선을 보내는 학습자들의 반응은 나와 똑같은 아이가 있다면 그들을 위로해 줄 것이라고 말함으로써 시적 화자의 정서를 그대로 받아들이는 학생들이 있었다. 이러한 상황에서 한 발짝 더 나아가 자신의 모습을 거울 통해서 본다면 그냥 웃음이 나올 것이라는 반응도 있었다.

나와 똑같은 아이가 있다면 내가 속상할 때 모두 털어 놓을 수 있도록 따뜻한 아이가 되도록 노력할 것이다.

거울-ⓘ-이정선(공주J초 6학년)

때로는 정말 못나 보일 때도 있고, 정말 예뻐 보일 때도 있는 내가 하나 더 있다고 표현한 것이 새롭고 시의 화자처럼 이런 저런 일들로 속상하고 화가 날 때 거울 속의 나를 보면 그냥 웃음이 날 것 같다. 이 세상에 나와 똑같은 아이가 하나 더 있다는 게 위로가 될 것 같다.

거울-ⓘ-여예슬(공주J초 6학년)

셋째, 시적 화자와 거리두기를 하는 학생들의 반응을 볼 수 있었다. 「엄마 목소리」를 읽고 화자와 거리두기를 하는 학생들의 반응은 혼이 난 후 밖에 나가 울거나 숨어 버리는 것은 비겁하거나 어린애 같은 행동이라는 것이다. 또 부모님께 걱정 끼쳐드리는 화자의 행동이 이해되지 않는다고 지적하기도 한다. 또 시적 화자가 왜 더 울음이 나는지 이해할 수 없다는 반응도 있었다.

아버지께 꾸지람을 듣고 뒷마당에 나가 우는 것은 너무 창피한 짓이다. 나갔으면은 죄송하다고 사과를 드리고 어둠 속에서 가만히 앉아서 울다가 엄마가 내 이름을 부르면 대답을 할 것이지 안 하고 앉아서 울기만 하면 부모님은 더 걱정할 것이다. 그래서 나는 이런 생각을 하고 이 시를 읽고 이런 모습을 상상을 하였다.

엄마-①-조민규(대전T초 6학년)

아버지께 꾸중을 들었을 때 엄마께서 말하는이를 감싸 줘서 말하는이는 조금 괜찮아질 것 같다. 그리고 근처 풀숲에서 풀벌레가 같이 우는 게 조금 더 위로가 될 것 같다. 그런데 말하는이가 더 울음이 나는지를 모르겠다.

엄마-①-성하늘(대전T초 6학년)

성하늘은 "말하는이가 더 울음이 나는지 모르겠다."고 언급하고 있다. 엄마께서 자신을 이해해 주시고, 풀벌레들의 울음소리를 들으면서 위로를 받았는데, 어째서 눈물이 날 수 있느냐는 평가였다.

넷째, 내포 작가의 창작 의도를 추론하는 경우이다. 작가가 시를 쓰게 된 동기를 추론하고 있는 학생들의 반응이다. 이들은 정서적 감응과 그것을 표현하고자 하는 충동이 시로 형상화되었다고 판단하고 있었다. 고태연은 시적 화자가 무엇인가 슬픈 일이 있었기 때문에 시를 지었을 것이라고 한다. 시적인 표현의 원인을 심리적 자질로 찾아낸 것이 흥미롭다.

> 이 거울이라는 시를 읽으니 그 아이가 거울을 본다 했는데, 나도 그와 같은 아이가 있다면 안심이 될 것이다. 말하는이는 그 아이의 생각을 이해하고 있다. 무언가 슬픈 일이 있어서 시를 지은 것 같다.
>
> 거울-ⓘ-고태연(공주J초 6학년)

> 이렇게 아버지께 꾸지람을 듣고 몰래 우는 아이는 많은 것 같다. 그래서 말하는이가 이런 아이들을 생각하면서 아이들을 위로하려고 쓴 시인 것 같다는 생각이 들었다.
>
> 엄마-ⓘ-최민우(대전T초 6학년)

최민우는 꾸지람을 듣고 몰래 우는 아이들이 많다는 생각에 아이들을 위로하려고 쓴 것 같다고 표현하고 있다. 최민우의 반응에서 주목할 것은 어린이인 학습자들이 자신들의 입장에서만 시를 읽는 것이 아니라, 어른 화자의 입장에서 시를 판단하고 있다는 것이다. 교사나 평론가들이 아동 독자의 반응을 예상할 때 대부분은 아동 자신의 입장에서 생각하고 아동의 수준에서 시 텍스트를 구성할 것이라고 판단하는 경우가 많다. 그러나 최민우처럼 어른의 입장에서 그들이 무엇인가 아동인 자신들에게 주고자 하는 의도를 가지고 있음을 판단하는 학생들이 있었다.

(다) 학습자의 정서적 경험 환기

시 텍스트를 구성하는 과정에서 학습자는 자신의 경험을 떠올려 시적 상황과 지속적인 교섭을 하고 있다. 학습자들의 경험 수준이 임계점이 되어 정서적 코드를 해석하고 새로운 해석체를 만들어 내는 과정에 영향을 미치고 있다. 학습자의 직접적인 경험을 떠올리는 경우도 있었고, 간접적 경험을 떠올리는 경우도 있었다. 먼저 직접적인 경험과 관련된 즉각적 해석체의 특성은 다음과 같다. 직접적인 경험에 바탕을 둔 반응이 가장 많이 나타난 것은 「엄마 목소리」에 대한 반응들이었다.

아버지께 혼나고 뒤안길에서 몰래 우는 장면이 떠올랐고 부모님께 혼나고 내 방에 가서 몰래 우는 나의 경험이 떠올랐으며 엄마 목소리를 듣고 멈췄던 울음이 다시 난 생각이 들었다.

엄마-①-김동환(대전T초 6학년)

말하는이가 아빠에게 꾸지람을 듣고 울고 있는 모습이 떠오른다. 말하는이가 서럽게 울어서 불쌍해 보인다. 나와 경험이 비슷해서 마음 아픈 가슴을 알 것 같다.

엄마-①-김찬영(대전T초 6학년)

나도 혼났을 때의 그 심정을 잘 알기 때문에 이해가 더 잘 된다. 나도 아빠한테 혼났는데 엄마가 날 부르면 뭔가 울컥하는 게 속에서부터 터져 나오는 그 느낌이 생각난다.

엄마-①-김예원(서울S초 5학년)

학습자들은 자신의 경험 중에서 비슷한 경험들을 떠올리고 시적 화자의 감정도 비슷할 것이라고 예상하고 있다. 김예원은 혼이 나서 속상한 마음이 가득할 때 누군가 달래주면 서러워서 눈물이 더 쏟아지는 상황으로 이해하고 있다. 또한 할아버지가 자신을 애타게 찾아다녔던 경험을 떠올린 학생도 있었다.

우리 할아버지께서 내가 집을 비웠을 때 날 애타게 찾아다니던 일이 생각난다. 말하는 이의 외로움과 미안한 마음이 느껴진다. 아버지 어머니께서 울며 말하는이를 찾아다니는 모습이 생각난다.

엄마-①-이정민(서울S초 6학년)

서울S초등학교의 이정민은 어머니만 시적 화자를 찾으러 나온 것이 아니라 아버지도 함께 시적 화자를 찾아 헤매고 있는 것으로 판단하고 있다. 대부분의 학생들이 '엄마 목소리'라는 시에서 아버지는 엄한 존재로 이해하고 있는데 반해, 이정민은 아버지도 아이들을 걱정하고 있다고 생각하는 점에서 다른 학습자들의 반응과 변별된다.

내가 도시에 살았을 때, 매연이나 배기가스가 그렇게 하늘이 뒤덮인 것을 보았다. 그때 기분과 같은 것 같다.

산-①-고태연(공주J초 6학년)

고태연의 경우 「도시의 산」을 읽고 자신이 도시에 살았을 때 자주 보았던 장면을 회상하고 있다. 매연이나 배기가스로 뒤덮인 하늘과 시에 등장하는 '파아란 하늘도 병이 들어 누웠습니다.'를 비교하여 이해하고 있다. 또한 이하늘의 경우 자신의 경험을 가져오되 자신의 슬퍼하는 모습을 공감의 시선으로 바라보는 것이 아니라, 어린 애 같은 행동을 회상하는 어른의 시선으로 우습다고 표현하기도 했다.

엄마목소리라는 시는 내가 겪어 보았던 상황이라서 이해가 잘 되고, 뒤안길에서 몰래 우는 모습이 상상이 되어서 왠지 나의 모습과 닮아서 웃기기도 한 것 같다.

엄마-①-이하늘(대전T초 6학년)

이 밖에도 학습자가 자신이 직접 겪지 않은 간접 경험을 환기한 경우가 있었다. 자신이 울었던 경험이 아니라 어머니가 울고 있는 모습을 떠올린 학생이 있었다.

> 엄마가 아빠랑 싸우고 난 후 엄마가 우시는 게 생각났다.
>
> 엄마-①-오영민(서울S초 5학년)

매스컴에서 보도한 내용을 상기하는 학생들도 있었다. 아래 인용된 즉각적 해석체는 「도시의 산」을 읽으면서 작성한 이현준 학생의 프로토콜이다. 이현준은 텔레비전에서 본 프로그램을 떠올리고 있다. 도시의 산에서 산새, 산짐승들이 살 곳을 잃어버리는 상황이 북극곰이 살 곳을 잃어버리는 상황과 겹쳐져 타나나고 있다.

> 텔레비전에서 북극의 눈물을 본 기억이 생각났다. 북극도 자연이 파괴되어서 북극곰들이 점점 살 곳을 잃어가고 있다고 했다. 이제 지구가 점점 살 곳을 잃어가고 있나 보다. 북극곰이 어디로 갈지 몰라 앞발을 들었다 놨다 들었다 놨다 하는 광고도 있지. 내가 북극곰이라면 정말 슬플 것이다. 북극곰은 물고기 잡는 거밖에 못하는데 멀리 떠날 수도 없는데 어떻게 해야 하나. 사람들이 밉다. 파아란 하늘은 말하는 이의 마음인 것 같다. 그걸 내려다보려니 너무 마음이 아파서 멍이 들었나 보다.
>
> 산-①-이현준(공주J초 6학년)

이 밖에도 주요 특성으로 요목화되지 않는 내용들도 있었다. 다음은 해석체들은 시에 대한 전체적 평가나 시의 한 부분에 대한 자신의 인상을 적은 것이다.

아버지께 꾸지람을 들어서 슬퍼하는 마음이 잘 드러나 있다.

엄마-①-박주빈(대전T초 6학년)

아, 엄마 목소리라고 할 때 엄마가 나를 감싸 주고 위로를 해 주실 거 같고
'어머니'라는 단어가 생각난다.

엄마-①-이영범(대전T초 6학년)

나) 역동적 해석체

역동적 해석체는 한 기호의 즉각적 해석체를 어떤 특정한 방식으로
현실화한 결과라고 할 수 있다(강미정 2009: 270). 기호가 가지고 있는 의
미해석의 잠재성과 오류가능성은 즉각적 해석체에서 최종적 해석체로
진행하는 과정에서 발생하는 해석체인 역동적 해석체를 가능하게 한다.
역동적 해석체는 즉각적 해석체를 기반으로 최종적 해석체에 다가가는
교량 역할을 한다고 할 수 있다. 기호 자체가 가지는 코드에 영향과 해
석주체, 그를 둘러싼 사회 문화적 맥락 등이 토양이 되어 즉각적 해석체
를 다양한 모양의 역동적 해석체로 변주하게 된다.

교실 상황에서 학습자의 역동적 해석체에 영향을 미치는 요인은 형식
적인 요인과 비형식적인 요인으로 살펴볼 수 있다. 형식적인 요인은 교
사 요인과 동료 학습자의 요인, 학습과제가 주도적이다. 교사가 학습 목
표 도달이라는 목표를 가지고 전략적으로 접근하는 과제는 역동적 해석
체의 구현에 작용하게 된다. 이들은 학습자가 시를 읽고 해석하는 과정
에 밀도 있게 관여하고 교사의 의도적인 기획에 따라 그 행로가 결정된
다. 한편, 비형식적인 요인도 영향을 준다. 교실 안의 분위기, 사회 문화
적인 풍토 등은 교실 안에 모인 구성원들의 의식 속에 무의식적으로 잠
재하여 영향을 미친다.

이 절에서는 학습자들의 사고 구술 자료와 유의미한 역동적 해석체를 기본 자료로 삼아 역동적 해석체의 특성을 살펴보았다. 또한 즉각적 해석체에서 역동적 해석체에 영향을 준 요인을 밝히기 위하여 진행한 학습자들과의 인터뷰 자료들이 뒷받침되었다.

(가) 시적 화자나 시적 대상에 대한 정서 인지 변화

시적 화자나 대상에 대해 새로운 정서를 인지하거나, 공감에서 반감으로 혹은 반감에서 공감으로 정서가 변화한 유형들이 있었다. 첫째, 시적 화자나 시적 대상에 대한 새로운 정서를 인지하는 경우이다. 다음은 「공터」에 대한 김범진의 역동적 해석체이다. 김범진은 「공터」를 읽고 처음 쓴 반응지에서 "공터는 외롭지 않고 기쁠 것이다."라고 언급하면서 공터의 기쁜 마음을 인지하고 있음을 드러내었다. 수업의 후반부에는 아래와 같이 진술하고 있다.

> 할아버지는 공터의 구원자다. 공터는 고독을 즐길 줄 모른다.
>
> 공터-ⓐ-김범진(광명D초 5학년)

처음에는 외로운 공터에 대한 연민의 정서를 가지고 있었으나, 수업을 받으면서 이러한 생각이 들었다고 한다. 다음은 김범진과의 인터뷰 내용이다.

> 연구자: 선생님이 오늘 범진이가 쓴 내용을 보니까 처음에는 "공터는 이제 외롭지 않고 기쁠 것이다."라고 말했는데, 수업이 끝날 때쯤 적은 것을 보니까 "할아버지는 공터의 구원자다. 공터는 고독을 즐길 줄 모른다." 이렇게 적었더라. 그래서 가만히 살펴보니까, 처음에는 공터

의 기쁜 마음을 생각한 것 같은데, 다음에는 공터에 대해서 다른 생각을 한 것 같아. 어떻게 이런 생각을 하게 됐어?

김범진: 어, 공터는 아무리 생각해도 혼자 있는 걸 잘 못 하니까, 아무도 없으면 잘 도와주지도 못하고 그래서요.

연구자: 왜 그렇게 생각하게 됐는데?

김범진: 친구들 말을 들어보니까, 친구들이 다 그렇게 말한 거 같아요. 공터는 외롭다고.

연구자: 그렇구나. 그런데, 고독을 즐긴다는 게 어떤 뜻이야?

김범진: 고독을 즐기면 저 같은 경우는 마음이 편해지는데, 공터 같은 경우는 더 괴로워하고 더 불안해하는 것 같아요.

연구자: 음, 혼자 있어도 불안하거나 괴로워하지 않는 게 고독을 즐기는 거야?

김범진: 네.

연구자: 으응, 그런 생각이 들었구나. 그럼 넌 혼자 있어도 괜찮아? 외롭다고 느낄 때는 없었어?

김범진: 혼자 있을 때, (조금 센 어조로) 네, 저 괜찮아요.

연구자: 그럼 여럿이 있는 걸 싫어하는 거니?

김범진: 여럿이 있을 때는요, 시끄러우면서도 화나기도 하고 말이 안 통할 때도 있는데, 외롭지는 않은 것 같아요. 그런데, 혼자 있어야 할 수 있는 것들도 있잖아요. 그리고 혼자 있을 때 생각도 할 수 있고.

연구자: 혼자 있을 때 할 수 있는 거? 뭐가 있을까?

김범진: 음, 피규어 같은 거나 레고 같은 거 만들 수도 있고, 텔레비전을 볼 수도 있고, 책을 볼 수도 있잖아요.

연구자: 근데, 여기 공터는 그런 거 못 할 상황인 거 같아.

김범진: 그래도 혼자 앉아서 뭘 구경하는 것도 재미있잖아요.

김범진의 즉각적 해석체에는 공터의 기쁜 마음에 집중하고 있음이 드러난다. 그런데 역동적 해석체에서는 공터의 '기쁜 마음'과 함께 '고독을 즐길 줄 모르는 마음'을 함께 읽어 내고 있다. 김범진의 경우 '혼자 있어도 외롭지 않고 마음이 편안해지는 것'을 고독을 즐기는 것이라고 표현했다고 말했다. 그와의 인터뷰 내용을 통해 보면 김범진은 혼자서 무엇인가를 할 때 편안함과 즐거움을 느끼는 학생임을 알 수 있다. 또한 무엇인가를 가지고 노는 행동뿐만 아니라 무엇인가를 바라보거나 관찰하는 경우도 즐기고 있는 학생이다. 김범진의 경우 자신의 가치관이나 기호를 통해 시 텍스트를 다시 재해석하고 있음을 볼 수 있다. 또한 김범진이 이렇게 생각을 바꾸게 된 이유는 친구들이 반복적으로 공터는 외롭다고 언급했기 때문이라고 말하고 있다. 처음에 자신도 그런 생각을 하고 있었지만, 반복되는 의견을 들으면서 공터는 자신과는 다르다는 판단에 이른 것으로 보인다.

계속 읽고 난 후 엄마의 목소리가 더 애타게 들리는 것 같고 어머니란 단어가 생각난다.

엄마-@-나영범(대전T초 6학년)

오늘 아버지께 꾸지람을 듣고 뒤안길로 가면서 울었다. 엄마는 내가 없는 걸 알고 날 찾으면서 나의 이름을 크게 불렀다. 나는 더욱 울었다. 그리고 엄마는 어느 새 내곁으로 와 어깨를 토닥여 주셨다. 나는 더욱 울었다. 그리고 나는 엄마와 집으로 돌았가고 아버지께서는 미안하다고 하셨다. 엄마 덕분에 아버지께 사과를 받았다. 나는 그때 이후 어머니라고 부른다. 나는 아직 그날이 잊혀지지 않는다.

엄마-ⓘ-나영범(대전T초 6학년)

나영범은 역동적 해석체에 '어머니란 단어가 생각난다'라고 적고 있다. 그의 최종적 해석체에는 어머니라고 부르게 된 이유를 적고 있다. 아래 예시를 든 박서연의 경우도 이와 유사하다. 박서연은 대답을 할까 말까 망설이는 부분에 대한 새로운 해석을 하고 있다. 엄마에게 혼날 것 같은 두려움 때문에 대답을 하지 않고 있다고 생각했는데, 이제는 울음이 더 나올 것 같아서 망설이고 있다는 느낌이 들었다는 것이다. 그리고 최종적 해석체에서는 '자존심 때문에 그럴 수가 없었다'라고 언급하면서 대답을 할까 말까 하는 부분을 해석하고 있다.

대답을 할까 말까라는 말에 처음에는 그냥 엄마에게 혼날까 봐 그러는 줄 알았는데, 계속 읽어보니까 울음이 나서 망설이는 느낌이 들었다.

엄마-ⓐ-박서연(대전T초 6학년)

오늘은 아빠한테 꾸지람을 들었다. 내가 잘못하긴 했지만 왠지 더 서러워 뒤안길로 뛰쳐나갔다. 나갔는데 혼자 밖에 없어서 더 서러워 그만 울음이 터졌다. 우는데 아무도 위로해 주지 않아서 더 슬펐다. 내 마음을 아는 듯이 가까이 있는 풀숲에서 풀벌레들도 울고 있었다. 그런데 엄마가 조그맣게 내 이름을 불렀다. 날 찾는 듯싶었다. 마음 같아선 대답을 하고 엄마한테 달려가고 싶었지만 자존심 때문에 그럴 수가 없었다. 그런데 내가 잘못해서 이렇게 된 거라고 생각이 들었다. 아까 엄마가 불렀을 때 대답을 안 한 것이 후회된다.

엄마-ⓕ-박서연(대전T초 6학년)

박주경은 시적 화자가 부끄러워하고 있을 것이라고 추론하고 있다. 자신의 잘못으로 아버지께 꾸지람을 들은 것인데, 아버지를 미워하고 운다는 내가 부끄러운 마음이 들 것이라는 것이다. 이러한 해석은 이 시의 내용이 시적 화자의 마음을 '풀벌레 소리'에 비유하고 끝나고 있기 때문에, 그 이후의 정서적 변화까지 추론한 결과라고 판단된다.

　부끄러운 생각이 더 들었다. 자신의 잘못으로 인해 아버지께 꾸지람을 들은
것인데, 아버지를 미워하고 운다는 내가 부끄러운 마음일 것 같다.

엄마-ⓐ-박주경(서울S초 5학년)

　나는 정말 부끄럽다. 내가 잘못을 해서 아버지께서 날 꾸지람을 하신 건데 난
아버지의 미운 마음만 가지고 반성하지 않고 근데 오늘 엄마 목소리는 정말 마
음이 이상했다. 다음부턴 약속을 잘 지켜서 부모님께 꾸지람을 듣지 않게 노력
할 것이다.

엄마-ⓕ-박주경(서울S초 5학년)

둘째, 시적 화자나 대상과 공감하였다가 다시 거리두기를 하는 경우
도 있었다. 윤광현의 경우 처음 「공터」를 읽었을 때 '심심하면 울고 싶
을 때가 있다'라고 시적 화자의 편에서 감정 이입을 하고 있었다. 그러
나 역동적 해석체에서는 푸른 혓바닥에 대해 혐오스러움을 느끼고 있으
며, 역으로 몸에 음식이 달려 있다는 것이 끔찍하다고 반응하고 있다.

　공터의 마음을 알겠다. 왜냐하면 나도 심심해서 울고 싶을 때가 있기 때문에
알 것 같다.

공터-ⓘ-윤광현(광명D초 5학년)

　푸른 혓바닥이 풀 같은데 그래도 더럽다. 몸에 음식이 나는 거 너무 끔찍하다.

공터-ⓓ-윤광현(광명D초 5학년)

셋째, 거리두기를 했던 시적 대상과 공감하는 경우도 있었는데, 장예

지는 울음이라는 단어에 집중을 하지 않고 있었는데, 점차 지나면서 시적 화자가 실제로 울고 있다는 생각을 하게 되었다고 고백하고 있다. 이후 그가 작성한 최종적 해석체에서 시적 화자가 계속 눈물을 흘리고 있는 장면을 포착할 수 있다.

> 울음이라는 단어가 맨 처음에는 아무 생각도 안 들었는데, 점차 지나면서 말하는이가 실제로 울고 있는 생각이 들었다. 그리고 말하는 이의 마음을 쉽게 알 수 있었다.
>
> 엄마-ⓐ-장예지(대전T초 6학년)

> 오늘 아빠께서 집에 오셨는데 나를 혼내셨다. 그래서 울면서 뒷문으로 나갔다. 혼자서 꾸그리고 울고 있었는데, 엄마께서 나를 찾으시는지 내 이름을 부르셨다. 여기 있다고 말을 할까 말까 고민을 하는데 엄마의 목소리를 들으니 더욱 슬프고 눈물이 났다. 눈물이 계속 났다. 계속 그런데 가까운 풀숲 속에서 풀벌레들이 우는 소리를 들으니 왠지 나의 기분을 알려주는 것 같았다.
>
> 엄마-ⓕ-장예지(대전T초 6학년)

박주빈도 '풀벌레가 섧게 섧게 운다'는 표현을 새로운 시선으로 바라보고 있었다. 따라서 최종적 해석체에는 '풀 속에서 풀벌레들도 나처럼 울고 있어 위로가 되었다'라고 적고 있다.

> 처음에는 그렇게 행동이 잘 생각나지 않았는데, 선생님과 수업하고 친구들과 이야기를 나누고 난 뒤 읽으니 장면이 여러 가지가 생생하게 떠올랐다. 풀벌레들이 서러워서 울고 있다는 생각이 들었다.
>
> 엄마-ⓐ-박주빈(대전T초 6학년)

오늘을 아버지께 꾸지람을 들어서 속상하고 슬펐다. 난 뒤안길에 나가 서럽게 울었다. 그때 우리 엄마가 내 이름을 불렀다. 그때 눈물이 더 쏟아졌다. 말할까 말까 고민이 됐다. 풀속에서 풀벌레들도 나처럼 울고 있어서 위로가 되었다. 오늘은 좀 기분이 좋지 않은 날이다.

엄마-ⓘ-박주빈(대전T초 6학년)

(나) 타인의 의견에 대한 수용과 평가

역동적 해석체에서는 타인에 대한 의견 수용과 그에 대한 평가를 보여주는 내용들이 있었다. 안희수는 친구들과 이야기하는 과정에서 시에 대한 다양한 생각을 하게 되었다고 말하고 있다. 이수민의 경우도 '푸른 혓바닥'이 무엇을 뜻하는지 몰랐는데, 새싹이라는 걸 알게 되었다고 밝혔다. 김예원은 시의 장면이 더 자세하게 떠오르게 되었다고 말하고 있다. 학습자들 동료들로부터 자신의 생각이나 느낌을 풍부하게 하는데 도움을 받기도 하고, 시에 대한 해석을 새롭게 하기도 하며, 시적 상황을 구체적으로 구성하기도 한다는 것을 알 수 있다.

처음에는 한 가지 생각밖에 안 들었는데, 친구들이랑 같이 이야기를 나눈 후에는 '이런 생각도 있구나'라는 생각이 들어서 공터에 대한 더 여러 가지 생각, 느낌이 났다.

공터-ⓐ-안희수(광명D초 5학년)

푸른 혓바닥이 무엇을 가리키는지 잘 몰랐는데 친구들과 이야기하면서 새싹이라는 걸 알았다.

공터-ⓐ-이수민(광명D초 5학년)

처음에는 무슨 얘기인지만 알 수 있었는데, 친구들의 이야기를 듣고 이제는 장면과 연관된 자세한 상황이 생각난다.

엄마-@-김예원(서울S초 5학년)

위의 내용에서 알 수 있듯이 학습자는 역동적 해석체에서, 즉각적 해석체에서 인지하지 못했던 자신의 감정을 친구들과의 대화를 통해 깨닫고 조절하여 적절하게 전환하는 능력을 보여주고 있다. 이는 시 텍스트와 타인의 정서적 반응을 바탕으로 내적 정서가 조절되고 있음을 보여준다. 학습자 자신이 감정을 조절하여 적절하게 전환하는 능력을 보여주고 있다. 시 텍스트와 타인의 정서적 반응을 바탕으로 내적 정서가 조절되고 있음을 보여준다.

다) 최종적 해석체

일부 최종적 해석체와 관련된 특성들이 역동적 해석체에서 밝혀졌다. 이 부분에서는 최종적 해석체만의 특성을 기술하고자 한다. 최종적 해석체에서 주목할 특징은 주로 시 텍스트의 정서를 구체화하거나 세분화하여 하나의 정서에서 다양한 정서로 분기점을 만들어내는 반응이었다. 학습자는 최종적 해석체에서 시적 상황을 발전적으로 해석하고 시적 화자의 정서를 다양한 시선으로 해석하였다.

(가) 시적 화자나 대상의 행동에 대한 정서적 재해석

시 텍스트의 정서를 구체화하거나 미분화하여 하나의 정서에서 다양한 정서로 분기점을 만들어내는 반응들이 있었다. 「엄마 목소리」에서 최민우를 비롯한 다수의 학생들이 벌레들의 울음소리에 대해 주목하고 시적 화자의 감정이 이입된 시적 대상으로 파악하고 있었다.

> 나는 오늘 아버지께 꾸중을 들었다. 그래서 난 뒤안길에 나와서 몰래 울었다.
> 그때 어둠 속에서 엄마가 날 부르는 소릴 들었다. 나는 대답을 할까 말까 고민
> 을 했었다. 그때 벌레들도 내 마음을 알았는지 벌레들이 섧게 섧게 같이 울어
> 주었다. 그래서 난 이제부터 아버지께 잘해야겠다는 생각이 들었다.
>
> 엄마-①-최민우(대전T초 6학년)

> 오늘 저녁에 난 아빠에게 꾸지람을 들었다. 난 너무 짜증나서 뒤안길에 나와
> 서 몰래 울었다. 그때 어둠 속에서 엄마 목소리가 들렸다. 대답을 할까 말까 했
> 지만 부끄럽고 울음이 계속났다. 나를 위로해 주는 건 가까운 풀숲에서 섧게 섧
> 게 우는 풀벌레들뿐.
>
> 엄마-①-남진우(서울S초 5학년)

「거울」에 대한 최종적 텍스트에서도 시적 화자의 정서적 상황을 구체
화하고 있다. 임대형은 타인의 정서적 반응을 평가하고 자신이 입장에
서 시적 화자의 정서를 정리하고 있다.

> 친구들은 말하는이가 거울을 보며 자신의 속상함을 위안한다고 하였지만 나
> 는 친구들과는 달리 말하는이가 거울을 보며 자기 자신에 대해 반성하고 있다
> 고 생각했다.
>
> 거울-ⓐ-임대형(공주J초 6학년)

> 오늘 내가 거울을 보며 한번 나의 모습을 보았는데, 나는 키도 작고 주근깨가
> 많은 아이더라고. 그러다가 나의 좋은 점을 생각해 보니 딱히 내가 공부도 잘
> 하는 편도 아니라. 그래서 조금 속상했는데, 이것을 보고 아~ 나 같은 사람도

있구나 하고 생각하니 정말로 다행스럽고 위안이 되더라고, 이제 나는 내 자신에 대해 좀더 반성하고 고쳐나가기로 했어. 거울을 통해 내 자신을 알게 되는 계기가 되어서 좋았던 것 같아.

거울-ⓓ-이재영(공주J초 6학년)

(나) 시적 상황에 대한 정서적 원인 구성

시적 상황에 대한 원인을 구성하여 시적 화자의 정서를 이해하려는 시도를 하는 사례가 있었다. 임준오는 아버지께 혼이 난 이유를 적었고, 이승연은 학교에서 친구들과 싸운 후에 집에 돌아왔을 때의 느낌과 시적 상황이 유사하다고 느끼고 있었다.

오늘 학교가 끝나고 우리 집에서 친구들과 놀다가 아버지께서 가장 아끼시는 꽃병을 깨뜨려서 꾸중을 들었다. 오늘은 너무 우울했다.

엄마-ⓕ-임준오(대전T초 6학년)

오늘 학교에서 친구들과 싸웠다. 나는 기분이 정말 속상하고 외로웠다. 왜냐하면 아무도 내 편을 들어주지 않았기 때문이다. 하지만 집에 돌아온 뒤 나는 거울을 보았다. 그때 나는 문득 나와 같은 친구가 한 명 더 있다는 마음에 내 마음이 한결 나아지는 것 같았다.

거울-ⓕ-이승연(공주J초 6학년)

(다) 시적 상황에 대한 정서적 결말 구성

시적 상황의 결말을 첨가한 반응들이다. 박현민은 시적 화자가 엄마를 부르며 달려가는 모습을 상상하였고, 정은솔은 어머니와 아버지가 자신을 찾아와 주기를 내심 바라고 있었을 것이라고 판단하고 있다.

　오늘 아버지께 꾸지람을 듣고 뒤안길로 뛰쳐나가서 너무 서러워가지고 혼자 앉아서 엄청 울었다. 계속 울고 있었는데 어디선가 엄마 목소리가 들렸다. 근데 갑자기 나는 더 눈물이 났고 엄마한테 여기 있다는 신호를 줄까 말까 줄까 말까 계속 고민이 됐다. 그래서 나는 결국 어머니를 부르며 어머니께 뛰어갔다.

엄마-ⓕ-박현민(대전T초 6학년)

　나는 오늘 아버지께 혼났다. 혼자 너무 우울하여 뒤안길에 나와서 울었다. 그때 어머니께서 위로해 주시려 나오셨다. 나는 부끄럽고 서러워 말을 못 했다. 너무 서러운 날이다. 나는 어머니께 아버지께 죄송하다. 어머니가 날 불러 주셨을 때 한편으론 날 찾아서 위로해 주셨으면 했다. 오늘은 머릿속이 복잡한 날이다.

엄마-ⓕ-정은솔(서울S초 5학년)

　해석체의 특성[14]들을 2장에서 살펴본 시적 감성의 체현적 차원과 담화적 차원을 기준으로 분류하면 [표 23]과 같다.

---

14 학습자들의 해석체 중에는 상투적인 반응(stock response)도 다수 발견되었다. 시를 읽고 문학적인 현실로 받아들이기보다는 실제 현실로 판단하여 실제 사실과 일직선적인 대응 현상으로 파악하여 사실/비사실의 문제로 판단하는 경우가 있었다. 또한 시의 내용을 교훈적으로만 받아들이려고 하는 학생들의 태도도 다수 확인할 수 있었다. 이것은 학생들의 문학작품 감상 방법의 오류를 드러내 준다고 할 수 있다.

〔표 23〕 내적 소통 상황에서 시적 감성의 특성

시적 감성의 차원 / 해석체의 종류		즉각적 해석체	역동적 해석체	최종적 해석체
체현적 차원	시적 정서의 인식	· 이미지의 환기 · 시적 화자나 대상에 대한 정서 인지 및 추론	· 시적 화자나 대상에 대한 새로운 정서 인지 · 시 텍스트 내의 새로운 맥락 발견	· 공감의 구체화 및 분화(시적 화자나 대상과의 공감내용 구체화 및 정서의 세분화) · 텍스트 내 사건의 구체화(시적 화자나 대상의 행동의 정서적 재해석)
	시적 정서의 성취	· 시적 화자나 대상에 대한 정서 동감 및 동감		
	시적 정서의 평가	· 시적 화자나 대상과과 소격화 · 내포 작가의 정서 인지 및 추론	· 공감했던 시적 화자나 등장인물과의 거리두기 · 거리 두었던 시적 화자나 대상과 공감하기	
	시적 정서의 활용	· 학습자의 정서적 경험 환기와 투사		· 학습자의 정서적 경험 환기와 투사
	시적 정서의 조절			
담화적 차원	시적 정서의 소통	· 시적 화자의 입장에서 정서 표현	· 동료나 교사의 의견에 대한 수용 혹은 거부	· 동료나 교사의 의견에 대한 수용 혹은 거부
	시적 정서의 표현			· 시적 정서의 재표현
	시적 정서의 승화		· 동료나 교사의 의견에 대한 수용	· 즉각적 해석체보다 발전된 해석체 구성

(2) 대화적 차원에서 시적 감성의 작용

2장에서 설명한 바와 같이 교실 안에서 교사와 학생의 대화는 담론적 성격과 대화적 성격을 가진다. 이 절에서는 학습자들의 시적 감성을 소통하는 과정을 관찰하고 시적 감성의 소통 과정을 살펴보기 위하여 본 연구에서 진행한 소집단 활동 자료를 주로 활용하였다. 학습자들의 소통 과정을 관찰한 결과 시적 감성의 교류[15] 형태에 따라 크게 상보적 교

류, 교차적 교류, 상승적 교류의 세 가지의 유형이 발견되었다. 학습자
들이 시 텍스트를 소통하는 과정이 어느 한 가지 유형만으로 이루어지
지는 않았으며, 세 유형의 소통이 번갈아 나타나거나 교차하기도 하는
양상을 보였다. 특히 학습자 사이의 교차적 교류가 일어났을 때, 그 교
차적인 갈등 상황을 어떻게 해결하느냐에 따라 교차적인 상태로 머물기
도 하고 상승적 교류 상황으로 변모하기도 하였다. 여기서는 소통 유형
이 두드러지게 드러난 경우를 중심으로 학습자의 시적 감성 양상과 기
제를 살펴보고자 한다.

가) 상보적 교류를 통한 소통

상보적 교류는 가장 원활하게 진행되는 소집단 대화의 유형이다. 학
습자 간에 오고 가는 메시지가 예상된 상태에서 예상된 반응으로 돌아
오는 유형이라고 할 수 있다. 소통에 참여한 학습자들이 기대했던 바대
로 원만한 소통을 자연스럽게 이어갈 수 있는 소통 유형이다. 이를 그림
을 나타내면 〔그림 5〕와 같다. ①과 ②의 대화가 서로 유사한 시적 정서
를 파악하고 있는 경우에 해당한다.

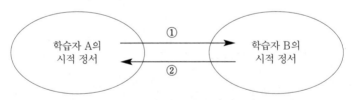

〔그림 5〕 상보적 교류를 통한 소통

---

15 여기서 교류는 'transaction'을 의미한다. 흔히 문학 교육의 장에서 'transaction'을 '거래적'
이라고 번역하나 '교류'라는 표현이 더 적절할 것으로 보인다. 로젠블랫의 'transactional
theory'을 '거래 이론' 혹은 '상호교통 이론'이라고 한다. 그러나 여기서는 시 텍스트를 소통
하는 과정은 학습자 각자가 형성한 자아와 삶의 태도 및 가치관이 반영되며, 시적 정서가 서로
소통된다는 의미에서 '교류'로 본다.

상보적 소통은 소집단 활동에서 가장 빈번하게 관찰된 소통 장면이다. 다음은 공주J초등학교의 소집단 활동 장면이다.

#「도시의 산」에서 인상 깊은 대상에 대한 논의

연구자: 이 시에서 산, 산짐승, 아파트, 하늘, 포크레인, 산새 이런 것들이 나왔잖아. 이중에서 어떤 것에 가장 마음이 닿았어? 누가 말해볼까? 우리 은영이가 말해볼까?

서은영: 산짐승들의 놀이터인 산이 파괴되니까 산짐승들이 갈 데가 없어가 지구, 죽을 것 같다는 생각이 들어서 불쌍했어요.

연구자: 산짐승들이 너무 불쌍하다는 생각이 들었어?

서은영: 네.

황준성: 저도 산이 불쌍했어요.

연구자: 왜?

황준성: 계발을 하니까 산이 초록빛 피를 뚜욱뚝 흘리며 울고 있는 것 같아요.

위의 대화에서 서은영과 황준성은 도시의 산에 등장하는 시적 대상들을 불쌍한 시선을 바라보고 있다. 이들의 대화뿐만 아니라 유사한 시적 정서를 파악하고 대화하는 경우가 많았는데, 대부분 시적인 상황에 대한 깊은 이해나 숙고 없이 겉으로 드러난 의미에 집중한 경우가 많았다.

나) 교차적 교류를 통한 소통

교차적 교류는 자신의 의사와는 전혀 다른 방향으로 서로의 의사가 교류하는 형태이다. 서로 전혀 엉뚱한 반응을 듣는 의외적인 교류라고 할 수 있다. 자신의 의견을 말했을 때, 상대로부터 기대하고 있는 반응을 얻지 못하는 경우라고 할 수 있다. 자신의 의사에 반대의 입장을 표하고 그에 대한 이유나 근거를 댄다면, 그것을 교차적 소통이라고 할 수 없다. 그러나 교차적 소통은 서로의 의견이 불일치됨을 알면서도 서로 받아들이지 않는 상황을 말한다. 교차적 소통을 간략화하여 표현하면 〔그림 6〕과 같다. 〔그림 6〕에서는 ①과 ②의 대화가 서로 다른 대상을 향하고 있는 것을 볼 수 있다. 두 개의 대화 모두 자신이 예상한 기대 정서가 있으나 상대방을 그것을 충족시켜 주시 못하는 경우이다.

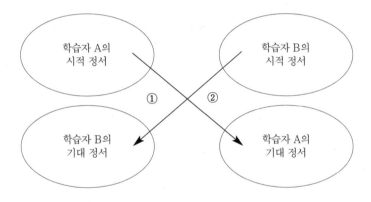

〔그림 6〕 교차적 교류를 통한 소통

이러한 경우는 「만돌이」에 대한 소집단 활동의 장면을 통해 설명하고자 한다. 대전T초등학교의 경우 중학교 반편성 배치고사를 마친 지 얼마 되지 않은 상황에서 아이들을 만났다. 그래서 시험과 관련된 이 시가 참여자들의 마음을 끌어당긴 것으로 보인다. 다음은 자신이 상상한 시적 상황에 대해 이야기하는 장면이다.

#「만돌이」에서 시적 상황 상상하고 친구들에게 설명하기

연구자: 그럼 상원이가 말해 볼까?

전상원: 선생님이 만돌이 지금 뭐 하나 생각중인데요.

연구자: 어, 선생님이 생각하고 계시는 거야?

전상원: 예, 시에서처럼 만돌이는 학교에서 돌아오자마자 전봇대에 돌 던지고, 하고 있어요. 그런데, 이튿날에 선생님이 만돌이 시험지를 보고 만돌이가 이랬을 것이다라고 생각하고 있는 거에요.

이규민: 선생님이 상상하고 있다고?

전상원: 그러니까, 만돌이가 시험을 엄청 못 본 거지. 그러니까 애가 어젠 놀기만 했구나 하는 생각을 하고 있다는 거지.

이규민: 그럼 그 옆에 있는 아이들은 누구야?

전상원: 누구? 만돌이 친구들이지. 친구들도 노는 걸 좋아하는 애들.

연구자: 선생님은 어떤 마음이실 것 같은데?

전상원: 한심하게 생각하시겠죠.

육심천: 아니, 한심하게 생각하는 거 아닌 것 같은데? 귀엽게 생각하는 것 같은데?【타인의 시적 정서에 대한 부정적 평가】

전상원: 왜?

육심천: 음. 걱정하는 게 아니라 그런 행동이 귀엽다고 느끼는 것 같아.【타인의 시적 정서에 대한 거부】

전상원: 어른이면 걱정되겠지?【타인의 정서 예상】

연구자: 그럼 너희들은 만돌이 마음이 어떨 것 같아?

육심천: 그냥 아무 생각이 없는 것 같아요. 놀고 싶은 마음만 있지.

전상원: 맘 속으로 걱정하고 있을 거야.

육심천: 걱정하면서 어떻게 놀러 갈 수 있어?【타인의 시적 정서에 거리두기】

전상원: 아니지, 걱정이 없는데, 전봇대에 돌은 왜 던지냐?

위의 대화 장면에서 전상원과 육심천의 대화는 계속 빗나가고 있다. 전상원은 만돌이의 말하는이는 선생님의 입장에서 만돌이를 걱정하고 있다고 말하고 있고 그것을 들은 육심천은 그렇지 않다고 하고 있다. 육심천은 선생님일 수도 있지만 그것을 한심하게 생각하지는 않는 것 같다고 말하고 있다. 두 사람의 대화는 만돌이의 마음을 각자가 어떻게 파악하고 있는지를 드러낸다고 하겠다. 전상원은 시험을 걱정하는 마음이 있다고 하고, 육심천은 걱정하지 않고 있으니까 그런 행동을 하고 있다고 말하고 있다.[16]

교차적 소통에서는 타인이 파악한 시적 정서에 대한 부정적 평가를 하거나 거리를 두는 특성을 보였으며, 타인의 시적 정서를 거부함으로써 자신이 구성한 시적 정서를 더욱 강화해 가는 양상을 보였다. 또한 시적 화자의 입장에서 정서를 기술하거나 자신의 경험을 투사하는 양상도 함께 나타났다.

'전상원'의 SRI 활동자료   '육심천'의 SRI 활동자료

〔그림 7〕 '전상원'과 '육심천'의 SRI 활동자료

---

16 이러한 교차적 소통은 교류적 소통이나 상승적 소통으로 옮겨가는 경우도 있었지만, 그렇지 않은 경우도 있었다.

다) 상승적 교류를 통한 소통

상승적 교류는 의견이 불일치되었을 때, 그 의견에 대한 차이가 어디에서 오는지 생각하고 새로운 국면으로 만들어 내는 소통이라고 할 수 있다. 상승적 교류는 상보적 교류와 비슷하나 그 구분은 명확하다. 그런데, 상보적 교류가 시적 정서에 대한 암묵적인 합의가 있는 상황에서 서로 소통하는 경우라면, 상승적 교류는 시적 정서에 대한 극명한 차이를 보임에도 불구하고, 차이의 원인을 밝혀서 복합적인 정서를 구성해 내는 경우이기 때문이다. [그림 8]은 상승적 교류 관계를 나타낸다. 학습자들의 대화가 처음에는 ①과 ②의 상황에 머물렀다가 새로운 국면을 발견하고 ③과 같은 대화 상황을 구성하는 경우이다.

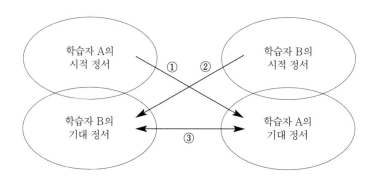

[그림 8] 상승적 교류를 통한 소통

이렇게 상승적인 교류가 이루어지는 경우 소집단 활동을 끝낸 학습자들의 반응은 '다른 친구들과 비슷한 생각을 해서 좋았다', '기분이 좋다', '재미있었다' 등의 반응을 보였다.

(가) 공주J초등학교의 사례

공주J초등학교 학생들은 「도시의 산」을 함께 읽고 시적 화자의 마음을 알아보는 활동을 하였다. 「도시의 산」의 경우 시각적 이미지가 강한 시이다. '누런 속살', '초록빛 피', '파아란 하늘', '풀꽃으로 수놓은' 등 색깔이 연상되는 시어들이 등장한다. 그 때문인지 소집단 활동 참여자들이 색깔을 사용해서 그림을 그리고 싶어했다.

다음은 공주J초등학교에서 이루어진 소집단 활동의 내용 중 일부이다. 아래 제시한 장면은 김재한(상 수준)과 고태연(중 수준)의 대화 장면을 전체 소집단 활동에서 부분적으로 발췌한 것이다.

#「도시의 산」에서 시적 상황 상상하고 친구들에게 설명하기

김재한: (자신이 그린 그림을 보여주면서) 평화롭던 자연에 인간이 욕심이라는 무기를 앞세워서,

참여자들: (몇 명이 킥킥거리면서 웃다가 김재한이 별 반응을 보이지 않고 말을 이어가자 김재한의 말에 다시 집중함)

김재한: 얘를 점점 (깎여진 산을 가리키며) 침식시켜 가는 것을 그렸어요. 이렇게 먼저 침식된 곳은 이미 다 개발이 끝났고 점점 검정색으로 물들어가고 있는 모습이에요.

연구자: 음.

김재한: 그리고 이 산은 점점 깎아서 민둥산이 되어 버려서, 나무도 이제 밑에 다 깎아서 없어졌구, 새들도 울면서 떠나고 있구, 그리구 이제 그 뒤에 있는 자연은 더 겁을 먹어서 놀라고 있어요. 【시적 대상에 대한 정서 서술】

연구자: 그래, 정말 깜짝 놀라고 있는 것 같아. 궁금한 거 있으면 서로 물어

보자.

김민중: 어째서 포크레인 (손가락으로 괴물처럼 그린 포크레인의 로더 부분을 가리키며) 이 잡는 부분이 괴물처럼 보이냐?

김재한: 일부러 그렇게 표현했어. 공룡이니까

이현준: 공룡이 물어 뜯었다고 해서?

김재한: 응. 한 입을 그냥 콱 물은 것처럼.

고태연: 먹은 자국이 샌드위치처럼 보인다 이거.

참여자들: (모두 웃음)

고태연: 하늘은 어때? 그럼 거기도 표정을 그릴 수 있잖아.【시적 정서 기술】

김재한: 하늘? 점점 검게 변하고 있다니까.

연구자: 그럼 태현이는 어떻게 그렸어?

고태연: 파아란 하늘이 병이 들어 누웠다는 것을 잘 나타내기 위해서 파아란 하늘에 표정을 집어 넣어서 하늘이 병들었다는 걸 강조했고(／) 산도 점점 깎여서 변해가고 있는 모습을 그렸습니다.【대상에 대한 정서 동감】

이현준: 하늘이 진짜 우는 것 같다.

김재한: (고태연의 그림을 보고 미소지으면서) 하늘도 사람처럼 느끼고 있는 거야.【타인 파악한 정서에 대한 긍정적 평가】

'김재한'의 SRI 활동자료   '고태연'의 SRI 활동자료

〔그림 9〕'김재한', '고태연'의 SRI 활동자료

위의 장면은 자신이 그린 그림을 보고 서로 이야기를 나누고 있는 모습이다. 김재한이 자신의 그림을 보고 시적 상황을 설명하고 있을 때, 고태연은 포크레인의 모양이나 산이 물어뜯긴 모습에 관심을 보인다. 또한 산에는 표정이 있는데, 하늘에는 표정이 없는 것에 대해 질문한다. 고태연은 하늘에 집중하여 표현하였기 때문이었을 것으로 판단된다. 이에 대해 김재한도 고태연의 생각을 받아들이고 있다고 판단된다. 아래 부분은 자신들이 주목한 장면에 대한 느낌을 이야기는 부분이다.

 # 「도시의 산」에서 자신이 주목한 부분에 대한 느낌 말하기

고태연: 음, 음 (약간 더듬음) 저는 도시라는 게 뭔가 사람들이 편하려고 이렇게 산을 깎는다는 게 나쁜 것 같아요. 【시적 화자의 입장에서 시적 정서 기술】

연구자: 사람들이 나쁜 것 같았어? 그렇구나. 그럼 새나 산짐승은 어떤 마음일까?

고태연: 불쌍하고 (웃으면서) 많이 쓸쓸해요.

김재한: 근데, 사람들에 대한 말은 없어. 어짜피 우리도 인간이잖아요. 이미 이 계발된 환경에서 살고 있고 저 혼자로는 어쩔 수 (잠시 쉬었다가). 힘을 합치면 어떻게 되겠지만, 혼자만으로는 어쩔 수 없는 게. 저도, 저도 제가 동정. 음, 이미 그 환경에서 살고 있다는 것부터 동정을 할 수 없다는 거잖아요. 내가 인간이라는 사실을 부정할 수 없고, 그래서 저는 이 상황은 그냥 자연한테 미안하고, 인간의 상황이 처참하게 되겠구나 하는 생각까지 들어요. 【자신의 간접 경험 투사】

고태연: 음······.

고태연은 「도시의 산」을 읽고 단순하게 자연을 파괴하는 사람들이 나쁘다는 판단을 하고 있다. 그런데 김재한의 경우 이미 우리도 사람이기 때문에 사람들이 나쁘다고 하는 것은 이 시적 상황에서는 어색하게 들린다고 말한다. 김재한은 환경을 파괴하는 사람들에 대한 미움보다는 자신이 지켜 줄 수 없음에 대한 안타까움을 말하고 있다. 아래 부분은 말하는 이의 마음에 대해 이야기하는 장면이다.

#「도시의 산」에서 말하는이의 마음 알아보기

김재한: (그림에 붙인 별스티커를 가리키면서) 말하는이는 개발되지 않은 산에서 아래를 내려다보고 있어요.

연구자: 어떤 걸 보고 있는데?

김재한: 말하는이는 산이나 산짐승들하고 조화롭게 살고 싶은데, 파괴되고 있는 모습을 보고 있는 거에요.【시적 화자의 입장에서 정서 기술】

황준성: 그럼 그 뒤에 아직 파괴되지 않은 산에서 바라보고 있는 거야?

김재한: 응. 자기도 자연을 사랑하는데 지켜줄 힘이 없어서 더 미안해하는 거야.

연구자: 태연이는 말하는이의 마음이 어떤 것 같아?

고태연: 아까 재현이가 말한 것처럼, 이 작가도 사람이기 때문에 도시에 살면서도 자연을 불쌍히 여기는 것 같아요. 그러니까 자기는 파괴하는 사람이 아니라서 파괴하는 사람들을 미워하기보다는 자기도 그렇게 하는 사람 중의 하나니까.【타인이 파악한 정서에 대한 긍정적 평가】

이현준: 그러니까 안타까워하는 거야.【시적 정서의 구체화】

고태연은 자신이 주목한 부분에 대해서 느낌을 말할 때「도시의 산」텍스트를 자연을 파괴하는 사람들에 대한 미움을 말하고 있다고 판단하고 있었다. 그러나 김재한의 말을 듣고 자신의 생각을 수정한 것을 볼 수 있다. 시적 상황을 상상하고 친구들에게 이야기할 때 고태연은 자신이 하늘의 표정을 표시한 것을 말하였다. 그때 김재한도 고태연의 생각을 받아들이는 미소를 지었다. 또한 이현준은 자연을 보호하려면 다같이 힘을 모아야 한다고 말하고 싶은 것 같다고 말하고 있다. 고태연과 김재한, 이현준을 중심으로 한 시 텍스트 소통 과정은 상보적으로 이루어지고 있다. 이들은 서로의 느낌을 이야기하면서 자연 파괴에 대해 시적 화자의 마음을 구체화하고 있다.

이러한 소통의 과정에서는 학습자들은 타인이 파악한 시적 정서를 긍정적으로 평가하고 받아들이고 있었으며, 자신의 간접적인 경험과 관련하여 설명하기도 하였다. 또한 다른 사람이 제시한 정서에 대해서 자신의 정서와 자신의 정서를 비교하면서 시적 화자나 시 속의 등장인물들에 대한 정서에 동감하기도 하고 거리를 두기도 하였다. 학습자들의 대화를 통해 자신들의 생각을 모아 시적 화자가 느꼈을 마음 상태를 구체화하여 인식하고 있었다.

(나) 서울S초등학교의 사례

상승적 교류를 통한 소통은 서울S초등학교에서 진행된 「설레는 나무」 관련 소집단 활동 장면에서도 포착할 수 있었다.

#「설레는 나무」에서 시적 상황 상상하고 친구들에게 설명하기

김예원: 저는 여름처럼 보이기는 하는데요, 그냥 여름이다기보다, 어른들이 말하는 선선하다고 하는 날씨가 있어요. 어, 그리고 시골이라는 생각이 들었어요.
정은솔: 이 선 같은 건 뭐야?

김예원: 이건 바람이 달다, 햇살이 달다 했으니까, 그걸 나타낸 거야?

정은솔: (그림을 보고 웃으며) 으응.

양효권: (손을 들고), 야, 나, 나, 나. 왜 뛰고 싶은데 웃고 있어?

김예원: 날씨가 좋으니까. 달달한 햇살이랑 바람이랑 맛보니까 좋아서.

허진주: 야, 너도 츄파춥스 같은 거 먹는다고 하면, 기분 좋지.【경험 투사】

양효권: 근데, 나무니까 뛸 수 없어서 슬픈 거 아니야?

이지호: 슬프다구?

허진주: 슬픈 것 같지는 않아. 여기 봐봐. '햇살이 달다 바람이 달다 가슴이
       둥둥 뛴다. 깡충 뛰어오르고 싶다.' 이렇게 말하고 있잖아. 이게 나
       무의 마음이지.【시적 정서 확인】

연구자: 그럼 효권이는 왜 슬프다고 생각했어? 효권이 어떻게 그렸는지 보여
       줄래?

양효권: (자신이 그린 그림을 보여주며) 저는 이거거는요. 엄청 무섭긴 하지
       만,

참여자들: (웅성거림. 웃음)

양효권: (자신이 그림 그림의 나무를 가리키며) 이 나무가 날씨 좋은 날, 뛰
       노는 아이들 보고 부러워서 울고 있는 거에요. 아, 그리고 이거는 요
       (나무 아래 부분을 가리키며)

참여자들: (웃음)

이지호: 무다리(↗)

참여자들: (모두 웃음)

양효권: 아니 그게 아니구, 뛰고 싶다는 마음을 나타낸 거야.

김예원: 근데 좋은 날 왜 울어?【타인의 정서 확인】

위의 논의에서 김예원은 나무의 마음이 즐겁다고 말하고 있고 양효권
은 나무의 마음이 슬프다고 말하고 있다. 김예원은 달콤한 사탕을 맛보

앉을 때 기분이 좋아지는 것처럼 지금 나무도 즐거워하고 있다고 말한다. 반면, 양효권은 나무가 자신이 아이들처럼 뛸 수 없다는 것을 생각하고 슬퍼하고 있을 것이라고 추론하였다. 대화의 내용은 나무의 마음이 어떠한지에 대한 논의로 이어졌다.

'김예원'의 SRI 활동자료   '양효권'의 SRI 활동자료

〔그림 10〕 '김예원' 과 '양효권' 의 SRI 활동자료

연구자: 시에서도 나무가 슬픈 부분이 있어?

양효권: 여기 보세요. (종이의 시에 쓰여진 2연을 가리키며, 빨리 읽는 듯이) '나무라면 그래선 안 된다. 사람들이 보면 깜짝 놀랄 게다. 나무가 폴짝 뛰다니.' 이렇게 써 있잖아요. 자기가 뛸 수 없으니까 슬퍼하는 거 아니에요?

이지호: 슬픈 마음 같기도 하다. 여기 보면 (종이의 시에 쓰인 3연을 가리키며) '가슴 뛰는 소리가 밖에까지 들릴 것이 걱정이다'라고 했잖아.

허진주: 근데, 마지막 연에 보면 설렁설렁 설레는 연둣빛 마음이라고 했는데 (↗). 그럼 이건 누구 마음이야?

김예원: 맞아. 나무 마음 아니야? 그럼 신나는 거지. 음…… 아닌가?【새로운 시적 정서 추가】

허진주: 신나기만 한 건 아닌 것 같다. 근데.

박주경: 그래, 즐겁고 신나는게 아니라, 그래 뭔가 다른 게 있어.

연구자: 효권아, 슬픈 마음은 이제 아닌 것 같니?

양효권: 슬프다기보다 뭔가 다른 게 있는 거 같아요.

이지호: 그러니까, 여기 '두근두근 가슴 뛰는 소리가 밖에까지 들릴까 걱정
이다'라고 했으니까, 걱정하는 거 아니야?【새로운 시적 정서 추가】

양효권: 걱정하는 거(↗).

정은솔: 걱정하는 거보다는 뭔가 숨기고 싶은 거 아니야? 자기가 너무 들떠
있는 걸 숨기고 싶은 거.

김예원: 음, 그런 거 같기도. 여기 (종이의 시에 쓰인 2연을 가리키며) '나무
라면 그래선 안 된다. 사람들이 보면 깜짝 놀랄 게다.'가 내가 뛸 수
없어서 슬퍼하는 게 아니라 다른 사람한테 들킬까 봐 조심하는 거
같은데(↗).

이지호: 맞어. 나 지난번에 엄마가 토요일 날 오전에 게임할 수 있게 해 준다
고 했거든. 근데 진짜 너무 좋은 거야. 근데, 너무 좋아하는 거 들키
면 엄마가 다시 안 시켜 줄 것 같아서⋯⋯.【직접적 경험의 투사】

참여자들: (모두 웃음)

양효권: 나두 나두 나두. 나두. 생일날 엄마가 자전거 사준다고 했는데, 생일
날까지 진짜 기다려졌거든. 너무 좋아하면 동생이 너무 부러워할 것
같아서 좀 참았어.【직접적 경험의 투사】

김예원: 막 좋다고 표시 내는 건 설레는 거 하고 다른 거 같아.

위 예시 자료는 나무의 마음에 대해 참여자들이 고민하고 새로운 시
적 정서를 발견해 내는 과정을 보여준다. 처음에 나무가 즐거워하고 있
다고 말한 김예원도 참여자들과 이야기하는 과정에서 즐거워만 하는 것
은 아닌 것 같다고 생각하게 되었다. 양효권도 나무가 슬퍼할 것이라고

생각했는데, 시 내용을 살펴보았을 때 그것만은 아닌 것 같다는 평가를 내리고 있다. 이때, 이지호는 '걱정한다'라는 표현에 주목하고 걱정하는 마음일 것이라고 말한다. 그런데, 정은솔은 걱정하는 것이 아니라 무엇인가 숨기고 싶은 것이라고 말한다. 김예원은 나무는 들떠 있는 마음을 감추고 싶은 것이라고 말한다.

　참여자들이 나무의 마음에 대하여 '슬프다', '즐겁다'라고 단순한 감정으로 말하던 상황은 '설레는 마음'이 가지고 있었던 정서적 자질들을 찾아가는 상황으로 변하고 있다. '설렌다'는 것은 무엇인가 기대되는 일에 대해 그것을 마음껏 드러낼 수 없지만, 자신을 행복하게 하는 정서임을 찾아가게 된 것이다. 다음은 소집단 활동이 끝난 후 김예원이 작성한 반응지이다.

> 난 설렌다는 것을 깊이 생각해 본 적이 별로 없다. 설렌다고 하면 그냥 즐거운 거라고 생각했다. 그런데, 이번에 이 시를 읽고, 친구들과 이야기를 나누고 나서 조금 달라졌다. 그리고 내가 설렌다고 생각했던 때를 생각해보았다. 설레었던 일을 엄마나 친구한테 이야기하고 나면 그런 두근거리는 마음은 좀 사라지는 것 같다. 설레는 것은 불안한 마음도 있는 것 같다.
>
> 나무-ⓕ-김예원(서울S초 5학년)

　김예원은 자신의 정서를 다시 돌아보고 있다. 나무의 마음을 말할 때 확신에 차서 표현하던 초기의 입장과는 달라진 모습을 보인다. 또한 설레는 마음에 대해 섬세하게 반성적으로 되돌아봄으로써 정서를 미분화하여 이해하기 시작한 것을 볼 수 있다. 이것은 친숙한 정서의 지평이 낯선 지평에 부딪혀서 새로운 지평으로 새롭게 구성되고 있음을 보여준다.

　상승적 소통 과정에서 학습자들은 타인이 파악한 정서에 대해 긍정적으로 평가하고 있다. 이 과정 중 자신의 경험과 관련하여 시적 정서를 투사하여 표현하고 있었으며, 또한 타인의 정서를 모방하여 생각하고 자신의 정서와 비교하는 모습도 드러났다. 또한 새로운 시적 정서를 찾아 시적 정서를 세분화하고 구체화하는 양상도 보였다. 교실 대화적 차원에서 시적 감성의 특성을 '체현적 차원'과 '표현적 차원'의 특성에 따라 정리하면 [표 24]와 같다.

[표 24] 교실 대화 차원에서 시적 감성의 특성

시적 감성의 내용	소통의 유형	교류적 소통	교차적 소통	상승적 소통
체현적 차원	시적 정서의 평가	· 타인이 파악한 시적 정서에 대한 긍정적 평가	· 타인이 파악한 시적 정서에 대한 부정적 평가	· 타인이 파악한 시적 정서에 대한 긍정적 · 부정적 평가
	시적 정서의 활용	· 시적 정서를 자신의 직 · 간접적 경험과 관련하여 설명		
	시적 정서의 조절	· 자신이 파악한 시적 정서를 타인이 파악한 정서와 비교	· 자신이 파악한 정서 이외의 것을 거부	· 자신이 파악한 정서와 타인이 파악한 정서를 복합적 정서로 재구성
표현적 차원	시적 정서의 소통	· 시적 화자나 등장인물의 정서 동감	· 타인의 의견에 거리두기	· 타인의 의견에 대한 수용과 거부 후 대안 제시
	시적 정서의 표현	· 시적 화자의 입장에서 정서 서술 · 학습자의 정서적 경험 환기 및 투사		· 시적 화자의 입장에서 정서 서술 · 타인의 정서 모방
	시적 정서의 승화	· 시적 정서의 미분화 및 구체화	· 자신이 구성한 시적 정서의 강화	· 새로운 시적 정서 추가

학습자들은 소통을 통해 다른 사람의 내적 경험이나 주관적인 심리 상태를 마치 자신의 감정처럼 이해하고 느끼는 모습을 보여 주었다. 또한 자신의 공감적 이해의 결과가 타인의 정서와 반드시 일치하지 않더라도 부합되는 측면을 찾아 논의하는 모습도 보여 주었다. 그러나 학습자들에게서 관찰하기 어려웠던 부분도 있다. 그들은 시적 화자의 입장

에서 말하고 기술할 수는 있었으나, 표현의 수준까지 도달하지는 못했다. 예를 들어 '슬프다', '기쁘다', '안타깝다', '부럽다'와 같은 단순한 서술로 화자의 정서 상태를 표현하여 시적 화자의 주관적이며 개별적인 감정 표현까지는 나아가지 못하였다. 이를 통해 초등 학습자들에게 자신이 경험한 공감을 언어로 표현하는 과정에서 타인의 감정과 욕구를 파악하여 말할 수 있는 표현 능력이 필요함을 알 수 있었다. 이것은 교육 내용의 설계에서 보다 섬세하게 계획되어야 할 것으로 보인다.

제3장

시적 감성의 교육 내용과 방법

이 장에서는 시적 감성의 구조와 그 작용 양상을 바탕으로 교육 내용을 설계하고자 한다. 이를 위해서 먼저 시적 감성 교육의 목표를 세우고 교육 내용을 체계화하고자 한다.

시적 감성 교육의 목표는 학습자가 배워야 할 능력이 무엇인지를 명확히 하고, 그 능력을 구성하고 있는 지식을 밝힌 후, 시 교육과의 관련성을 가지고 설정되어야 한다. 그 까닭은 교육의 내용과 원리는 지식의 존재에서 출발하는 것이 아니라 학습자의 요구가 최우선 순위가 되어야 하기 때문이다. 따라서 학습자가 목표로 삼아야 하는 시적 감성 능력에 따라 시적 감성 교육의 목표가 결정되고 그 목표에 따라 내용이 설계되어야 할 것이다.

앞 장에서 언급한 바와 같이 시적 감성 교육은 시의 단독성을 중시하는 실체 중심 문학 교육의 입장을 취한다. 따라서 시적 감성 교육의 내용은 활동 중심의 문학 교육에서 실체 중심의 문학 교육으로 옮겨 가는 과도기에 있는 초등학교 고학년 이상의 학생들을 학습 대상으로 삼아 구안되었다.

1. 시적 감성의 교육 목표

독자의 시적 감성의 향상을 위한 목표를 설정하기 위해 앞의 1장에서 논구한 시적 감성의 개념과 2장에서 살펴본 시적 감성의 작용 양상의 특성을 기반으로 삼고자 한다. 위의 내용은 시적 감성의 구성 요소와 시적 감성을 활성화시키는 인지적 · 비인지적 조건 및 차원을 설명해 준다. 시적 감성의 교육을 위한 목표와 그 예상 결과를 통해서 교육적인 목표로 구체화하는 것이 가능하다는 것이다.

시적 감성은 시의 표층 의미를 넘어선 심층 의미를 통해 시적 정서를 해석해 내는 데 필요한 능력이다. 그런데 독자의 시적 감성은 남과 더불어 사고하는 방식이라고 할 수 있다. 이것은 상대방이 나와 다를 수 있음을 인정하고 상대방의 정서를 적극적으로 받아들이고자 하는 태도에서 비롯된다. 자신에 느껴지는 느낌뿐만 아니라 그 느낌이 무엇인지, 어디서 연유한 것인지를 시 텍스트와의 교류를 통해 알아내야 한다. 따라서 시적 감성 교육을 통해 길러내고자 하는 인간상은 '타인의 정서를 이해하고 내면화하는 능력을 지닌 사람'으로 정의할 수 있다. 시적 감성의 교육 목표를 [전문]과 [세부 목표]로 나타내면 아래와 같다. 세부 목표는 2장에서 논의된 학습자의 시적 감성의 작용 양상의 범주를 바탕으로 구성하였다.

[전문]
시를 즐겨 읽고 정서적으로 교감할 수 있는 시적 감성 능력을 기른다.

[세부 목표]
가. 시적 감성의 중요성을 이해한다.
나. 시적 상황을 상상하고 관련된 정서를 파악할 수 있다.

다. 화자의 입장에서 시적 정서를 서술할 수 있다.

라. 시적 정서에 관하여 다른 사람과 소통할 수 있다.

마. 다양한 시를 즐겨 찾아 읽고 교감하는 감성을 기른다.

〔전문〕의 경우 학습자가 시적 감성의 신장을 위해 필요한 과정과 궁극적 목표를 나타내었다. 여기서 교감의 대상은 시적 감성의 방향에 따라 독자 자신, 시 텍스트, 타인이라고 할 수 있다. 또한 (가)에서 (바)에 이르는 세부 목표는 전문을 구체화한 세부 목표들로 1, 2장의 내용을 토대로 추출된 것이다. 세부 목표의 성취를 통해 전문에 제시된 시적 감성 향상과 관련된 목표가 달성될 수 있을 것이다. 이들 세부 목표들이 과정적으로 성취됨으로써 시의 감상과정이나 창작과정에서 시적 감성이 활발하게 발현될 수 있는 전이력을 가지도록 한다.

목표 (가)항은 시적 감성을 활용하여 시를 읽을 때 좋은 점을 학습자 스스로 알게 하는 것을 목적으로 한다. 1장에서 언급한 바와 같이 시인이 겪었던 원체험은 반성적 의식에 매개되면서 주관적인 일면성에서 벗어나 객관적인 정서로 고양된다. 독자가 시를 읽고 교감하게 되는 정서적 코드는 시적 감성에 의해 감지된다. 시를 읽은 독자가 감동을 느끼는 것은 시가 가지는 감동적인 구조나 심미적인 구조와 같은 정서적 기제가 독자의 정서와 상호작용하는 과정에서 얻어지는 시 텍스트 구성에 의해 이루어진다. 따라서 시적 감성의 교육은 학습자가 시를 읽은 후에 느껴지는 정서에 대하여 반성적으로 생각하고 재평가함으로써 자신의 정서를 세련되게 할 수 있음을 학습자들이 인식하도록 하는 목표를 우선적으로 앞세워야 할 것이다.

(나)항에서 (라)항까지는 시적 감성을 습득하는 과정에서 성취해야 하는 목표를 나선형으로 제시한 것이다. 교육적 입장에서 볼 때, 시적 화자의 어떤 정서가 시에 담겨 있느냐보다 중요한 것은 '어떤 정서가 독

자에게 어떻게 작용하는가'이다. 이는 곧 '독자가 시에 담긴 정서를 어떻게 발견하고 어떠한 전이 혹은 감수 과정을 거치게 되는가'에 대한 문제의식이기도 하다. 2장에서 제시된 학습자들의 내면에 형성된 정서는 불명료하거나 구체적이지 못했다. 또한 특정한 정서 상태에 대하여 그 원인이나 상태를 상상하지 못하거나 슬픔이나 기쁨, 설레임, 즐거움과 같은 유사 정서를 구별하여 받아들이지 못하는 경우가 많았다. 시가 가지는 단독성은 시에 내재한 정서의 섬세한 결(texture)을 찾아내어 시적 화자의 시선을 간파하였을 때 비로소 획득된다. (나)항에서 (라)항은 이와 같은 시적 감성의 획득을 위한 과정적 접근이다.

특히 (다)항은 시적 화자나 대상을 파악하고 그 특성을 알기 위한 것이다. 학습자는 시가 시인의 발화임을 인지하고 시적 화자나 주요한 시적 대상을 인지함으로써 시 텍스트의 맥락으로 들어갈 수 있는 단서를 찾을 수 있다. 시를 타자의 발화로 인식하게 되었을 때, 학습자는 지금 누군가가 어떤 특별한 상황에서 서 있음을 알게 된다. 이러한 이해를 바탕으로 독자는 '아, 이것이구나!' 하는 몰입의 순간을 맞이하게 되는 것이다. 무릎을 탁 치게 하는 몰입의 순간은 새로운 시선으로 사물이나 상황을 보게 되었을 때이거나, 자신이 했던 비슷한 경험의 순간을 절묘하게 표현한 시를 만났을 때에 일어난다. 학습자는 이 순간 자신의 경험이 다양한 모습으로 다가와 스스로 다시 형성되어 있는 것을 발견해 내고 그로부터 자유로워져 가는 것을 느끼게 되는 것이다. 이것은 타자의 발화를 통해 자신의 삶의 세계를 넓혀가 마음의 깊이를 더해가는 과정이다. 따라서 시적 화자나 시적 대상의 시선을 인식하는 것은 타자가 처한 맥락 속으로 학습자를 인도하는 통로의 역할을 할 수 있다. 시 텍스트와 소통하는 것은 교감의 능력인 것이다.

(마)항은 시적 감성 교육을 위해 필요한 태도 목표이다. 시적 감성은 인간의 정서를 인식하고 반성적으로 사고함으로써 타자의 감정 상태를

예상하고 그것을 바탕으로 소통할 수 있는 태도를 지향한다. 이것은 시적 감성의 교육 결과로 얻어질 수 있는 덕목이기도 하고 시적 감성의 교육을 원활하게 하기 위해 이미 학습자가 가지고 있어야 하는 개방적 성향이기도 하다. 3장에서 학습자들의 시적 감성 작용 양상을 살펴보는 과정에서 알 수 있었듯이 학습자들의 경직된 태도는 시의 내용 이해는 물론 시적 화자의 정서를 파악하고 그것을 메타적으로 인지하는 순간까지 나아가지 못하게 하는 걸림돌이었다. 개별 제재는 서로 다른 단독성을 가지며 일반화되지 않는 상대적인 것이다. 이러한 단독적인 시에서 다양한 시선과 교감함으로써 독자의 시 감성도 무한한 목록으로 확장될 수 있을 것이다. 독자가 타자의 정서적 시선을 인식하는 것은 인지적 변화와 행위로 연결된다. 현재에 대한 개인의 주체적 인식이 곧 총체적 삶의 변화로 나타나기 때문이다.

2. 시적 감성의 교육 내용

학습자가 배워야 하는 교육 내용은 교실 친화적으로 설계되어 교육 현장에 투입하기 유리한 형태를 가져야 한다(졸고 2010b: 276). 따라서 학습자들에게 시적 감성의 신장을 유인하는 교육 내용도 교실 친화적일 필요가 있다. 이를 위해서 2007 개정 국어과교육과정부터 교육과정의 진술방식으로 선택하고 있는 '성취기준(academic standards)'의 방식을 따르고자 한다. 그 중에서도 개념중심형이나 활동지침형보다는 수행 중심의 성취기준형 진술방식(이경화·이향근 2010: 302~303)으로 교육 내용을 설계하고자 한다.

1) 시적 감성의 교육 내용 체계

끊임없이 생각이 변화하는 인간에게 특정한 목적을 염두에 둔 사고 활동이 이루어지지 않는다면 시는 하나의 순간적인 자극제에 불과하다. 시 텍스트가 독자 자신의 내면으로 통하는 통로를 열어 줄 때, 비로소 독자에게 모종의 유인가(valence)로 작용할 수 있다. 이렇게 소통의 장이 열렸을 때, 인간의 감각을 통해 환기되는 내면적 사고에 접근할 수 있기 때문이다. 시적 감성은 수용자인 학습자의 기대 지평을 환기시키고 정서를 작동하게 한다.

시적 감성의 교육 내용을 설계하기 위해서는 교육 내용이 가져야 하는 범주(scope)와 계열(sequence)을 고려해야 한다. 범주는 교육 내용의 수평적 조직을 위한 교육 내용의 종류이며 계열은 교육 내용의 난이도에 따른 지도 과정의 시간차를 의미한다. 먼저 내용의 조직에서 교육 내용을 어떤 시간적 순서로 엮을 것인가의 문제와 어떠한 이유로 그러한 순차를 결정할 것이냐가 교육 내용 설계의 관건이 된다(Print 2006).

시적 감성의 교육 내용을 체계화하기 위해서 먼저 시적 감성의 내용 범주를 설정할 필요가 있다. 앞서 1장에서 밝힌 시적 감성의 교육 내용 구성 원리는 '작독자로서의 의미구성'을 중심으로 개인의 내적 소통 맥락에서 '시적 감성의 체현적 작용', 교실 대화적 맥락에서 '시적 감성의 표현적 작용'이었다. 따라서 2장에서는 학습자의 시적 감성 작용을 개인적 차원과 대화적 차원으로 나누어 양상과 특성을 살폈다. 이것은 학습자의 시적 감성이 직접적 주관성에서 창조적 주관성으로 심화되는 과정과도 맥을 같이 한다. 따라서 시적 감성의 교육 내용은 '체현'과 '표현'을 한 축으로, '개인의 내적 소통 차원'과 '타인과의 대화적 소통 차원'을 다른 한 축으로 설계할 수 있다. 이 두 개의 축을 골대로 앞에서 언급한 시적 감성 교육의 목표를 내용에 따라 〔표 25〕와 같이 배치할 수 있다.

교육 내용 요소는 2장의 연구 결과에 따라 수집된 학습자의 시적 감성 작용 특성으로 구성하였다. 이때 시적 감성의 방향은 '시 텍스트를 위한', '독자 자신을 위한', '타인과의 소통을 위한' 세 가지 방향감을 갖는다. 이것은 문학 교육과정의 설계에서 텍스트 중심, 학습자 중심, 사회·문화적 맥락 중심의 내용 체계가 어떻게 시적 감성 교육 안에서 자리하게 되는지 설명해 준다.

〔표 25〕 시적 감성의 교육 내용 체계

시적 감성의 작용 시 텍스트 소통의 층위	체현적 요소	표현적 요소
개인 내적 소통의 차원	시적 정서의 인식 시적 정서의 성취	시적 정서의 반응 시적 정서의 서술
교실 대화적 차원	시적 정서의 평가 시적 정서의 활용 시적 정서의 조절	시적 정서의 표현 시적 정서의 소통 시적 정서의 승화

시적 감성의 교육 내용 체계는 교육 내용 조직을 위하여 시적 감성의 '체현적 요소'와 '표현적 요소'를 교육 내용 범주(scope)로 하고, 개인적 차원에서 타인과의 대화적 차원에 이르는 시 텍스트의 소통 경로를 교육 내용의 계열(sequence)로 한다. 교육 내용의 범주체계는 개인적 차원에서 교실 대화적 차원으로 범주화되면서 소통성을 확장시키도록 위계화하였다. 내용 체계표에 따라 선정된 각각의 교육 내용은 다음 절에서 자세히 설명하고자 한다.

2) 시적 감성의 세부 교육 내용

시적 감성의 세부 교육 내용은 교육 목표와 내용 체계에 따라 선정하였다. 교육 내용의 조직(syllabus)은 1, 2장에서 밝혀진 시적 감성 특성과 학습자의 감성 능력의 속성을 고려하여 배열되었다. 여기서는 작품의 '단순성→복잡성', '구체성→추상성', '작품내적 접근→작품외적 접근' 등의 체계화 방향(우한용 외 1997: 188~189)을 따르기보다는 화이트헤트(Whitehead)의 '교육의 리듬'(Whitehead 2009: 56~64)의 원리에 따랐다.

화이트헤드(Whitehead)는 "문화란 사고의 활동이자 아름다움과 인간의 감각에 대한 감성"이라고 말한다(Whitehead 2009: 13). 인간의 정신적 활동 중에서 궁극적으로 의존할 수밖에 없는 것이 심미적 감성이라는 것이다. 그에 의하면 교육은 '리듬의 과정'[1]이며 주로 3단계를 거친다고 한다(Whitehead 2009: 56~64). 학습 대상에 대하여 흥미를 발견하고 무조건적으로 즐기는 '낭만(romance)의 시기', 학습 대상과 관련된 지식을 포괄적으로 흡수하고 키워 가는 '정밀화(precision)의 시기', 이론적으로 성숙하게 되는 '종합(synthesis)의 시기'가 그것이다. 화이트헤드가 제안한 교육의 리듬은 시 교육의 과정을 설명하는 데 용이하다.

시에 대한 신기함(novelty)과 흥분(ferment)을 불러일으키는 낭만의 시기는 시를 처음 접할 때의 교육적 상황이어야 한다. 이때 시에 대한 체계적인 분석이나 절차보다는 낭만적 감정을 일으키게 하는 활동이 중요하다. 정밀의 단계는 낭만의 단계에서 모호하게 이해되었던 사실들에 대한 탐구가 이루어지는 시기로서 시에 대한 감상의 깊이를 더하게 하

---

1 화이트헤드가 '교육의 과정'을 리듬의 원리로 설명한 이유는 두 가지이다. 첫째, 내용의 지도 순서는 인지적으로 쉬운 것에서 어려운 것으로 조직되는 것이 아니라, 궁극적인 과제를 해결하기 위하여 미리 선행(antecedence)해야 하는 과업을 먼저 지도하는 방식으로 조직되기 때문이다. 둘째, 교육은 학습자의 흥미를 위한 '자유'와 수동적인 '훈육'이라는 두 가지 원리가 진동을 일으켜 학습자의 발달을 추인하기 때문이다(Whitehead 2009).

는 단계이다. 이후 진행되는 종합의 단계는 시에 대한 폭넓은 이해를 바탕으로 학습자 자신 나름의 이론이나 취향을 획득하는 시기이다.[2] 종합의 단계에 이르러서 학습자는 비로소 시를 향유(enjoyment)하게 되고 이러한 기쁨은 또 다른 시를 찾아 읽게 하는 원동력이 된다. 시 감상 교육의 리듬이 증폭될수록 학습자는 무조건적인 낭만을 넘어서 시라는 양식에 접근하게 된다. 초등학교 저학년의 시 감상 교육은 시에 대한 낭만적 흥미가 중심이 되어야 한다. 그러나 이후의 교육은 시의 실체를 중심으로 하는 실체중심의 교육으로 이양될 필요가 있다.

세부 교육 내용은 시적 감성 능력을 향상시키기 위하여 미리 선행해야 하는 과업을 먼저 배열하였다. 따라서 교육 내용의 순서가 인지적 난이도의 순서와는 동일하다고 할 수 없다. 또한 졸고(2010b)에서 밝힌 바와 같이, 교육 내용의 예상독자는 교사로 삼았다.

(1) 시적 감성의 중요성을 이해한다

> 내용① 자신의 정서를 이해하고 정서적 경향을 파악할 수 있다.

시의 의미를 해석하고 확장하는 상상력과 해석의 제반 요인을 지각하는 인지 능력, 시를 통해 감지되거나 환기되는 정서 등은 개인마다 다양하게 나타난다. 독자의의 정서적 스키마의 차이로 인해 기대지평이 다양하게 설정되기 때문이다. 특히 시공간과 사회문화적, 혹은 생물학적 차이에 따라 독자의 정서적 스키마는 다르게 형성된다. 따라서 텍스트의 실제

---

2 이러한 시기 구분은 학습자의 교육이 완성되는 전체 시기의 리듬이기도 하고, 단기간의 과정이기도 하며 한 시간의 수업시간에도 적용이 된다. 교육의 리듬은 나선형식 주기로 볼 수 있기 때문이다.

적 이해와 감상에 독자의 정서적 상황은 매우 중요하게 작용한다.

학습자마다 정서의 발달과 수준은 다르다. 어떤 사람은 '감정이 무디다'고도 하고 어떤 사람들은 '감정 표현을 잘 한다'고도 한다. 같은 일을 경험하고도 별 반응을 보이지 않는 사람이 있는가 하면 민감한 반응을 보이며 감정을 드러내는 사람이 있다. 사람마다 자신의 감정을 표현하는 수준은 그 사람의 정서 체험 형태에 따라 차이를 보인다. 자라온 환경이나 문화적 배경, 인지의 수준에 따라 개인적으로 다른 정서를 형성했기 때문이다.

시적 감성의 교육도 학습자 자신의 정서적 성향을 발견하는 과정에서부터 시작해야 한다. 2장에서 각각의 학습자들이 보이는 즉각적 해석체는 이러한 정서적 성향의 단초를 제공한다고 할 수 있다. 시를 읽고 그와 유사한 정서를 환기하는 양상, 어떤 종류의 정서에 특히 민감하고 무딘가의 정도, 감정이나 정서의 인식이나 조절 정도 등은 학습자 자신이 가지고 있는 경향성에서 비롯된다. 결국 시적 감성을 통하여 시를 읽는 것은 궁극적으로 학습자 자신 안에 숨어 있는 심리적인 주체를 발견하게 되는 계기를 마련해 주고 자기 자신의 정서를 되돌아 볼 수 있는 능력을 향상시켜 주기 위함이다.

자신의 정서와 유사한 시를 찾아서 자신의 경험과 비교해 보는 활동은 자신의 정서 경향을 발견하기 위한 방법이 될 수 있다. 또 유사한 정서를 드러낸 시를 찾아서 읽고 그 정서를 비교하는 활동은 함으로써 인간의 다양하고 미묘한 정서의 세계를 이해하게 할 수 있다. 학습자는 시가 형상화한 시적 정서를 구체화하는 활동에서 자신의 정서를 되돌아 볼 수 있는 기회를 얻게 될 것이다.

자신의 정서에 대하여 깊이 생각해 보지 않은 독자는 새로운 상황에 직면했을 때 자신의 정서가 변화를 일으키고 무엇이 달라졌다는 것을 느끼지 못할 뿐더러, 느끼더라도 그것을 구체화하지 못한다. 이후 설명되는 교육 내용들을 모두 세부목표 (가)항과 관련된다고 볼 수 있다.

내용② 다양한 정서 어휘를 이해하고 표현할 수 있다.

시적 감성의 교육을 위해서는 정서 어휘의 지도가 필요하다. 예비연구에서 학습자들에게 자신의 기분을 간단하게 설명하도록 하였을 때 상당수의 학습자들이 '좋다', '나쁘다' 정도의 '쾌/불쾌'를 예상할 수 있는 반응을 하였다. 얼굴 표정을 나타내는 그림과 정서 어휘를 함께 제시하였던 본 연구에서는 예비연구에서보다 다양하고 구체적인 내용이 산출되었으나, 거기에서 조차 상당수의 학생들이 자신의 기분을 표현하는 데 어려움을 겪고 있었다. 시를 읽고 인물의 정서나 시적 화자의 정서를 표현하거나, 다른 사람과 대화를 하는 과정에서도 이는 별반 다르지 않아 학습자들은 정서 표현에서 어휘력의 부족을 드러냈다. 학습자가 시를 읽고 정서를 내면화하거나 소격화해야 할 경우 정서를 평가하는 과정은 필수적이다.

자기 자신의 정서를 표현한다는 것은 자기개념화(self-conceptualizations)의 한 방법이라고 할 수 있다. 캐인(Kane)은 어휘 사용의 질적 차이를 기준으로 '이해 어휘(receptive vocabulary)'와 '표현 어휘(expressive vocabulary)'를 구별한다. 이해 어휘는 수용할 수 있는 어휘이고 표현 어휘는 자신이 부려 쓸 수 있는 어휘이다(Kane 2007: 172). 자신이 부려 쓸 수 있는 어휘가 많을수록 사고의 깊이와 넓이도 확장된다고 할 수 있다. 따라서 '내용②'에서는 정서를 이해하는 교육 활동뿐만 아니라 정서를 '표현'하는 활동도 함께 마련되어야 함을 나타내었다.

성낙수(2011)는 청소년의 언어가 가장 진보적이고 창조적이라고 언급한다(성낙수 2011: 11~25). 청소년들은 사회·문화, 정치적 변화에 민감하게 반응하면서 새로운 어휘를 만들기도 하고, 세대 감성을 드러내는 표현을 즐겨 한다는 것이다. 학습자들이 자신의 정서를 표현하거나 시적 정서를 표현하는 일에 서툰 것은 그만큼 관련 상황이나 어휘에 노출되지 못했기 때문이다. 따라서 정서 어휘 교육이 필요하다.

시는 질적 어휘력(졸고 2010a)을 높이기 알맞은 텍스트이다. 특정한 상황이나 맥락 안에서 어휘를 파악할 수 있기 때문이다. 따라서 정서와 관련된 어휘를 목록화하고 체계적으로 지도하는 과정이 필요하다. '내용 ②'에서 '다양한 정서 어휘'는 정서의 층위에 따라 다양한 어휘가 지도되어야 한다는 의미이다. 정서 어휘의 층위를 상정하는 데 벡과 그의 동료들(Beck, McKeown & Kucan 2002)의 연구나 다마지오(Damasio)의 연구는 많은 시사점을 준다.

벡과 그의 동료들은(Beck, McKeown & Kucan)은 교육용 어휘를 선정하는 기준으로 '중요도와 유용성', '잠재적 교육성', '개념적 이해'를 든다.[3] 이 기준은 교육용 어휘의 수준을 결정하는 기준이 될 수 있다. 이들의 기준을 따른다면, '좋다/ 나쁘다' 등의 쾌/불쾌를 나타내는 기초어휘는 교육 내용으로 적합하지 않으며, 사용빈도가 낮거나 특정 언어공동체에서 사용되는 어휘도 교육 내용으로 적합하지 않다.

다마지오(Damasio)의 연구는 정서 어휘의 수준과 내용을 결정하는 데 시사점을 준다. 그는 정서의 층위를 일차적 정서(primary emotion), 사회적 정서(secondary emotion), 배경 정서(background emotion)로 구분하고 있다(Damasio 2007: 41). 기본 정서는 본능적이고 무의식적인 정서라고 할 수 있는데, 행복, 슬픔, 두려움, 화남, 놀람 등의 정서가 여기에 속한다. 사회적 정서는 사회적이고 인지적인 것으로서 부끄러움, 질투, 죄의식, 자랑스러움을 예로 들 수 있다. 배경 정서는 불안감, 안정감, 긴장감, 행

---

3 Beck, McKeown & Kucan(2002)의 어휘 선정 기준과 관련된 내용은 졸고(2010a) 참조.

복감 등 개인의 정서적 경향성을 말한다. 다마지오의 연구는 정서의 복합성 정도에 따라 정서 어휘를 선정할 수 있는 위계를 제공해 줄 수 있다.

(2) 시적 상황을 상상하고 관련된 정서를 파악할 수 있다

> 내용③ 시적 대상을 상상하고 정서를 파악할 수 있다.
> 내용④ 시적 화자를 인식하고 정서를 파악할 수 있다.

독자가 시를 읽는 것은 단지 그것을 풍경으로만 바라보는 것이 아니라 자기 자신도 시라는 풍경 속의 일부로 느껴야 한다는 것을 의미한다. 1장에서 독자의 시적 감성 작용 구조를 밝히는 과정에서 시적 감성의 체현적 성격이 밝혀졌다. 체현은 독자가 시적 상황을 상상하고 그 안에서 자신의 위치를 생각해 보는 심미적 독서의 구체적인 전략이다. 독자가 시를 읽으면서 시 작품으로 구현하려면 작가적 입장에서 시를 읽어내야 한다. 그러기 위해서는 시 텍스트의 내적 맥락을 파악하는 것이 우선시된다.

2장에서 학습자들의 체현적 양상을 살펴보았다. 학습자는 시 텍스트의 이미지를 환기하고 시적 화자나 대상을 상상적으로 구성하는 것이 가능하였다. 또한 시를 읽고 있는 자기 자신이 그 상상적 세계 안에서 어디에 위치해 있는지, 그리고 무엇을 보고 있는지 말할 수 있었다. 학습자는 그가 상상한 시적 상황 안에서 작가와 같은 시선을 찾아야 한다. 이것은 시의 개연성과 핍진성을 정서적 맥락 안에서 이해하도록 유도하기 위한 것이다.

'내용③'은 시적 상황에서 발견되는 대상을 상상하고 그 대상의 정서를 파악하는 과정이다. '내용③'은 '내용④'와 전략적으로 같은 기제라고 할 수 있다. 결국 능숙한 독자가 찾아내야 하는 것은 '내용④'에서 말하는 시적 화자의 시선이다. 그러나 초등학교 학습자들의 경우 시적 화자를 인식하는 데 어려움이 있다(신헌재·이향근 2012: 103~107). 특히 현상적으로 화자가 드러난 고백적인 시에서 시적 화자를 찾을 수 있는 학생은 전체의 33.4% 정도였으나, 내포적 화자를 이해하는 학생은 14.5% 정도로 낮은 편이었다. 2장에서 이루어진 소집단 활동에서 시적 상황을 상상하고 자신의 위치를 찾는 데는 무리가 없었던 학습자도 시적 화자를 파악하는 것은 쉽지 않았다. 「거울」, 「우리 아빠 시골 갔다 오시면」, 「엄마 목소리」와 같이 시적 화자가 그대로 드러난 경우 학습자들을 쉽게 시적 화자를 인식하였다. 그러나 초등학교 고학년 학습자들에게도 「만돌이」, 「공터」, 「도시의 산」과 같은 시에서 시적 화자를 찾는 것은 인지적 부담을 주는 활동이었다. 시적 화자가 내포적인 시에서 학습자들이 시적 화자를 인식하는 것은 무엇인가를 확인하고 찾아내는 활동이 아니라 시의 내용을 기반으로 구성해 내는 활동이다. 따라서 시를 꼼꼼하게 여러 차례 읽으면서 구성할 때 가능하다. 따라서 '내용 ③'에 대한 학습이 '내용④'에 선행하여 이루어져야 할 것이다.

시 텍스트의 정서는 시적 화자의 정서와 시 텍스트 안에 설정된 인물이나 대상의 정서가 있다. '내용③'은 1장의 〔그림 3〕에서 학습자가 풍경 안에 사람이 있는 사진을 바라볼 때의 인식 작용과 유사하다. 시를 읽고 시적 상황을 상상적으로 구성하고 그 안에 존재하는 대상들에 집중하는 것이다. '내용④'는 시적 화자를 상상하고 정서를 파악하는 것이다. 이는 '내용③'에서 시적 대상을 찾고 시적 대상의 정서를 파악하는 데 능숙하게 되었을 때 접근이 용이하다. 학습자는 시적 화자나 시적 대상의 정서를 추론하는 가운데, '정서에 대한 정서', '정서에 대한 사고', '인지에 대한 정서' 등을 경험할 수 있다.

(3) 화자의 입장에서 시적 정서를 서술할 수 있다

> 내용⑤ 시를 읽고 시적 상황을 구성할 수 있다.
>
> 내용⑥ 시를 읽고 시적 화자나 대상이 되어 정서를 서술할 수 있다.

시적 화자의 입장에서 정서를 표현하기 위해서는 시 텍스트의 상황을 구체화하는 과제가 필요하다. 이것은 '내용③'와 '내용④'에서 시적 대상을 찾거나 시적 화자를 구성하였던 활동과 연계된다. '내용③'와 '내용④'에서 시적 상황을 구성하는 활동은 시적 대상이나 시적 화자에 초점이 맞추어져 있었다. '내용⑤'는 시 텍스트의 내적 맥락을 시적 대상, 시적 화자를 기반으로 더욱 구체화하는 활동이다. 학습자를 시 텍스트에 몰입하게 하려면 학습자로 하여금 현실적으로 책을 읽고 있는 자신이 아닌 시 텍스트 내에 몰입한 또 다른 나를 생산해 내도록 해야 한다. 여기서 시적 상황을 구체화하는 활동은 학습자를 시 텍스트 내로 끌어들여 몰입하게 하기 위한 교육 내용이다.

2장에서 독자의 시적 감성의 구조를 밝히면서 '믿는 체하기' 게임에 대하여 설명한 바 있다. 학습자가 시 텍스트에 참여하여 믿는 체하기에 성공하느냐에 따라 시적 화자의 시선을 미메시스할 수도 있고 그렇지 않을 수도 있다. '믿는 체하기'의 성공은 독자의 정서 감염(emotional contagion)으로 자연스럽게 연결될 수 있다. 시적 화자가 되어 시적 대상이나 시적 상황을 바라볼 수 있게 된다는 것이다.

시적 상황을 구체화시키는 것은 시적 화자의 입장에서 시를 읽기 위한 전제이다. 시적 화자가 왜 이렇게 말하고 있는지, 특정한 시어가 화자에게 어떤 질감으로 다가 오는지 생각하는 것이다. 이때 학습자는 사물이나 세계에 대한 현실적인 관심을 제거하고 시적 화자의 시선을 덧입어 대상을 다시 인식하게 된다.

시에 따라 화자의 정체가 뚜렷하게 드러나는 경우도 있고 사물시나 언어유희 동시처럼 화자의 개성이 좀처럼 포착되지 않는 경우도 있다. 그러나 리듬이나 이미지와 같이 화자는 시성을 드러내는 중요한 장치이며 모든 시에 현존한다. 독자가 화자를 보다 선명하게 인식하도록 하는 것은 시적 상황을 구체화함으로서 가능하다.

시의 정서를 수용하는 것은 학습자에게 고차원적인 문제 해결 방법을 익히게 하는 것이기도 하다. 시는 인간이 가진 이상과 현실에 관계된 여러 가지 희로애락에 대한 문제의식에서 출발한다. 시에 담긴 사유와 시선의 양상은 시인의 세계관에 따른 것이지만 당대의 인간들이 공통적으로 겪을 법한 삶의 문제이기도 하다. 시는 인간의 삶에 대해 시적 화자가 제시한 문제 해결 방법이다. 따라서 학습자가 시적 화자의 시선을 체험한다는 것은 시적 화자가 제시한 문제 해결 방법을 습득한 것과 같다. 물론 독자가 가진 기대지평에 따라 수용의 정도는 달라질 수 있다. 그러나 그 의미는 독자의 실제적 삶에 직접 적용되거나 활용이 가능한 스키마로 잠재된다.

'내용⑥'은 학습자가 시적 화자나 대상이 되어 정서를 서술하는 교육 내용이다. '내용③④⑤'를 통해 시의 내적 맥락을 파악한 학습자는 내용⑥을 통해 자신이 직접 시적 화자의 입장에 서서 정서를 서술할 수 있다. 1장에서 시인이 가진 시적 감성은 초기에는 자신의 느낌인 '직접적 주관성'에서 반성적 사고를 통한 '창조적 주관성'으로 발전됨을 언급한 바 있다([그림 1]참조). 시인이 자신에게 자동적으로 일어난 정서를 반성적으로 숙고하는 것과 마찬가지로 '내용⑥'을 통해 학습자는 시적 화자의 입장에 서서 시적 정서를 숙고하게 된다.

1장에서 밝히 바와 같이 여기서 '서술(description)'은 '표현(expression)'과 다르다. 정서를 표현하는 것은 정서를 누설하는 서술과 다른 특별한 개념역을 가진다. 자신의 정서를 '기쁘다, 정겹다, 슬프다' 등으로 말하는 것은 일종의 서술로, 자신의 정서를 보편적인 것으로 일반화시킨다. 그러나 '가슴이 둥둥 뛴다'라고 말하는 것은 일종의 표현으로, 자신의 기쁜 정서를 다른 것들과 다른 특별한 것으로 개별화시킨다. 정서를 표현하는 하나의 예라고 할 수 있다. 이러한 정서적 표현은 직접적인 감정을 그대로 말하기보다는 자신의 정서를 숙고하고 그 느낌의 순간을 가장 잘 표현할 수 있는 언어를 찾는 과정이 필요하다. 이런 과정을 통해 자신이 느낀 느낌은 다른 사람의 그것과는 구별되는 개별화된 정서가 된다.

그러나 2장에서 살펴본 바와 같이 학습자들은 시적 정서를 표현하는 데 어려움을 겪고 있었다. 시적 상황에 대한 섬세한 해석을 바탕으로 '상승적 교류를 통한 소통'이 일어난 후에도 학습자들이 보이는 반응은 정서를 서술하는 수준에 머물고 있었다. 반면 학습자가 자신의 정서를 서술하는 것은 가능하였고 시적 화자의 정서를 구체화거나 세분화할 수도 있었다. 시의 표현과 다른 새로운 표현을 찾는다는 것이 아직 어린 학습자들에게는 무리일 수 있기 때문이다. 따라서 '내용⑥'은 시적 화자의 입장에서 정서를 서술하는 교육 내용으로 설계되었다. 시적 감성을 활용하여 대상을 표현하는 것은 '내용⑩'에서 이루어진다.

(4) 시적 정서에 관하여 다른 사람과 소통할 수 있다

내용⑦ 시를 읽고 자신의 시적 정서를 평가할 수 있다.

독자는 자신이 가장 인상적으로 느낀 부분을 통해 몰입 상태로 들어가는 경우가 많다. 2장에서 학습자들의 상징적 표상활동(SRI)자료를 보면, 자신이 가장 인상적으로 느꼈던 지점과 그가 상상한 시적 상황이 매우 밀접하게 연관되어 있음을 볼 수 있다. 이 지점은 시적 정서를 파악하고 분석해 나가는 지점이기도 하며 독자의 내면에 불평형 상태가 발생했음을 나타내는 지점이기도 하다. 독자의 내적 소통이 발생하는 이유는 이러한 내적인 불평형으로 인한 차이가 발생하기 때문이다. 이것은 1장에서 살펴본, 독자가 구성한 시적 화자의 정서와 실제 독자가 가지고 있는 정서 사이의 차이라고 할 수 있다([그림 1] 참조). 시적 화자와 실제 독자의 감성의 차이를 바탕으로 독자는 내면의 불평형 상태를 감지하며 정서적 상황을 분석해 나간다. 시적 감성은 자기 자신의 내적 소통에 관여하여 성숙한 내적 소통을 가능하게 한다.

독자는 시적 화자의 정서적 상황 분석과 평가를 통해 시 세계가 보여주는 정서를 수용 또는 강화한다. 또한 텍스트에 나타난 화자나 대상의 정서와 자신의 정서의 차이를 인식하여 절충하거나 거부함으로써 자신의 정서를 정련하고 정화할 수 있다. 타인의 목적이나 가치 또는 반응을 자기의 것으로 받아들이는 현상을 심리학에서는 '동일시' 혹은 '동일화'라고 한다. 반면 자신의 내면적 불평형 상태, 즉 불안을 해소하기 위해 사용하게 되는 심리적 행위를 '방어 기제'라 하는데, 독자는 시적 화자와의 동일시를 통해 자기 자신의 정서를 인식하여 정서의 불평형을 조정할 수 있다. 이때 시적 화자로의 동일시는 화자의 시적 상황과 세계관을 학습자의 자아 세계에 수용하게끔 한다. 이렇듯 시적 정서를 받아들이고 그것을 정화하는 과정은 독자가 텍스트로부터 발생된 문제를 판별하고 해결하여 자아를 평온한 상태로 이입하게 하는 동력이 된다.

1장에서 시적 감성은 재평가하기(reappraisal)의 기능을 한다고 언급한 바 있다. 여기서 자신의 정서를 평가하는 교육은 자신의 정서를 재평가하는 활동이다. 즉 자기 자신을 잣대로 삼아서 평가하는 본질적인 평가(appraisal)이다. 자신이 파악한 정서적 반응에 대해 생각해 보고 더 적절한 정서적 반응은 없었는지, 자신이 왜 그렇게 생각하게 되었는지를 생각하는 것이다. 자신의 반응이 합리적인지 아닌지를 문제 삼는 것이 아니라 자신의 정서적 반응이 기초하고 있는 믿음을 제고하는 것이다.

3장에서 학습자들은 동료들과 자신의 느낌을 공유하는 과정에서 자신의 정서적 반응이 다른 사람과 차이가 있음을 인식하였으며, 시를 반복적으로 읽어가는 과정에서도 자신의 정서적 경향성에 대한 인식이 드러남을 알 수 있었다. 자신의 정서가 연유하는 상황을 인식하고 분석할 수 있는 능력[4]은 곧 시에 나타난 시적 화자의 정서를 감지하고, 그 정서가 양산되는 문제적 상황을 분석하는 것으로 나타난다.

내용⑧ 타인의 시적 정서와 교감할 수 있다.

이 교육 내용은 학습자가 시 텍스트 내에 몰입된 자신의 정서를 현실에 투사해 봄으로써 상호주관성(inter-subjectivity)을 확보하려는 의도에서 설계되었다. 1장에서 살펴본 바와 같이, 정서에 대한 연구들은 정서의 구성과 요인에 대해 다차원적이고 통합적인 견해를 제시하고 있다. 이는 인간의 정서가 다차원적인 구성에 의한 것이며 정서의 인식과 표출의 기술이 생리적 혹은 인지적 조건과 사회문화적 향유 형태에 따라 다양하게 나타나는 것임을 말한다. 학습자가 시 텍스트를 배경으로 인지한 범계열적 정보들은 해석의 기대지평뿐만 아니라 삶의 저변을 확대하는 자료가 된다.

시를 읽고 독자에게 일어나는 정서적 변화는 그 실체를 볼 수도 없고 명확하게 하기도 어렵다. 그러나 동료나 교사와 소통하는 과정을 통하

---

[4] 이러한 능력은 '정서 인식(emotion identification)'으로서 '자신의 신체적 상태, 감정, 사고에서 자신의 정서를 파악할 수 있는 능력'을 말한다(Salovey 2004).

여 학습자는 자신의 시적 정서를 더욱 잘 파악할 수 있다. 서로의 생각
과 느낌을 주고받으며 자신의 정서와 타인의 정서를 교류하는 과정에서
자신의 체험이 구체화되는 것이다.

2장에서 학습자들의 시 텍스트 소통 양상은 '상보적 교류', '교차적
교류', '상승적 교류'의 세 가지 양상으로 드러났다. 학습자들은 자신이
구성한 시적 정서를 바탕으로 같은 의견에 동조하기도 하고 다른 의견
을 거부하거나 조절하여 새로운 정서를 발견해 내는 특성을 보였다. 독
자는 이러한 과정을 통해 텍스트 내의 세계에서 충분히 정서를 체험한
뒤에 그것을 반추할 수 있다. 이때 독자의 일상적인 삶이 반추의 기준이
될 수도 있고 이미 메타적으로 형성된 인식체계나 이데올로기들이 그
기준이 될 수도 있다.

타인과 시적 정서를 소통하기 위해서, 독자는 시 텍스트의 시적 정서
도 비판적으로 평가해야 한다. 이것은 독자 자신이 몰입했던 텍스트의
세계에서 현실세계로 돌아오는 과정에서 필연적으로 조응하게 된다. 2
장에서 살펴본 바대로 학습자들은 시적 화자나 시적 대상의 정서를 구
체화하는 과정에서도 자신의 경험을 기준으로 비판적으로 해석하는 양
상을 보였다. 학습자들이 자신의 감정이나 정서를 조절하여 적절하게
전환하는 모습을 보여준 것이다. 이러한 양상은 자신이 부정적 정서를
경험하고 있는 경우, 자신의 감정을 조절할 수 있는 방법을 찾아내어 그
러한 상태에서 벗어나려고 하는 경우와 흡사하다. 이를 통해 학습자 자
신의 내적 감정이나 정서가 정돈되고 조절되고 있음을 알 수 있다.

(5) 다양한 시를 즐겨 찾아 읽고 교감하는 감성을 기른다

> 내용⑨ 시의 독자성을 존중하며 다양한 시를 읽을 수 있다.

시적 감성은 시의 일반적인 속성(poetry)에서 비롯되기보다는 개개의 시(poem)와 대면하였을 때 얻어지는 시적 화자의 시선에 대한 인식이다. 따라서 시가 가지는 단독성(the singularity)를 존중하면서 그 안에 숨겨진 독자적인 시선을 찾는 읽기 습관을 가지도록 해야 한다. 유종호(2001: 267)는 "문학 교육의 첫걸음은 매력 있는 작품을 접하게 함으로써 피교육자가 자연스럽게 그 매력의 포로가 되도록 하는 데서 시작"해야 한다고 말한다. 여기서 독자에게 매력 있는 작품이란 독자가 가지고 있지 않은 새로운 시선을 가진 작품을 말한다. 시가 좋아서 반복적으로 찾아 읽게 되는 이유는 시가 가진 시선이 신선하기 때문이며, 특정 작가의 시집을 사는 것도 그 시인이 세상을 어떻게 바라보았을까라는 궁금증 때문이다.

그러나 독자가 시인과 동일한 시적 감성을 가질 수는 없다. 독자는 시를 읽을 때 시인이 느낀 그것과 만나기 위해 '추체험'의 과정을 거쳐야 한다. 독자의 추체험 과정은 타자(他者)와의 대화라고 할 수 있다. 일상적인 일을 할 때 우리는 타자를 인식할 수 없다. 그러나 일상적이지 않은 일이 자신이 앞에 벌어질 때 그곳에서 멈칫 자신이 겪고 있는 상황과 대면하게 된다. 타자는 필연적으로 주체의 동일성에 충격을 가하는 요소로 작용한다. 따라서 주체의 생각과 의도를 좌절시키면서 삶에 개입하는 존재인 것이다. 가리타니고진은 동일한 규칙을 공유하지 않는 타자와 조우했을 때, 인간은 비로소 자기 자신을 돌아보게 된다고 말한다(柄谷行人 2004).

타자와의 조우는 타자의 독자성을 인정할 때 발생한다. 정서적 충격에 의해 타자와 만나 그동안 인지하지 못했던 자신의 모습이나 감정을 인식할 수도 있다. 그러나 근본적으로 타자를 자신이 가진 지평을 잣대로 인식하게 된다면, 학습자가 가진 본연의 정서적 특성은 인식할 수 없으며, 세련된 정서를 함양하기 어렵다. 새로운 시를 읽고 음미하는 과정도 이러한 타자를 향해 열린 마음이 기본적인 태도가 되어야 한다. 시적 감성은 시 한 편의 독자성을 인정하고 독특한 정서의 색조를 찾으려는 적극성을 통해 길러질 수 있는 능력이다.

내용⑩ 시적 감성으로 대상을 바라보고 표현할 수 있다.

'내용⑩'은 시적 감성 교육의 최상위 수준이면서 시 감상 교육과 시창작 교육이 접합되는 부분이다. 시적 감성을 발휘하여 어떤 대상이나 세계에 숨겨져 있는 의미를 발견하고 이를 언어적으로 형상화하는 것을 내용으로 삼고 있기 때문이다.

독자가 접하는 모든 것은 시적 감성의 대상이 될 수 있다. 왜냐하면 대상의 지각 방식은 대상 그 자체에 의해 결정되는 것이 아니라, 대상과 더불어 그에 대한 독자의 관심과 태도에 달려 있기 때문이다. 예를 들어 황사 피해 현상을 시적 감성으로 바라본다고 가정하자. 자연적 현상에 대해 정치가, 과학자, 종교가, 문학가 등이 바라보는 사고는 다르다. 정치가는 황사로 인한 국민들의 피해 상황이나 그 원인이 되는 중국과의 관계를 통해 해결방안을 마련하려고 할 것이다. 과학자는 기상의 변화를 파악하여 황사의 움직임을 포착하고 국민들에게 예보하는 데 관심을 가질 것이다. 종교가는 황사의 피해로 인해 피해를 입은 이웃을 도울 수는 있는 방법이나 그것이 신의 뜻과 어떤 관계가 있는지 고민할 것이다. 그러나 문학가의 눈으로 그것을 바라본다면 자연의 거대한 힘에 대한 인간의 무력감이나 그 속에서 전개되는 인간의 삶의 모습과 고통 같은 것을 느끼고 표현할 것이다. 문학가가 가지는 지각 태도는 실제적인 지각 태도와는 다르다.

시적 감성은 주체와 대상 사이의 상호작용으로 일어나는 하나의 특수한 지각방식이다. 이러한 경험에서 얻어지는 시적 감성은 대상에 대한 직접적인 지각을 통해서 그 안에 숨어 있는 본질이나 잠재하고 있는 의미를 인지하도록 할 수 있다.

3) 시적 감성의 교육 방법

(1) 교육 내용의 상세화

시적 감성의 교육 내용이 교실 현장에 적용되기 위해서는 교육 내용에 따른 세부 학습 요소가 추출되어야 한다(이경화·김혜선 2008). 추상적인 수준의 교육 내용이 교재화 되고 교수—학습과정에 적용되기 위해서는 교육 내용을 상세화하는 작업이 필요한 것이다. 여기서는 시적 감성 교육의 내용 중에서 '내용③ 시를 읽고 시적 대상을 상상하고 정서를 파악할 수 있다.'를 선택하여 교육 내용을 상세화하고자 한다. '내용③'을 단원 목표로 삼아 차시 목표를 상세화하였다.

〔표 26〕 교육 내용 상세화 및 투입 활동 과제 예시

구분	내용
교육 내용	시적 대상을 상상하고 정서를 파악할 수 있다.
교육 내용 상세화	1차시: 시를 읽고 시적 대상을 파악할 수 있다. 2차시: 시적 대상을 상상하며 시를 읽을 수 있다. 3~4차시: 시적 대상의 정서를 파악하고 표현할 수 있다.
투입 활동 과제	(활동 과제 1) 자신의 마음 상태 생각하기 (활동 과제 2) 시적 대상 파악하기 · 시적 상황 파악하기 · 시를 읽고 간단한 그림으로 나타내기 (활동 과제 3) 시적 대상의 정서 파악하기 · 핵심 정서에 대하여 생각하기 · 핵심 정서와 관련된 경험이나 마음을 표현해 보기 · 나무의 입장이 되어서 다양하게 표현하기 (활동 과제 4) 자신의 정서 표현하기

상세화를 통해서 얻어진 '3~4차시' 학습 목표와 관련하여 주요 활동
과 교재를 구성하였다. 교재의 내용 구성은 [부록 3]에 제시되어 있다.

(2) 지도 원리와 모형

가) 지도 원리

구체적인 교재 내용을 지도하기 위해서는 유의해야 할 지도 원리가
있다. 시적 감성 교육의 지도 원리는 크게 두 가지로 살펴보았다. 하나
는 교실 상황에서 학습자의 소통성 확보에 대한 것으로 교사가 시적 감
성을 지도하면서 염두에 두어야 할 지도 원리이다. 다른 하나는 시를 읽
을 때 상투적 반응을 하지 않기 위해 학습자들이 주의해야 할 점이다.
학습자들의 주의할 점 역시 교사에 의해 안내되어야 하므로 지도 원리
에 포함하였다.

첫째, 발산적 생성의 원리이다. 학습자의 시적 감성을 향상시키기 위
해서는 독자의 내적 소통과정과 대화적 표현의 과정을 모두 고려한 교
육적 접근 방법이 필요하다. 교실 수업 상황에서 학습자들은 자신의 내
적 소통을 수행하면서 교실 안에서 일어나는 대화적 상황에도 참여하게
된다. 수업상황은 주로 교사에 의해 설계되고 학습자들은 무엇인가를
배워야 하는 목적을 가진 학습자로서 기능하게 된다. 따라서 수업 상황
에서 학습자들의 사용역(register)은 수업 이외의 상황에서보다 제한적이
다. 학습자들은 지속적으로 교사의 담화에 영향을 받기 때문이다. 교실
에서 학습자의 의견을 듣고 판단하는 주된 청자는 교사이다. 부차적으
로 의견을 나눌 수 있는 동료 학습자가 존재하지만 학습자는 자신들의
반응을 교사에 맞게 조절하거나 통제하는 경향성을 가진다.

시 텍스트가 소통되는 교실을 문화적 맥락으로 바라볼 때, 교사는 분

배자의 역할을 담당한다고 할 수 있다. 교실 안의 면대면 소통 상황(face-to-face communication)에서 교사는 시를 선택하고 그 수용을 독려하는 분배자로서 기능하면서 학습자가 적극적으로 시의 내용을 받아들도록 영향을 미친다.

교실 밖에서 이루어지는 시 텍스트의 소통 과정은 시 텍스트를 수용하는 주체들이 해석의 주된 주체가 되어 자신의 생각을 확장시키고자 하는 원심적 운동성이 작용한다. 그러나 교실 상황에서 학습자는 자신의 사용역(register)을 인지하고 교사에 의해 암묵적으로 의도된 사고 과정을 진행하게 된다. 이러한 특징은 학습자의 시적 감성이 하나의 결과를 찾아가는 구심적 운동성이 작용하게 된다.

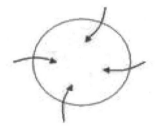

일반독자의 시적 감성의 작용　　　학습자의 시적 감성 작용

〔그림 11〕 일반독자와 학습자의 시적 감성 작용 차이

교사는 학습자가 구심적으로 시적 감성을 활용하기보다는 원심적인 방향감을 가질 수 있도록 유도해야 한다. 구심적 방향성은 원인에 대한 결과를 찾아가는 수렴적 문제해결의 성격을 가지지만 원심적 방향성은 다양한 가능성에 이르도록 하는 발산적 성격을 가진다.

시적 감성 지도 모형은 학습자가 구성하는 해석체의 구성 과정을 근간으로 구성될 수 있다. 학습자가 가진 시적 감성은 해석체 구성에 관여하며 끊임없이 대상에 대한 의미를 구성해 나간다. 독자가 개인적으로 시를 읽은 상황에서 해석체는 개인 내부에서 일어난다. 그러나 교실 맥락에서 학습자가 구성하는 해석체는 교사, 과제(task)를 비롯하여 교육 매체(educational medium)[5], 동료, 교실 상황[6]의 영향을 받는다. 학습자의 시적 감성은 해석체의 구성에 관여한다. 따라서 해석체의 구성이 활발하게 이루어질수록 시적 감성의 작용도 강화되었다고 볼 수 있다.

둘째, 심미적 확대의 원리이다. 학습자들이 시를 읽을 때 상투적인 반응(stock response)을 하지 않도록 심리적 거리두기를 하여야 한다. 2장에서 살펴본 학습자들의 해석체 중에는 상투적인 반응이 드러난 것들이 다수 있었다. 상투적 반응이란 시를 문학적인 현실로 받아들이기보다는 실제 현실로 받아들이는 것이다. 이것은 시적 상황이 사실인지 혹은 비사실인지로 판단하여 현실 세계의 일과 짝짓기식으로 파악하는 오류를 말한다. 또한 시를 읽고 교훈적인 내용만을 찾아내려는 경향성 역시 상투적 반응이라고 할 수 있다. 문학작품이 도덕과를 위한 텍스트가 아니라면 이러한 읽기 방식은 지양되어야 한다. 이를 해결하기 위해서는 심리적으로 거리를 두어 시 텍스트의 의미를 구성하는 태도를 지녀야 한다.

앞에서 언급한 바와 같이 시적 감성은 시와 그것을 읽어내는 독자와의 관계에서 비롯된다. 따라서 시에 드러난 의미를 구성하는 데 있어 수신자인 독자의 의미구성뿐만 아니라 시를 발화하고 있는 발화자의 의도 또한 고려되어야 한다. 즉 시적 화자의 입장에서 시를 발화하게 된 의도를 고민해야 한다는 것이다. 이것은 시의 부분이나 시어에 집중하는 것이 아니라 한 편의 시 전체의 내용과 상황을 바탕으로 시적 화자의 표현

---

5 교육 매체는 교육의 작용을 일으키기 위하여 존재하는 일체의 것을 말한다. 교사의 말이나 표정, 행동, 침묵, 교육내용의 구조나 짜임, 교실의 모습이나 교사의 학급 운영 방침, 학교의 건축 디자인이나 교실의 물리적 환경 등을 모두 포함하는 개념으로 사용하였다.
6 교실 상황은 교실 안의 물리적 환경 이외의 학습 분위기, 학생들 간의 관계, 지역사회나 교육구청과의 관계 등 학습자에게 영향을 미칠 수 있는 정신적, 이데올로기적 요인 등을 말한다.

의도를 파악하는 방향으로 시를 읽어야 한다는 의미이다.

심리적 거리두기는 시를 읽기 전에 학습자가 취해야 할 태도적인 측면이다. 시를 읽을 때 심리적 거리를 둔다는 의미는 다른 것에 관심을 가지지 않고 그 자체에만 관심을 가진다는 의미이다. 다른 대상과의 관계나 나와의 관계에서 시의 중요성을 인식하는 것이 아니라 시를 시 자체로서 바라보고 그 시가 가지고 있는 개체성에 대해 지각하는 것이 필요하다. 예를 들어 회색의 낡은 강의실 책상을 바라본다고 할 때, 인간에게 생길 수 있는 인식은 여러 가지가 있을 수 있다. 책상이 사각형이라든가, 책상과 의자가 붙어 있다든가, 교실에 있다든가 하는 것은 인지적 인식이다. 책상은 학생에게 꼭 필요하다든가 낡아서 필요 없게 되었다든가 하는 것은 정의적 영역에 속한다. 이와 같은 인식은 그 책상에 대한 개념적 인식이며 그 책상의 개체성(individuality)에 대해서는 아무런 인식도 없다. 반면 책상은 대학의 강의실에서 수십 년을 지내오면서 학생들의 성장을 지켜보았을 것이라든가, 어느 무더운 밀림에서 자란 나무가 책상이 되었을 것이라든가, 낡았지만 균형이나 아름다움을 주는 모양을 가졌다든가 하는 인식이 바로 심리적 거리를 두고 대상에 관심을 가지는 인식이다. 자연 현상에 대한 판단도 이와 비슷하게 설명될 수 있다. 이른 새벽 대도시 안에 있는 산에 올라가서 스모그 가득한 도시의 모습을 바라보았다고 하자. 그 모습을 보고 매연에 들어 있는 탄화수소가 햇빛에 의하여 성질이 변하면 질소산화물과 작용하게 되어서 스모그가 나타난다고 설명한다면 이것은 스모그의 발생에 대한 과학적 시선으로 인지적 평가에 해당한다. 반면 스모그 때문에 사람들의 건강이 나빠질 것이기 때문에 스모그를 발생시키는 자동차를 줄여야 환경오염을 줄여야 한다고 생각한다면 이것은 정의적 가치판단에 속한다. 그러나 스모그의 모습에서 환영받지 못하는 존재에 대한 비애나 불투명한 흰 빛깔이 아름답다고 느낀다면 무관심성의 시선으로 바라보고 있는 것이다.

즉 심리적 거리두기는 다른 목적에는 관심을 두지 않고 대상의 구체적인 모습을 감각적으로 생생하게 지각하고 공감하도록 하기 위한 준비 과정이다.

이 과정에서 학습자는 모든 다른 관심이 제거된다는 측면과 그리하여 대상에 대한 지각적이고 상상적 힘에 전심한다는 두 가지 측면을 지닌다. 대상에 몰입하기 때문에 감정이입의 통로가 쉽게 열릴 수 있으며, 지각된 시 텍스트에 대한 정신적 참여를 통해서 시를 인식하는 것이다. 시의 객관적 실체 자체가 아니라, 그 실체에 기초하고 있는 깊이와 의미를 생생하고 구체적으로 지각하도록 이끌어야 한다.

나) 지도 모형

학습자의 시적 감성은 시를 읽고 시에 드러난 정감을 이해하는 과정과 시적 감성을 활용하여 시적 화자의 정감을 다시 표현해 보는 과정을 통해 신장할 수 있다. 시적 감성의 교육이 추구하는 궁극적인 목표는 학습자가 시와 만났을 때 자신의 눈으로 시를 해석하고 향유하는 태도를 길러주는 데 있다. 따라서 시적 감성 교육은 시를 읽는 활동뿐만 아니라 자신의 느낌이나 생각을 생생하게 전달하기 위한 감성적 표현 활동에도 영향을 미친다. 이러한 감성적 표현은 시나 소설을 쓰기 위한 활동뿐만 아니라 자신의 느낌이나 생각을 생생하게 전달하기 위한 국면에도 확장되어 활용될 수 있다.

시적 감성의 교육 모형은 학습자의 능력 계발 모형(Conscious Competence Learning Model)을 근거로 삼아서 구안하고자 한다. 학습자가 활용하는 시적 감성은 스스로를 반성적으로 바라보고 사고함으로써 얻어질 수 있는 능력이다. 미국의 심리학자 고든(Thomas Gordon)이 설립한 고든 학습 인터내셔널(Gordon Training International)에서 계발된 능력 계발 기반 모형(conscious competence learning matrix)[7]은 인간이 어떤 업무를 수행하거나 일을 처리하는 데 필요한 능력을 습득하기 위해 거쳐야 하는 과정을 4단계로 보여준다. 시에 내재한 시적 정서를 인식하고 내면화하는 기제로 작용하는 시적 감성도 이러한 능력의 하나라고 할 수 있다. 따라서 능력 계발 기반 모형에서 제시한 단계와 유사한 발달 과정을 거친다고 할 수 있다. 학습자의 능력 계발 기반 모형에 나타난 단계별 특징(Adams 2012)은 기능을 수행하는 능숙도와 기능을 의식하고 있는지에 따라 〔표 27〕과 같이 나눠진다.

〔표 27〕 학습자의 능력 계발 기반 모형

의식적 수행 정도　＼　능숙도	능력이 높음 (competence) ←	능력이 낮음 (incompetence)
의식적 (conscious)	〈3단계〉 의식적 능력 (conscious competence) 배워야 하는 기능이 무엇인지 알고 의식적으로 노력하여 그 기능을 수행할 수 있는 상태	〈2단계〉 의식적 미숙 (conscious incompetence) 배워야 하는 기능이 무엇인지는 알지만 할 수 없다는 것을 알게 된 상태
무의식적 (unconscious)	〈4단계〉 무의식적 능력 (unconscious competence) 학습한 기능을 지속적으로 연습하고 새로운 기능을 적용하여 의식적으로 노력하지 않아도 쉽게 수행할 수 있는 상태	〈1단계〉 무의식적 미숙 (unconscious incompetence) 배워야 하는 기능이 무엇인지 모르고 수행할 수도 없는 상태

---

7 'conscious competence learning matrix'를 우리말로 그대로 옮길 경우 의미의 오류가 발생할 수 있어 '학습자의 능력 계발 기반 모형'이라고 명명하였다. 이 모형은 교과 교육에서 필요한 능력을 계발시키기 위한 기반 이론으로 북미 지역에서 다양하게 응용되고 있다. 이 모형을 처음 제안한 학자에 대해 아직 일치되는 의견은 없으나, Gordon Training International(GTI)에 의해 북미지역에 보급되었고, 2012년 현재 GTI의 회장인 Linda Adams는 30년 전 GTI의 직원이었던 Noel Burch에 의해 개발되었다고 언급하고 있으므로 GTI에 의해 구안되었다고 기술하였다. (http://www.gordontraining.com 참조).

이 모형은 다시 태일러(Taylor)에 의해 교육적인 접근 방법으로 수정되었다. 그는 근본적으로 어떠한 기능이 숙달되어 자동적으로 수행될 수 있는 단계에 도달하게 되면 인간은 직관적으로 기능을 수행하게 된다고 말한다(Taylor 2007). 직관적으로 수행할 수 있는 단계가 계속되면 학습한 기능은 습관으로 굳어지게 된다는 것이다. 습관으로 굳어진 기능은 자칫 상투적인 매너리즘에 빠질 수 있다(Richard & Linda 2002: 234). 따라서 그는 발단 단계에 관여하는 '반성적인 능력(reflective competence)'의 영역을 추가하여 학습자의 능력 계발 모형(Conscious Competence Learning Model)을 구성한다(Taylor 2007). 시적 감성은 바로 5단계인 '반성적인 능력'의 단계라고 볼 수 있다. 그의 모형을 기반으로 시적 감성의 교수-학습 모형을 구안하면 다음과 같다.

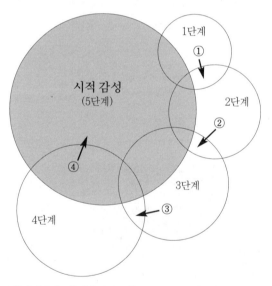

①발견하기 ②학습하기 ③적용하기 ④자동화하기

〔그림 12〕 시적 감성의 교육 모형

시적 감성의 교육 모형은 시적 감성에 대한 학습자의 인식 여부에 따라 4단계로 구성된다. 1단계는 시적 감성에 대해서 알지 못하며 수행하지도 못하는 단계이며, 2단계는 시적 감성을 알고 있지만 수행하지 못하는 단계, 3단계는 시적 감성을 알고 수행도 할 수 있는 단계, 4단계는 무의식적으로 시적 감성을 활용하여 시를 읽고 소통할 수 있는 단계이다. 각 단계는 학습자가 지속적으로 자신이 시의 정서를 인식하고 깊이 있는 의미를 만들어내고 있는지 고민하는 과정이 수반되어야 한다. 학습자가 시를 읽고 시적 감성을 활성화하고 인식할 수 있느냐에 따라 학습자의 위치가 1~4단계 사이에서 정해진다. 학습자가 시적 감성을 얼마나 활발하게 활성화하고 있느냐의 여부는 3장에서 살펴본 바와 같이 학습자가 생성해 내는 해석체를 통하여 알 수 있다. 교사는 학습자의 현재 상태에 따라 ①~④의 활동을 계획할 수 있다.

'①발견하기' 단계는 시를 읽을 때 정서를 메타적으로 인식하는 것이 필요함을 아는 단계라고 할 수 있다. 발견하기 단계는 스스로 깨우치게 되는 과정(realizing)이 아니라 어떠한 자극을 통해서 발견(discovering)하는 과정이다. 발견하기는 여러 가지 방식으로 시도될 수 있다. 첫째, 시적 감성을 잘 활용하는 능숙한 독자의 시 읽기 과정과 반응 등을 관찰하고 대화하도록 할 수 있다. 동급학년이나 상급학년의 학생 중에서 시를 능숙하게 읽는 학생을 교실에 초대하여 자신의 읽기 방식을 설명하도록 하거나 그와 이야기하도록 유도하는 것이다. 또는 여러 학생이 시를 읽고 시에 드러난 혹은 드러나지 않은 정서와 시적 상황, 시적 화자의 특성 등에 대하여 토론하도록 하고 토론 장면을 지켜보게 할 수 있다. 미숙한 독자가 능숙한 독자들이 텍스트를 읽고 독서토론 하는 모습을 관찰함으로써 읽기 능력을 향상시키며, 자신의 읽기 과정을 메타적으로 평가할 수 있음은 여러 연구를 통해 증명된 사실이다. 이 밖에도 교사가 자신의 읽기 경험을 학생들에게 들려주고 학생들로 하여금 자신과 다른 점이나, 따라하고 싶은 방법 등을 이야기할 수 있다. 둘째, 시를 읽고 쓴 감상문이나 아동을 위한 비평을 읽고 텍스트에 드러난 시적 감성의 활용정도를 파악할 수도 있다. 이러한 활동을 통해 학습자는 자신이 시 읽기에 초보자임을 느끼고 실망할 수도 있다. 그러나 교사는 시 읽기의 맛은 시적 감성을 얼마나 활용하느냐에 따라 큰 차이가 남을 이야기하고 시적 감성이 시뿐만 아니라 다른 사람의 감정이나 정서를 생각하고 융통성 있게 소통하는 데 도움을 줄 수 있음을 안내할 수 있다.

'②학습하기, ③적용하기, ④자동화하기' 단계는 준비된 교육내용에 따라 시적 감성과 관련된 전략들을 학습하는 단계라고 할 수 있다. 이 단계에서는 본격적으로 시를 읽으면서 시적 감성을 활성화하는 방법을 배우고, 설계된 교육 내용을 절차적으로 지도한다.

제2부 동시의 특성과 교육

제1장

언어유희 동시의 특성과 교육

1. 언어유희 동시의 특성

『이상한 나라의 앨리스』에 수록된 '자바워키(Jabberwoky)'는 영어로 쓰여진 무의미시(nonsense)의 최고봉이라고 여겨진다(Styles 2009: 212). 현실에 존재하지 않는 이상한 괴물로 묘사되었던 '자바워키(Jabberwoky)'의 의미가 '알아들을 수 없는 말'을 뜻하는 단어로 굳어진 것을 보면, 이 시에 대한 독자들의 반응이 어느 정도였는지 알 수 있다. 독자는 수렴적 의미 해석으로 감화되기도 하지만, 무의미한 언어놀이(word paly)나 펀 (pun)을 통해 재미와 해방감으로 감화되기도 한다. "앨리스의 모험이 주는 가장 주된 경험은 삶의 체험이 아니라, 바로 언어의 체험이다"라는 르세르클(Lecercle 2001: 53)의 말은 언어적 체험이 문학 감상의 한 축을 이루고 있음을 설명하는 좋은 예이다. 일상 언어의 의미를 넘어서는 '또 다른 언어'를 체험함으로써 문학 경험의 폭은 확장될 수 있다.

문학교육에서 문학적 체험은 주로 학습자의 삶과 관련된 정신적 성장과 관련하여 논의되어 왔다(최지현 1998, 김중신 2003, 진선희 2006, 신헌재 2006, 김선희 2007, 김남희 2007, 서민정 2011 등). 그러나 문학적 체험의 다른 한 축이라고 할 수 있는 언어유희적 체험에 대한 교육적 접근은 소극적이다. 초등학교의 경우 동시를 활용한 언어유희 교육은 주로 저학년에서 지도되고 있다. 그런데 주요 학습 내용은 의성어·의태어의 확인과 사용, 동어 반복 현상을 축어적으로 인식하는 수준에 머물러 있다.

그런데, 최근 이에 대한 문제점을 지적하는 논의들이 있어 주목된다. 주경희(2007)는 현재 국어교육에서 '언어유희' 교육이 난항을 겪고 있음을 지적하고 그 이유는 '언어유희적 기능'의 개념이 미정립되었기 때문이라고 진단한다. 또한 권혁준(2008)은 초등학교 시교육이 시의 본질과는 거리가 먼 학습활동들로 구성되어 있다고 비판한다. 그는 '흉내내는 말'이나 '반복되는 말' 찾기 중심의 언어유희 교육은 '말에서 느끼는 재미'를 너무 단순하게 파악한 결과라고 지적한다. 이러한 문제를 해결하기 위해 '청각적으로 재미를 만끽할 수 있는 작품'을 제재로 삼아야 한다고 역설하고 있다(권혁준 2008: 80~82). 이들의 연구는 국어과교육 안에서 언어유희 교육의 문제점을 재조명하고 새로운 방향감을 찾을 수 있는 기틀을 마련하였다는 데 의의가 있다.

따라서 이 글에서는 위의 두 연구의 성과를 바탕으로 언어유희 동시의 교육적 접근 방향을 논구하고자 한다. 이를 위하여 동시 텍스트의 언어유희적 특성을 예각화하고, 교과서 제재와 학습 활동을 비판적으로 검토하여 그 해결방향을 제시하고자 한다.

1) 동시의 소통 구조와 언어유희의 관계

동시의 언어유희적 성격은 동일성을 드러내는 텍스트에서보다 비동일성을 드러내는 무의미시에서 두드러지게 나타난다. 서정시의 원형이라고 할 수 있는 동일성은 자아가 타인들 혹은 외부세계와 조화를 이루고 있느냐 그렇지 않으면 대립과 갈등을 일으키고 있느냐에 따라 성취 여부가 결정된다. 자아와 세계가 일체감과 결속감을 가지거나 또 다른 자아를 재발견하였을 때 시적 동일성은 성취된다(김준오 2002: 394). 시적 동일성은 응집성(cohesion) 있는 의미구성과 관련이 깊은 것이다. 그런데 상상세계 속에서만 존재하는 어떤 이미지만 있을 뿐 특정한 대상을 지시하지 않는 시에서 이러한 동일성은 찾기 어렵다. 의미구성의 어려움은 바로 해석의 난해함으로 연결된다.

무의미시는 "무의식적인 것, 성적인 것, 그로테스크한 것, 꿈 및 우연적인 것에 주목하게 만든다."는 점에서 해석 가능하다는 바흐친의 지적(임수만 2001: 387에서 재인용)은 이러한 해석의 난해함을 해결할 수 있는 실마리를 제공한다. 무의미시나 난해시가 생산될 수밖에 없었던 사회문화적 맥락을 고려함으로써 시의 의미를 해석할 수 있다는 것이다.

이러한 입장을 받아들인다면 언어유희 동시도 그것의 소통 맥락 속에서 의미가 파악되어야 한다. 그런데, 동시의 소통맥락은 성인시의 그것과 다르다. 가장 큰 차이점은 창작자인 성인과 감상자인 아동의 층위가 다름에서 기인한다. 경제적 능력이 없고 어른의 보호를 받아야 하는 아동은 동시의 소통과정에서 독립적인 주체로 서지 못한다. 아동은 항상 학부모, 교사, 출판가, 비평가 등에 의해 주조된 소통구조 위에 존재하게 되기 때문이다. 따라서 아동을 바라보는 성인의 시선에 따라 동시의 내용과 형식이 달라질 것이며 성인이 선호하는 동시가 활발하게 소통될 가능성이 크다. 즉, 실제 아동(real children)이 아닌 성인의 아동관이 소통의 중심부에 위치하게 된다. 동시의 소통구조에서는 아동성(the child)이 아동주체를 대신한다고 볼 수 있다.

아동문학의 장(field)에서 아동을 바라보는 아동관은 다양한데, 크게 세 가지 입장으로 정리될 수 있다. 아동에게 무엇인가 가르쳐야 한다는 입장, 아동이 문학을 즐기도록 해야 한다는 입장, 어른이 가지지 못한 아동의 순수함을 지키고 보호해야 한다는 입장이 그것이다. 이러한 입장은 서로 배타적이기보다 아동문학텍스트 생산 과정에서 필연적으로 함께 드러나게 된다. 그러나 어떠한 입장을 최우선 순위에 놓느냐에 따라 아동의 모습은 큰 편차를 보인다. 아동을 미숙한 존재로 볼 수도 있고, 성인과는 다른 주체적인 존재로 인정할 수도 있으며, 성인이 잃어버린 순수함을 지닌 존재로 볼 수도 있다. 이러한 입장을 결정짓는 가장 중요한 요인은 아동이 처한 현실에 대한 해석이다.

한국의 아동문학은 일제강점기에 발흥하여 1990년대 폭발적인 발전이 있었고 2000년대에 들어 중흥기에 들어갔다고 진단되고 있다(신헌재 외, 2009). 모든 성인 문학이 그러하듯이 아동문학의 변화 과정도 우리 사회의 발전과 맥을 함께 한다. 일제강점기에 아동은 식민지현실을 타계하고 사회를 계몽해야 할 미래의 역군으로 받아들여졌다. 따라서 역군의 역할을 다하기 위해 애국심을 고취시키고 고상한 지식을 소유해야 할 존재로 여겨졌다. 이후 경제적 생산의 현장에서 일하던 아동은 '일하는 아이들'로 비추어진다. 일하는 아이들은 치유받아야 하는 억압된 심리를 가지고 사회의 모순을 타개해야 하는 민중으로 받아들여진다. 그러나 시민사회로 접어들고 있는 현재 우리 아동의 모습은 어떻게 바라보아야 하는가?

원종찬(2009a)은 현재 아동문학이 끌어안은 아동은 '고된 일'에서는 벗어났지만, 상징적 '아비 죽이기'를 못한 순응적 주인공이며, 일탈을 꿈꾸지만 자기애를 통한 해결을 보여주지는 못하는 '교복입은 주인공'이라고 말한다. 그의 논리에 따르면 현재 우리 사회의 아동은 '고된 일'에서 벗어난 낭만적 주체이며, 어른의 그늘에서 벗어나 기존의 규범을 답습하지 않는 전복적 존재임을 알 수 있다. 이러한 아동관은 최근 영미 아동문학의 아동관과도 상통하는 부분이 있다.

영미 아동문학은 300여 년의 역사를 가지고 있다. 그들 역시 아동을 1차적 청중(audience)으로 하는 아동문학텍스트를 생산하고 소통하면서,

아동관에 대한 논쟁이 있었다. 밸론(2009)에 의하면, 영미 아동문학의 역사는 아동과 성인의 다름을 찾아가는 '차이'의 담론이라고 한다. 차이의 담론은 '차이에 대한 자각'이나 '타자의 존재에 대한 인식'으로 구체화되었다(Vallone 2009: 174). 그는 담론적 변화 속에서 나타난 아동관을 '개조(conversion)적 입장'과 '저항(resistance)적 입장'으로 설명한다.

'개조적인 입장'에서 아동은 "성숙해질 필요가 있는 불완전한 상태"이며 어른의 원시적인 모습으로 평가된다. 이러한 입장은 17~19세기 영미 아동문학사에서 지배적이었는데, 이때 아동문학의 주인공이나 아동 독자는 미성숙하고 약하며 교육되어야 할 대상으로 여겨졌다. 반면 최근에는 아동이 가진 특별한 본성을 수긍하고, 아동기(childhood) 안에서도 아동 개개인의 차이를 인정하는 입장을 취하게 되었다. 밸론은 이러한 관점을 '저항적인 입장'으로 부른다. 이제 개별 아동을 일반화하여 성인과 계층적인 관계로 인식하지 않고 아동 특유의 특성을 인정하게 된 것이다. 어른보다 못한 존재로서의 아동이 아니라 어른과 '다른(differentiated)' 특성을 가진 주체로 아동을 이해하게 된 것이다(Vallone 2009). 이러한 관점이 있었기에 최근 영미아동문학에서는 사회규범에 정면으로 맞서고 타인에 의한 문제의 해결이 아닌 자기애를 통한 성장의 모습을 보이는 주인공들이 등장할 수 있었다고 판단된다.[1]

동시의 소통 맥락에서도 학부모, 교사, 비평가, 작가들이 아동을 주체적인 존재로 인정하고 그들의 삶을 들여다볼 때, 동시 텍스트는 현재 아이들의 삶에 더 가까이 갈 수 있다. 이것은 어른의 시선으로 아동을 평가하기에 앞서 성인과 다른 주체로서의 아동을 인정해야 함을 전제로 한다.

---

1 『시간의 주름(Winkle in Time)』(Madeleine Lengle의 1962년작)의 찰스와 메그, 『트리갭의 샘물(Tuck Everlasting)』(Natalie Babbit의 1975년작)의 위니, 『기억전달자(The Giver)』(Lois Lowry의 1993년작)의 조너, 『손도끼를 든 아이(The Savage)』(David Almond의 2008년작)의 '나'가 대표적인 예이다. 이들의 성장통 극복은 타의적이지 않고 주체적이다.

언어유희 동시의 중요성은 어른과 다른 아이의 모습에서 부각된다. 어른들의 입장에서 보면 의미 없는 소리들일지라도 아이들에겐 의미 있는 놀이일 수 있기 때문이다. 폭발적으로 언어를 습득하는 과정에 있는 아동에게 언어유희적 장면은 쉽게 포착된다. 아이들은 모든 것을 놀이로 환원하는 특징을 가지고 있다. 소리 내지 못하는 장난감을 손에 들고 움직이면서 옹알거림(cooing)을 하기도 하고, 자음과 모음을 결합하여 의미 없는 옹알이(babbling)로 무엇인가 가리키기도 한다. 또한 뻔히 알면서도 되뇌어 묻기도 하고, 재미있는 말을 반복적으로 듣고 싶어 한다. 다양한 음색과 음량을 포함하여 만들어내는 소리들은 아동의 즐거움과 관련되어 있다(Lund 2007: 91). 또한 아동이 단어로 표현하기 전에 이미 많은 단어를 이해하고 있다는 연구 결과(Bee 2000)는 아동이 만들어내는 소리가 의미 있거나 의미를 만들려는 노력임을 반증한다.

이 밖에도 아동은 새로운 낱말들을 만들어 사용하기도 하고 별명을 만들어 놀리기도 한다. 또한 동식물이나 장난감에게 어른들은 알아들을 수 없는 언어로 말을 걸기도 한다. 이러한 말하기는 메시지를 전달하거나 설득하기 위한 행동이 아니라 순전히 '놀이적 상상력'에서 비롯된 것이다. 어른이 규범이나 이성적 판단을 과감히 벗어버리고 현실의 사회적 질서를 포기하는 일은 실로 어려운 일이다. 그러나 아동은 어떤 망설임이나 두려움 없이 자신만의 상상의 나래를 마음껏 펼쳐 보이는 것이다(Lovejoy 1948: 238). 어른들에게 아이들의 언어 놀이는 현실맥락과 동떨어진 불합리한 현상이지만, 아이들에겐 또 다른 현실 대응의 방식인 것이다.

언어유희 동시는 아동의 이러한 특성을 고스란히 받아 안은 텍스트이다. 언어의 고착된 의미를 파괴하고 언어적 규범을 벗어난 전복성을 드러내기 때문이다. 결국 언어유희 동시는 기존의 의미가 어떻게 해체되고 재수용 되는지를 보여줌으로써 새로운 의미의 세계를 열어 주는 것이다.

2) 언어유희 동시의 텍스트성

언어유희 동시의 텍스트성은 그 근원을 동요에 두고 있다고 해도 과언이 아니다. 아이들의 입을 통해 구비전승 되던 동요는 입말의 감각과 어린이다운 상상력을 주요 텍스트성으로 갖는다. 동요는 아이들이 가장 자연스럽고 재미있게 따라 부를 수 있는 형식과 리듬을 가졌다. 따라서 복잡한 사고나 논리적 표현보다는 단순한 낱말에 가락을 붙이거나 다양한 어휘를 늘어놓는 방식을 취하였다. 몇 가지 예를 통해서 동요의 언어유희적 성격을 살펴보자.

(가) 개밥먹고 개밥먹고
키크지 마라
개밥먹고 개밥먹고
키크지 마라
엇쒜이 키크지 마라

―편해문(2002), 『옛아이들의 노래와 놀이 읽기』

(나) 엿장사 궁덩이는 찐덕찐덕
참기름장사 궁덩이는 맨질맨질
두부장사 궁덩이는 뭉실뭉실

―편해문(2002), 『옛아이들의 노래와 놀이 읽기』

(다) 고사리 꺽어
송송 달랑귀

고사리 꺽어

송송 달랑귀

—어효선(1975), 『전국 전래 동요를 찾아서』

(가)는 놀림요이다. 여기에는 반복을 통한 언어유희성을 찾을 수 있다. '개밥먹고 개밥먹고 키크지 마라'를 반복하고 있다. 또한 '엇쐐이'라는 토박이말로 변화를 주면서, 쐐기를 박는 장면은 심술궂은 아이의 모습을 저절로 떠오르게 한다. 작은 키의 아이들을 놀리는 얄궂은 마음은 아동의 동심을 그대로 보여준다고 하겠다.

(나)는 장사꾼들을 놀리는 노래이다. 엿장사라서 그의 궁덩이가 '찐덕찐덕'하고, 참기름 장사라서 '맨질맨질'하며 두부장사라서 '뭉실뭉실'할 것이라는 상상은 어린다운 발랄함을 보여준다. '찐덕찐덕', '맨질맨질', '뭉실뭉실'이라는 의태어는 엿, 참기름, 두부의 모습과 연결되면서 그 의미를 상세화하고 있다. 구름 모양을 흉내내는 말로 흔히 쓰이는 '뭉실뭉실'이 '엉덩이'와 '두부'의 기의와 만나면서 재미를 주고 있다.[2]

(다)는 지시적 의미를 구성할 수는 없으나 고사리와 달랑귀('달래'의 제주도 방언)를 뜯으면서 불렀을 것으로 예상되는 놀이요의 모습을 보여준다.

위에 예시된 세 동요는 언어유희적 성격을 드러낸다. (가)는 '언어의 반복성'을, (나)는 '기의의 변형', (다)는 '무의미성'을 드러낸다고 하겠다. 그런데 동요에서 드러나는 언어유희성은 초보적 수준이다. 반면, 언어유희 동시에서는 위의 세 가지 범주가 보다 섬세하게 드러난다. 이제 언어유희 동시의 텍스트성을 고찰하고자 한다.

---

2 (가), (나)와 같은 동요에서 '어른을 놀리는 못된 아이'를 읽어 내는 것은 무의미하다. 괴물들이 사는 나라의 주인공인 맥스가 "엄마도 잡아먹어 버릴 테다."라고 말한 것이 정말 어머니를 살인하겠다는 말이 아닌 것과 같은 이치이다.

(1) 반복을 통한 의미의 차이 실현

반복성은 동일한 음절이나 단어, 구, 절 등이 텍스트 안에서 반복되어 나타나는 것을 말한다. 언어유희로서 '반복성'은 단순히 형태적 반복으로 성립되는 것이 아니라 텍스트 내의 맥락에서 의미의 차이를 드러내는 특성이다. 동일한 단어의 반복이 언어유희적 기능을 하기 위해서는 반복 양상에 따라 서로 다른 의미나 가치를 지녀야 하기 때문이다(주경희 2007: 23). 아래의 두 동시에서 반복적으로 제시된 시어에 주목해 보자.

> (라) 빡 - 빡 - 오리오리 물오리 떼가
> 　　하낫둘 셋넷 걸음 맞춰서
> 　　앞뜰 개울 뒤뜰 개울 물나라로
> 　　아그작 뽀그작 산보 갑니다.
>
> 　　　　　　　　　　　　　　-김희석(1999), 「물오리 떼」 전문, 『귀뚜라미와 나와』

> (마) 쪽진 할머니가
> 　　쪽물 들인 치마 입고
> 　　쪽마루를 지나
> 　　쪽문을 나서
> 　　쪽빛 하늘 아래
> 　　마실을 가다
> 　　길 한 쪽에 떨어진
> 　　콩 한 쪽을 보고
> 　　콩 한 쪽이 어디냐
> 　　하늘에서 떨어지나
> 　　땅에서 절로 솟나

얼씨구나 얼른 주워

입 맞추네, 쪽!

—김유진, 「콩 한 쪽」 전문, 『어린이와문학』 2010년 1월호

(라)는 '빡-빡-', '아그작 뽀그작'과 같이 반복성을 가지면서도 상투적이지 않은 시어를 보여준다. '빡빡'은 유리창의 표면과 같이 메끄러운 매끄러운 부분을 닦을 때 나는 소리로 흔히 쓰인다. 그러나 오리 소리를 흉내내는 말로 의미역을 넓혔다. 작은 오리가 입을 한껏 벌리고 옹골지게 내는 소리를 표현한 것이다. 걷는 모습 역시 '뒤뚱뒤뚱'이 아닌 '아그작 뽀그작'이라고 표현함으로써 작은 오리 새끼가 어설프게 걸어가는 모습이 생생하게 그려지고 있다.

2007 개정교육과정 초등학교 국어교과서(이하 개정 교과서) 5학년에 수록되기도 한 (마)는 의미의 차이를 통해 언어의 유희성을 잘 드러내고 있는 동시이다. '쪽'이라는 음절이 반복되어 사용되고 있지만, 위치에 따라 조금씩 다른 의미로 쓰이고 있다. 머리 모양(쪽진 할머니), 식물의 이름(쪽물 들인 치마), 쪼개진 물건의 한 부분(콩 한 쪽), 방향성(길 한 쪽), 의성어 등을 나타내는 다양한 '쪽'이 등장한다. '쪽'이라는 기표가 다양한 어휘와 결합하면서 점차 할머니의 모습과 동화되고 있다. 또한 '쪽'을 소리 내어 읽었을 때 음의 고저나 장단이 자연스럽게 생기며, 2음보의 리듬감을 만들어 내어 가벼운 생동감까지 유발한다.

위의 두 시에서와 같이 반복성을 통한 언어유희는 형태적 반복에 의한 것이 아니라 그러한 반복이 만들어내는 의미 맥락의 다양성에서 기인한다.

(2) 기표와 기의의 변형

아동의 현실세계는 언어적 규범을 존중해야 하는 세계이다. 그러나

동시는 현실을 벗어난 상상의 세계를 표현하는 경우가 많다. 상상의 세계에서 이루어지는 언어유희는 기의의 누빔점(quilting point)을 느슨하게 하는 역할을 한다(Fink 2002: 156~166). 누빔점은 "기표의 끊임없는 의미작용을 멈추게 하는 의미화 연쇄 위의 점"을 말한다(Fink 2002: 166). 이 지점은 음성기호와 의미의 연결고리가 되는 장치로서 기표를 특정한 기의에 고정시키는 역할을 한다.

동시의 언어유희성은 기표에 유사한 기의를 덧붙이거나 새로운 기의를 생성하는 성격이라고 할 수 있다. 새로운 기표의 생성이나 기의의 변형은 누빔점을 흔들어 헐거워지도록 하거나 결국 풀리게도 한다. 최근 발표된 이안의 동시 두 편은 기표와 기의의 변형으로서 언어유희성을 적절하게 보여주고 있다.

(바) 내가 왜 가리
    내가 왜 가리

    안 갈 것처럼 말해 놓고
    멀리 가는 새

    흰 뺨 검어지면 오리
    흰 뺨 검어지면 오리

    못 올 것처럼 말해 놓고
    자주 오는 새

—이안, 「가는새오는새」 전문, 『어린이와문학』, 2012년 5월호

(사) 모자를 반듯하니 쓰고 가던 질형이가 모자를 비뚜름히 쓰고 가면 질행

이가 됩니다. 모자 쓰는 거 재미없다 지금부턴 타고 가자 하면 지랭이가
되고요 모자 잃고 울고 가면 그때부터는 지래이가 됩니다.

이런 이야기를 하나도 모르고 살면 그냥 지렁이가 됩니다.

—이안, 「지렁이」 전문, 『어린이와문학』, 2012년 5월호

　(바)의 제목은 「가는새오는새」인데, 띄어쓰기가 되어 있지 않아 '새'
가 생물학적인 '새'를 의미하는지, 시간을 나타내는 '새'를 의미하는지
알 수 없다. 제목부터 고정된 의미가 흔들리고 있는 것이다. '내가 왜 가
리'라고 말한 첫 연 역시 '왜 가야 하는가?'라는 의문이나 탄식으로 볼
수도 있고 '나' 자신에 대한 존재론적 자문으로 보이기도 한다. 이러한
언어유희적 기교는 기의의 누빔점을 느슨하게 한다. 독자는 하나의 의
미와 다른 의미의 사이의 길항관계에서 줄타기를 하면서 의미를 구성하
게 된다. 이 과정에서 재미가 유발된다고 볼 수 있다.
　(사)는 언어적 상상력이 돋보이는 동시이다. '지렁이'라는 글자 모양
과 음운의 변형을 통해 새로운 기의를 형성하고 있다. 모자를 반듯하게
쓴 '질헝이', 모자를 비뚜름이 쓴 '질행이', 무엇인가 타고 가는 '지랭
이', 울고가는 '지래이'는 언어의 근본적인 속성인 기표와 기의의 만남
을 표현한 언어유희이다. 이것은 물질적인 측면인 기표가 정신적인 개
념을 추인하는 전복성을 보여주고 있다. 우리가 '지렁이'라는 단어에서
연상되는 것은 구체적인 지렁이 개체가 아니라 일반적인 지렁이에 대한
속성이다. 그러나 이안에 의해 만들어진 '질헝이', '질행이', '지랭이',
'지래이'는 구체적인 개체를 지칭하면서 기의를 구체화하고 있다.

3) 무의미성

언어유희로서 무의미성은 말장난(pun)이나 말놀이(word paly) 동시에서 주로 나타난다. 무의미성은 삶의 감동이나 영혼의 교감보다는 언어를 통한 재미와 관계가 깊다. 또한 동시의 유형으로 나타나는 무의미시들은 구체적인 삶 안에서 길어낸 정서가 담긴 '기층 언어'로 구성되는 경우가 많다. 유종호(1989)에 의하면 '기층 언어'는 유아기에 습득한 기본적인 단어로서 의식의 깊은 곳에 자리 잡은 언어라고 말한다(유종호 1989: 69~70). 기층 언어는 사람이 위기 상황에 처했을 때 무의식적으로 소리를 내는 비명이나 사투리와 같이 개인에게 가장 확실하게 각인되어 있는 말이다.

(아) 토마토가 익어가네
　　빨간 토마토

　　토끼야
　　눈 빨간 토끼야
　　토마토밭에서 뭐 하니?
　　똥 누니?
　　잠 자니?

　　　　　　　　　　　　　　　　　　─최승호(2005), 「토끼」 전문, 『말놀이 동시집』

(자) 나무는 나무
　　나비는 나비
　　나는 나예요

달은 달

새는 새

나는 나예요

나는 딸꾹

뻐꾸기는 뻐꾹

—최승호(2005), 「나」 전문, 『말놀이 동시집』

(아)의 제목은 「토끼」이다. 시적 화자는 토마토 밭에 있는 토끼를 부르면서 무엇을 하는지 궁금해하고 있다. 이 시를 통해 얻을 수 있는 의미는 거의 없다. 다만 '토'자를 반복적으로 사용함으로써 음성적 즐거움을 줄 뿐이다.

(자)에서 의미의 통일성은 더욱 희미해진다. 세 개의 연 모두 의미적으로 관계가 없으며 시적 상상의 고리로도 엮이지 않는다. 이 시는 의미와는 관계없이 비슷한 글자의 연상을 통한 말놀이를 동시이기 때문이다. 이 동시에서 '나의 존재를 찾고자 하는 자아'를 읽어내는 해석(권오삼 2005)은 어른 비평가의 시선으로 동시의 이면을 지나치게 무겁게 해석한 결과라고 판단된다.

무의미시의 감상은 언어유희적 관점에서 접근해야 한다. 김권호(2009)에서와 같이 언어적 유희를 표방한 무의미시에서 통일성 있는 의미를 찾고자 한다면, 말놀이류의 동시는 당연히 미궁에 빠진 문학텍스트이며 공허한 소리로 여겨질 수밖에 없다. 그러나 재즈 피아노 연주회에서 전통적인 클래식 화음이 들리지 않는다고 평가할 수는 없는 것이다. 무의미 동시는 수렴적 사로고로 파악될 수 없는 확산성을 가진다고 보는 것이 타당하다. 따라서 말놀이 동시가 지시하는 의미를 찾기보다는 의미를 넘어선 언어적 체험으로 접근해야 한다.

지금까지 언어유희 동시의 주요 텍스트성을 살펴보았다. '반복을 통한 의미의 차이 실현→기표와 기의의 변형→무의미성'으로 진행될수록 동시의 지시적 의미가 점점 희미해짐을 알 수 있다. 따라서 수렴적 의미구성이 불가능한 언어유희 동시의 경우 기표에 주목한 읽기가 필요하다.

2. 언어유희 동시 교육의 현주소

문학교육의 기반은 문학텍스트에 있다. 그러나 '문학의 관습'과 '교육의 시선'이 서로 일치하여 맞물려가기는 어렵다(박인기 2010: 20~25). 그간의 초등문학교육에서 아동문학텍스트는 교육을 위한 텍스트로 바라보는 관점이 우세하였다(권혁준 2008, 임성규 2008, 원종찬 2009b). 이것은 문학의 관습보다는 교육의 시선이 초등문학교육에서 중심이 되었다는 것을 의미한다. 따라서 교육의 내용이 아동문학텍스트의 정전성을 견인하는 경우가 많았다. 이 장에서는 언어유희 동시 관련 교과서 제재와 교육 활동을 살펴봄으로써 언어유희 동시 교육의 현주소를 파악하고 그 가능성과 한계를 짚어 보고자 한다.

1) 교육 정전화[3] 경향의 변화

근대 이후 초·중등학교의 교재에 수록된 작품이나 작가의 목록은 정전의 역할을 대신하였다(윤여탁 2003). 이것은 한국 문학 연구와 교육에서

---

3 윤여탁(2008)은 교육에서 활용되는 원전 텍스트뿐만 아니라 원전 텍스트를 교육 목적이나 학습자의 위계에 따라 재조직한 텍스트를 '교육 정전'이라고 명명하고 있다. 따라서 교과서의 작품이나 작가 목록은 '준정전' 또는 '의사 정전'이라고 말할 수 있는데, 서양의 정전 목록이 문학교육을 염두에 두어 생성되었다는 점에서 서양의 정전에 가장 유사한 개념이라고 설명하고 있다.

정전에 해당하는 작품이나 작가 목록이 부재했던 탓이기도 하다. 아동 문학의 경우도 예외는 아니다(원종찬 2011). 열 차례에 걸친 교육과정 개정의 변화 속에서 교과서에 실린 동시는 정전의 위치를 점유하였다. 특이한 점은 특정한 텍스트가 지속적으로 교과서에 등장하여 정전의 위치를 고수하였다기보다는 시의 소재, 주제나 시상전개방식이 전범이 되어 동시의 텍스트성을 확대 재생산하였다는 점이다. 그런데, 최근 개정된 교과서에 수록된 동시들의 경향성 변화는 언어유희 동시 교육에 긍정적인 시사점을 준다.

2007개정교육과정 이전까지 초등학교 국어 교과서의 동시들은 대부분 '관념적인 동심'을 드러내는 작품들이었다. '관념적인 동심'이란 아동의 생활과 체험이 담겨 있지 않은 동심을 의미한다. 관념의 동심을 가진 시인들이 추구하는 동심천사주의나 교육성의 강조는 두 가지 측면에서 문제점을 발생시켰다. 첫째, 동시를 아동의 삶에서 멀어지게 했다는 점이며, 둘째, 동시의 문학성을 떨어뜨렸다는 점이다. 아동의 생활이나 체험이 드러나지 않고 어른이 바라는 아동의 모습이 그려진 동시는 아이들에게 감동을 줄 수 없다. 또한 체험의 진실성과 핍진성을 담보하지 못하는 텍스트에서 문학성을 논할 수도 없는 것이다. 이것은 밸런(Vallone)이 언급한 개조적인 입장의 아동관과 상통한다.

물론 어른작가가 만들어낸 어린 시절(childhood)은 작가의 마음속에서 재구성된 것이며, 재구성된 어린 시절은 작가의 과거 그대로의 것도 아니고 현재 작가가 접하고 있는 아이들의 모습도 아니다(Nodleman 2008: 179). 아동문학 서사텍스트가 대부분 행복한 결말로 끝난다든가, 서정텍스트가 목가적인 이상향을 그리기 쉬운 이유도 여기에 있다. 그러나 이러한 메커니즘은 텍스트의 문면에 드러나는 것이 아니라 내면에 가려진 '그림자 텍스트(shadow text)'로 형상화되어야 할 일이다. 노들먼(Nodleman)은 아동문학텍스트에 드러나지 않고 숨어 있는 텍스트를 '그림자 텍스트(shadow text)'라고 말한다(Nodelman 2008: 8). 표면적으로 간단한 것처럼 보이는 아동문학텍스트의 이면에는 잉여적 텍스트가 그림자처럼 잠재해 있으며, 그것은 어른의 욕망을 드러낸다는 것이다. 숨겨진 텍스트를 그림자로 지칭한 것은 텍스트 표현에 드러난 기호 때문에 추론되는 소여(所與)적인 것이기 때문이다. 따라서 아동 독자가 감동을 느끼기 전에 시적 화자가 먼저 감동하면서 정서를 누설[4]하거나, 아동의 순진함이나 무지를 귀엽게 여기는 통념을 드러내는 것[5]은 형상화된 시가 아니라 시인의 어린 시절에 대한 향수에 그칠 위험이 있다.

그러나 이러한 문제점은 2007 개정 국어과 교과서(이하 개정 교과서)에서 상당 부분 해소된 것으로 보인다. 개정 교과서에는 전래동요를 포함하여 113편의 동시가 수록되었다. 7차 교육과정 교과서에 161편의 동시가 실린 것에 비하면 양적으로 상당히 줄어든 것을 알 수 있다. 그러나 특정 작가의 작품에 편중되지 않았고 회고적 분위기의 시는 거의 사라졌다. 이러한 사실은 각각의 동시 내용이나 주제를 살펴 검증하는 것이 필요하지만, 교과서 수록 동시 작가들의 분포를 통해서도 쉽게 알 수 있다. [표 1]은 교과서에 수록된 동시 작가와 수록 횟수를 나타낸 것이다.

[표 1] 개정 교과서에 수록된 동시 작가

횟수	저자명
4회	권오삼
3회	김은영, 문삼석, 윤석중, 이준관, 정두리

---

4 예시 작품으로는 이혜영의 「모서리」(개정교과서 읽기 5-1 수록)를 들 수 있다. "아야! 아유 아파."/책상 모서릴 흘겨보았다./"내 잘못 아냐."/모서리도 눈을 흘긴다.//쏘아보는 그 눈빛이/나를 돌아보게 한다./어쩜 내게도/저런 모서리가 있을지 몰라./누군가 부딪혀 아파했겠지./원망스런 눈초리에/"네가 조심해야지."/시치미를 뗐을 거야.//모서리처럼/나도 그렇게 지나쳤겠지.//부딪힌 무릎보다/마음 한쪽이/더 아파 온다.//(「모서리」 전문)

5 예시 작품으로는 윤동주의 「눈」(7차 교과서 쓰기 2-2 수록)을 들 수 있다. 지난밤에/눈이 소복이 왔네./지붕이랑/길이랑 밭이랑/추워한다고/덮어주는 이불인가봐//그러기에 추운 겨울에만 내리지.(「눈」 전문).

2회	박목월, 박경용 신현득, 안도현, 유경환, 윤동주, 이상교, 정완영
1회	강소천, 강현정(학생), 공재동, 구옥순, 권갑하, 권오순, 권윤덕, 기형도, 김마리아, 김사림, 김상련, 김석전, 김성균(작사가), 김소운, 김소월, 김용택, 김원석, 김유진, 김인숙(작사가), 김일연, 김종상, 김종상, 나태주, 남호섭, 도종환, 박두진, 박선미, 박성룡, 박소농, 박일, 박필상, 박혜선, 백석, 석용원, 손동연, 손혜진(학생), 송찬호, 송현(학생), 신현림, 신형건, 심후섭, 양욱(학생), 유성규, 유에로, 윤희윤, 윤동재, 이상인, 이성자, 이원수, 이정석, 이정인, 이정환, 이주홍, 이준섭, 이태선, 이태선, 이화주, 임길택, 정진숙, 정혜진, 조성자, 최명란, 최승호, 피천득, 하청호

먼저 눈에 띄는 특성은 이전 교과서에서 볼 수 없었던 작가들의 작품
이 수록되었다는 점이다. 가장 대표적인 예는 백석의 「개구리네 한솥
밥」(1-1 읽기 교과서 수록), 정지용의 「홍시」(2-2 읽기 교과서 수록), 이주홍의
「풍선」(4-2 듣·말·쓰 교과서 수록), 이원수의 「달」(6-2읽기교과서 수록)[6], 김소
월의 「엄마야 누나야」(6-2 읽기교과서 수록) 등이다. 이를 통해 한국동시문
학사에서 비평적인 검증을 받은 동시임에도 불구하고 교과서 제재로 주
목받지 못했던 작품들이 대거 수록되었음을 알 수 있다. 또한 이데올로
기적으로 배제되었던 현실주의류의 작품들도 새롭게 수록되었다.

자연을 노래한 동시들[7]도 목가적인 이상향이나 유토피아적으로 고정
된 세계를 찬양하기보다는 구체적인 경험으로 포착된 자연의 모습을 보
여주고 있다. 이것은 교과서 집필가의 아동관과 아동문학텍스트를 평가
하는 관점이 달라졌음을 의미한다.

언어유희성을 드러내는 동시의 경향도 긍정적으로 변화하였다. 2학년
교과서의 언어유희 관련 단원에 수록된 동시는 생동감 있는 표현을 잘
살리고 있다. 2학년 1학기 1단원에 수록된 박소농의 「영치기 영차」[8]와

---

6 교과서에는 1연과 2연만 제시되어 있고 3연은 제시되어 있지 않다.
7 김은영의 「논두렁을 걸을 때면」(개정 교과서 읽기 5-2 수록)이 대표적이다. 성묘 가는 논두렁길
/아버지가 한 손으로/벼 이상을 스치면서 걸어가셨다.//뒤따라가던 나도/팔을 뻗어/아버지 흉
내를 내어 보았다.//차락차락 차락차락/여문 벼 낟알들이/가을 햇살처럼 퉁겼다.//흐르는 물살
에/손을 담근 것처럼/손바닥이 밀리며 간지러웠다.//(「논두렁을 걸을 때면」 전문).

백석의 「개구리네 한솥밥」이 주요 예시 제제가 될 수 있다. 「영치기 영차」에서는 '히-영치기 영차'라는 의성어가 각 연마다 반복되어 나타난다. '영차 영차'가 아니라 '히-영치기 영차'라고 표현함으로써 혼신의 힘을 다해 힘껏 흙을 밀어올리고 있는 새싹들의 모습과 소리를 개성적으로 표현했다. 「개구리네 한솥밥」에도 '덥적덥적', '닁큼', '뿌구국' 등 생동감과 재미를 주는 시어들이 반복적으로 등장한다. 2학년 2학기에 수록된 정두리의 「은방울꽃」에서도 익숙하게 쓰이는 의태어는 찾아볼 수 없다. 전래동요 「들강달강」 역시 자동화되지 않은 감각적인 의성어와 의태어의 표현이 돋보인다.

이 밖에도 2학년 1학기 쓰기 교과서에 등장하는 권윤덕의 「시리동동 거미동동」은 다채로운 표현의 반복이 두드러진다. 제주도 꼬리따기 노랫말을 개사한 이 동시는 단순한 낱말의 반복이 아니라 메기고 받는 식의 언어 표현이 지속적으로 나타난다. 낱말과 낱말이 연결고리가 되어 무한대로 늘어나는 서사적인 재미를 느낄 수 있다.

2) 체험을 통한 언어유희성 학습 활동 부족

언어유희성은 개념적으로 인지되는 지식이 아니라 체험적으로 인식되는 재미이다. 언어유희성을 체험적으로 인식하는 것은 기표들에 의해 분절된 경험의 세계를 다시 복원하는 것이다.

듀이(Dewey)는 '연속성(continuity)'을 경험의 본성으로 본다(Dewey 1986: 26~30). 인간이 죽음으로 그 삶을 마감하기 전까지 모든 경험은 연속적이며 시간과 공간 안에는 어떤 단절도 없다는 것이다. 그러나 우리

---

8 감장 흙 속의 푸른 새싹들이/흙덩이를 떠밀고 나오면서/히-영치기 영차/히-영치기 영차//돌팍 밑에 예쁜 새싹들이/돌팍을 떠밀고 나오면서/히-영치기 영차/히-영치기 영차//흙덩이도 무섭지 않고/돌덩이도 무섭지 않은 아기 싹들이/히-영치기 영차/히-영치기 영차//(「영치기 영차」 전문).

는 일상생활에서 다양한 불연속적인 장면을 경험하게 된다. 거리에 서서 주위를 바라보자. 하늘, 땅, 도로, 자동차, 꽃, 나무, 새 등 개별적인 대상들은 연속되어 인식되지 않는다. 거울에 비친 자신의 얼굴을 볼 때도 마찬가지이다. 이마, 눈, 코, 잎 사이에 아무런 단절도 없다. 그러나 그것들을 가리키는 기표인 '이마', '눈', '코', '잎' 사이에는 선명한 구획이 나눠진다. 이렇게 연속적인 세계에서 불연속적인 경험이 가능한 이유는 경험이 언어화되면서 연속성을 분절하기 때문이다. 인간이 언어를 학습할 때, 한 단어는 오직 한 종류의 사물만을 지칭할 수 있다는 가정을 암묵적으로 인식해야 한다(Owen 2001). 이것은 기본적으로 대상과 대상을 구분하는 배타성을 전제로 한다. 기표들의 기호 체계인 언어는 본성상 분절적인 것이다. 그러나 기표들이 담으려고 하는 경험은 분절적이지 않다. 경험이 언어화되는 순간 사라지는 것이 바로 경험의 연속성인 것이다.

언어유희성을 드러내는 동시도 연속성을 지닌 경험을 토대로 한다. 따라서 기표를 다시 경험의 세계로 투영하여 그 의미를 찾으려 할 때 언어의 재미를 느낄 수 있다. 그런데, 개정 교과서의 언어유희성 관련 학습 활동들은 시어의 형태적 반복성을 인식하는 것을 목적으로 삼는 경우가 대부분이다. 앞에서 살펴본 동시에서 '히-영치기 영차', '달강달강', '덥적덥적'과 같은 흉내내는 말의 경우 형태적 반복 자체로 인해 유희성을 드러내는 것이 아니다. 언어의 유희성은 시어의 사용 맥락 즉 경험과 연결될 때 드러나게 된다. 단순히 반복되어 있기 때문에 재미있는 것이 아니라 '히-영치기 영차'라는 말이 반복되면서 특정한 개체와 연결되어 다양한 기의를 생성하기 때문에 재미가 있는 것이다. 다시 말하면 '히-영치기 영차'라는 말이 쓰인 경험의 세계를 복원함으로써 재미가 유발된다는 의미이다.

2학년 1학기에 실린 「꼬부랑 할머니」의 학습활동을 예로 들어 보자.

이 제재는 재미있는 말이나 반복되는 말을 찾는 과제를 해결하기 위해 제시되어 있다. 여기서도 시어의 형태적 반복에만 집중할 뿐, 사용의 층위에서 얻어지는 재미를 지도하지 못하고 있다. 물론 '꼬부랑'이라는 말소리만으로도 느껴지는 재미가 없는 것은 아니다. 그러나 '꼬부랑'이라는 어휘가 할머니의 굽은 허리를 표현하고, 고갯마루를 나타내며, 휘어진 엿가락과 강아지의 모습을 구체적으로 나타냄을 느낄 때, 재미는 배가된다. 이러한 과정적 이해를 바탕으로 '꼬부랑'이라는 시어가 결국 할머니의 걷는 모습으로 이미지화될 수 있는 것이다. 고갯마루처럼 굽고, 엿가락 처럼 휘어진 허리를 가진 할머니의 걷는 모습은 강아지의 걷는 모습과 닮아 있는 것이다. 따라서 언어유희성을 지도하기 위해서는 시적 상황이나 시어와 시어의 관계 속에서 체험되어야 한다. 이것은 언어와 경험 사이의 괴리를 메워 의미의 원천을 찾아가는 탐구과정이라고 할 수 있다.

언어유희성 지도를 위한 동시도 학습자가 생동감 있는 언어를 체험하기에 적절해야 한다. 학습자에게 말의 재미를 느끼게 하기 위해서는 특정한 시적 상황에 적확하게 어우러지는 동시가 필요하다. 또한 상투적이지 않으면서 과감하고 발랄한 시어가 풍부해야 한다. 그러나 아직도 이러한 필요성을 충족시켜 주지 못하는 제재들이 눈에 띈다. 학습자가 언어유희를 처음 배우는 시기는 1학년이다. 그런데 제재로 수록된 동시에는 상투적인 시어들이 등장한다. 예를 들어 김상련의 「아침」(1-2 읽기 교과서 수록)[9], 권오순의 「구슬비」(1-1 읽기 교과서 수록), 피천득의 「오는 길」(1-1 읽기 교과서 수록)[10]이 그러하다. 이들은 "구체적인 경험을 통해 포착된" 자연스러운 시늉말(이안 2007)이 아니라 머릿속 사전에서 꺼내 관념

---

9 뚜. 뚜./나팔꽃이 일어나래요.//똑. 똑./아침 이슬이 세수하래요.//방긋. 방긋./아침 해가 노래하래요.'(「나팔꽃」전문).

10 원제목은 「아가 오는 길」(『생명』. 샘터사. 1997)이다.

적으로 조합한 시늉말이 주를 이룬다. 물론 언어유희성을 처음 접하기 때문에 쉬운 제재를 선정한 것으로 보인다. 그러나 이러한 접근 방법은 일상의 언어와 시의 언어의 차이를 인식하지 못하게 할 뿐만 아니라, 학습자에게 신선한 인지적 충격을 줄 수 없다. 또한 신현림의 「방귀」(개정 교과서 쓰기 1-1 수록)는 시적인 표현에 의해 재미를 느끼도록 하기보다는 동시의 소재가 된 '방귀'를 통해 재미를 추구하는 사례이다.

3. 언어유희 동시 교육의 방향

지금까지 언어유희 동시의 텍스트성을 톺아보고 교육적 수용 양상을 살펴보았다. 이 과정을 통해 언어유희 동시의 텍스트성은 '반복성', '기표와 기의의 변화성', '무의미성'을 주요 범주로 함이 밝혀졌다. 또한 지난 교육과정에서는 볼 수 없었던 다양한 동시 제재들이 수록되어 아동의 삶과 문학성을 함께 담보할 수 있는 교육 정전들이 등장하였으나, 축어적으로 의성어·의태어를 확인하거나 형태적 반복만을 인식하도록 하는 학습활동은 개선될 부분으로 지적되었다. 이러한 문제점을 개선하기 위한 방안을 제시하면 아래와 같다.

첫째, 다양한 언어유희 동시 제재가 수록되어야 한다. 교과서에 실린 언어유희 제재들의 가장 큰 특성은 '반복성'에 있다. 그러나 여기서 더 나아가 '무의미성'이나 '기의와 기표의 변형'으로 제재의 범주를 넓힐 필요가 있다. 반복성을 통한 재미가 언어유희의 기초적인 수준이라면 기의와 기표의 해체와 재생산은 보다 발전된 언어유희의 경험이다. 독자는 상투적이지 않은 시어와 만나 반사적으로 즐거움(pleasure)을 느낄 수 있다. 그러나 언어유희의 진수는 사고를 통한 언어 게임에서 얻어지는 기쁨(enjoyment)에 있다. 또한 '기표와 기의의 변화'나 '무의미성'을 드러내는 동시들은 중등 시교육과 선택교과에서 다루어지는 무의미시 교육에 교량적 역할을 할 수 있다.

둘째, 언어유희성에 적합한 교육 내용이 마련되어야 한다. 2절에서 살펴본 바와 같이 언어유희성을 지도하는 내용 가운데, 학습자에게 재미를 느끼게 하는 교육 원리와 활동은 찾아볼 수 없었다. 단순히 형식적인 반복이 재미를 준다는 방식으로 도식화하여 교육하였을 때, 학습자에게 재미는 추상적인 느낌이 되고 말 것이다.

동시를 통한 언어유희성 교육은 새로운 언어 세계를 경험하게 하고 동시를 읽는 과정에서 재미를 느낄 수 있는 방법을 익히게 하는 절차적 접근이어야 한다. 이것은 상징체계로서 언어와 그것을 표상화하는 기호들의 관계에 대한 원초적인 깨우침이기도 하다. 아동은 개념 학습 후에 단어를 학습하지만 때로는 단어를 학습한 후에 개념을 알아차리기도 한다(Bee 2000). 아동이 새로운 단어를 학습할 때, 그 단어로 인하여 새로운 개념이나 현상을 깨닫게 되기도 하는 것이다.

셋째, 언어유희성 관련 성취기준의 계열성이 확립되어야 한다. 현행 교육과정(2007 개정교육과정)에서 동시를 통한 언어유희 교육은 1, 2학년에서만 이루어질 뿐 고학년에서는 찾아볼 수 없다. 이것은 언어유희성에 대한 맛보기에 머물러 있을 뿐 본격적인 적용과 활용을 위한 교육 내용으로 발전되지 못하고 있음을 의미한다. 그러나 반가운 것은 최근 개정된 2009개정 국어과 교육과정 3~4학년 성취기준에 언어유희성 관련 지도내용 "(2)재미있거나 감동적인 부분에 유의하며 작품을 이해한다."가 추가되었다는 것이다. 또한 성취기준에 대한 설명에서 "재미있는 말을 찾고 확인하는 수준을 넘어 그 말이 전체 작품이나 맥락에서 발휘하는 효과를 확인하도록 한다"고 명시함으로써 기의의 차이를 통해 의미가 확산되는 과정을 중심으로 학습활동을 구성할 수 있게 되었다. 그러나 아쉬운 것은 초등학교 고학년 혹은 중등학교의 문학성취기준에서 언어유희와 관련된 성취기준은 보이지 않는다는 점이다.

학습자는 시 교육을 통해서 시적인 상상력과 창조성을 추체험해야 한다. 시적인 상상력과 창조성은 언어를 통한 서정적 이미지의 형상화에서 비롯된다. 따라서 동시가 주는 따뜻한 시선과 진실성의 간취는 응당 동시 교육의 목표가 되어야 한다. 그러나 이러한 정서적 감응 중심의 감상 교육에 치중하여 언어의 유희를 즐기는 교육이 소홀하게 다루어진다면, 학습자는 문학적 창조성의 전모를 체험하지 못하게 될 것이다. 시교육에서 서정적 체험과 언어적 체험은 균형적으로 지도될 필요가 있다.

제2장

영미 동시의 시각화 특성과 교육

1. 문제 제기

전통적으로 동양에서 시 텍스트[1]는 노래로 불리거나 그림과 함께 향유
되었다. 시 텍스트의 운율과 리듬은 군중들의 흥얼거림 속에서 살아있었
고, 시정(詩情)을 촉발하는 그림과 함께 한 폭의 작품이 되어 문인들에게
스며들었다. 이러한 현상은 서구의 문학사에서도 비슷하다. 로마 시대의
제단화이나 십자가의 모양을 본 뜬 형상시, 사물의 형태를 문자로 그린
윤곽시, 악보와 함께 제작된 이야기 등은 이러한 예를 잘 보여준다.

시인이 사건이나 정경을 포착하여 이미지로 새기는 내적 형상화는 시
대적 상황이나 개인적 경험에서 시작되며 당대의 매체를 통해 표현된
다. 매체는 시인의 감응을 정련하고 선명하게 인식되도록 하여 시적 형
상화를 돕는다. 이러한 형상화 과정에서 매체는 주체와 객체 혹은 감각
과 의미를 매개하고 이미지를 드러내는 방식이 된다. 매체는 시대에 따

---

1 이 장에서는 '시 텍스트'와 '시'를 구분하여 사용하였다. '시 텍스트'는 시편(a poem)을 의미
하며, '시'는 시 장르를 의미한다. 같은 선상에서, 동시 텍스트는 동시편(a poem for children)
을, 동시는 동시 장르(children's poetry)를 말한다.

라 변화 발달하면서 표현과 소통의 도구가 되어 온 것이다.

20세기에 사진과 영화가 출현하고 인쇄 환경이 획기적으로 발달하면서 문자 문화의 시대는 이미지 문화의 시대로 패러다임을 전환하고 있다(고위공 2005). 21세기의 아동들은 텔레비전이나 컴퓨터, 스마트폰과 같은 시청각 매체에 막대한 영향을 받고 있으며, 다양한 복합양식 매체를 다루는 데 익숙하다. 이러한 현상은 시각적인 텍스트가 활자 텍스트를 능가하여 인간의 소통 도구로 활용되는 결과를 낳았다(New London Group 2000). 문자를 주요 매체로 삼던 텍스트들이 소리나 그림 등과 함께 복합 매체로 변화되고 있는 것이다. 문자의 기록물로서 텍스트는 이제 시각화되고 공간화되면서 역사적으로 변화하고 있다. 매체가 문자 기호를 넘어서 선과 색, 그림과 사진, 음성, 형상과의 복합화 양상은 국내외에서 창작되는 시에도 영향을 미쳤다. 이러한 텍스트성의 변화는 새로운 차원의 텍스트로서 시를 바라보도록 유도하고 있다. 이것은 시각적 이미지를 통한 시의 회화성 획득(박혜숙·이우학 2009)과 다른 차원의 시선을 요구한다.

이러한 변화에 대해 긍정적으로 판단하는 논자도 있지만 우려하는 목소리도 있다. 문자 텍스트에 곁들여진 시각적 이미지가 아동 스스로 내적 이미지를 만들어내는 능력을 저하시킬 수도 있으며, 이것은 상상력의 저하로 연결될 것이라고 판단하기 때문이다(Dixon 2008). 그러나 이러한 우려는 시 장르를 문자 텍스트 중심으로 판단하기 때문이다. 문자가 소통의 주된 매체가 된 것은 그리 오래된 일이 아니다. 과거에 시 텍스트는 문자보다는 음성 언어로 소통되었음은 이를 반증한다. 시인의 내적 발화는 자연스럽게 당대 사회의 소통 매체로 표현될 수밖에 없다.

옹(Ong)은 문자를 사용하는 시대에 살고 있는 사람이 문자가 없던 시대를 상상하는 일은 '바퀴 없는 자동차'를 상상하는 것과 같다고 말한다(Ong 1988). 동시 텍스트의 시각화 양상도 문자 텍스트에 시각 이미지들이 추가된 텍스트로 이해했을 때, 이것은 불필요하고 거추장스러운 장르적 사치로 받아들일 수 있다. 그러나 낯선 혼합물이나 화려한 변화들로 문학 소통 현장이 소란스럽다는 것은 형식적 사치로만 설명하기에는 충분하지 않다. 시 텍스트의 특성에 대한 보다 근원적이고 충분한 이해를 위해 동시 텍스트를 무성하게 변화시키는 사회적인 맥락이 고려될 필요가 있는 것이다. 시 텍스트를 문자 텍스트 중심이 아니라 복합 텍스트로 바라보았을 때, 텍스트는 개방성과 유연성을 가지고 해석될 수 있다. 고정되고 안정적인 장르가 아니라 지속적으로 진화하며 다양한 방향으로 발전하는 시의 장르적 자유로움은 해석될 필요가 있다. 따라서 이 장에서는 영미 동시 텍스트의 최근 동향과 시각화 양상을 고찰하고자 한다.

최근 국내에서도 '시 그림책'이라는 용어는 아동 문학 출판계를 중심으로 보편적으로 사용되고 있으며, 정정순(2008)과 조용훈(2010)에 의해 학술적인 관점으로 논의된 바 있다. 그러나 장르명에 대한 명확한 합의나 장르의 특성에 대한 풍부한 조명은 아직 이루어지지 않고 있다. 이러한 상황은 영미 동시 문학의 장(field)에서도 마찬가지이다. 문자 이외의 형상이나 그림, 사진 등이 결합된 시 텍스트를 통칭하여 '그래픽 시 (graphic poem)' 혹은 '시각시(visual poem)' 등으로 부르기도 하며(Calo 2011), '구체시(concrete poem)'를 대표 용어로 사용(Grandits 2005)하기도 한다. 그러나 논의의 편의를 위하여 창작될 때부터 문자 텍스트만으로 제시되지 않고 그림과 함께 생산된 작품으로서 글과 그림의 상호의존성이 강한 작품을 시 그림책으로 부르고자 한다. 여기에는 주로 그림이나 사진과 결합하여 그림책의 형태를 갖춘 동시집이 속한다. 또한 시어 활자(printing type)의 배열이나 크기, 모양을 중심으로 본문을 시각적으로 배열한 시 텍스트를 '구체시'로 제한하여 부르고자 한다. 이것은 이 글의 목표가 시각화된 동시 텍스트의 근원적인 모형을 찾아내어 범주화하려는 것이 아니라 영미 동시 텍스트의 개별적 사례를 통한 시각화의 양상을 살펴보고자 하기 때문이다.

이 글에서 언급될 주요 텍스트는 위에서 언급한 두 가지 텍스트 범주 안에 있다. 이 범주 안에 있는 텍스트 중 권위 있는 상을 받은 작품이거나 꾸준히 재판되면서 재화되고 있는 작품들을 논의 대상으로 삼았다. 예를 들어 쉘 실버스타인(Shel Siverstein)의 작품은 '뉴욕 타임즈 아웃스탠딩 어워드(New York Times Outstanding Book Award)'를 수상하였으며, 캐런 월리스(Karen Wallace)나 조이스 시드먼(Joyce Sidmen)의 작품들은 영국의 쿠르트 마슐러(Kurt Maschler) 에밀상(Emil Award)과 칼데콧상(Calldecott)을 수상했다. 또한 루이스 캐럴(Lewis Carroll)의 『이상한 나라의 앨리스(*Alice's Adventures in Wonderland*)』는 여러 작가들에 의해 꾸준히 재화되고 있으며, 만화나 영화 등으로 다양하게 각색되었다. 상을 수상하거나 재화되는 작품들이 문학성을 보증해 주는 필요충분조건을 갖춘 것은 아니다. 그러나 수상작품을 선정하기 위해 매해 권위 있는 심사위원을 위촉하는 수상작품 선정 제도는 수상 작품들이 특정 독자가 선호하는 작품을 넘어, 해당 분야에서 최고에 속한다는 것을 입증할 수 있다. 또한 지속적으로 재화되는 문학 작품은 아동 독자들에게 꾸준히 읽히고 있음을 증명하며, 상이한 시대적·공간적·이데올로기적 상황 속에서 다양한 방식으로 실현될 수 있는 높은 미적 가치를 지녔음을 드러내는 것이다.

2. 영미 아동 문학에서 동시의 위상

서구의 아동 문학 연구자들은 대부분 오늘날과 같은 아동 문학의 모습이 18세기 중엽에 시작되었으며 영국에서 번성하였다는 것에 동의한다(Grenby 2009). 아동 문학의 초기 모습이 교육적 맥락과 닿아 있듯이 영미 동시 텍스트도 종교 교육을 위해 쓰인 동요(nursery Rhymes)나 발라드(ballad)에서 출발하였다. 영국에서는 청교도 존 버얀(John Buyan)이 쓴 『소년 소녀를 위한 책(A Book for Boys and Girls, 1686)』[2]이 최초의 동시집으로 인정받고 있다(Carpernter & Prichard 2005: 416). 미국에서도 19세기 초기에 청교도적인 입장에서 쓰인 『니콜라스 경의 방문(A Visit From St Nicolas, Clement Clarke Moore, 1823)』이 동시 텍스트의 시초로 불린다(Carpernter & Prichard 2005: 416). 그러나 형식적으로는 동시의 모습을 갖추고 있더라도 종교적인 색채가 강한 내용 때문에 두 텍스트를 문학 작품으로 보기에는 한계가 있다.

현대 동시 텍스트의 분기점이 된 작품을 영국과 북미지역으로 나누어 살펴보자. 영국에서는 에드워드 리어(Edward Lear)의 말놀이 책이 1846년에 발간되면서 본격화된다(Dixon 2008: 12~13). 이 책은 에드워드 리어가 직접 삽화를 그려 넣었으며, 리메릭(limerick)[3]의 형식을 취하고 있다. 이 작품은 교육적인 목적에서 벗어나 아동의 말놀이에 주목하였다는 데 의의가 있다. 이후 주목을 받은 작품은 루이스 캐롤(Lewis Carroll)의 『이상한 나라의 앨리스(Alice's Adventures in Wonderland, 1865)』에 등장하는 무의미시(nonsense verse)와 구체시(concrete poems)이다. 이 작품들은 기표와 기의를 분리시키는 보다 적극적인 말놀이 동시의 모습을 보여준다. 특히 이 책에 수록된 '자바워키(Jabberwoky)'는 영미 무의미시의 중에서 가장 뛰어난 작품으로 손꼽힌다(Styles 2009 : 212). 1878년에 출판된 출판된 캐이트 그리너웨이(Kate Greenaway)의 『창가에서(Under the Window, 1878)』

---

2 이 책은 'Open Library(www.openlibrary.org)'에서 온라인으로 읽을 수 있다. 이 두 텍스트는 문자로만 구성되어 있으며, 'A book for Boys and Girls'의 40쪽, 44쪽에는 악보가 포함되어 있다. 본 연구에서 언급한 외국 작품은 한국어로 번역된 경우 번역 제목을 따랐으며, 그렇지 않을 경우는 연구자가 번역하여 사용하고 ( )안에 원어로 제시하였다.
3 리메릭(limerick)은 약약강격의 5행 시 텍스트이다. 이러한 말놀이 형식은 닥터 수스의 동시에서 주로 사용되는 운율과 일치한다.

는 그 이후를 잇는 명작으로 꼽힌다. 영국에서 그림책 작가로 유명한 캐이트 그리너웨이는 이 책의 그림과 시를 함께 창작했다. 그녀는 복고풍의 복장을 한 아이들과 풍요로운 자연 환경을 매우 섬세하게 나타내고 있다. 이 시그림책은 영국은 물론 북미지역에서도 인기를 얻으며 재화되고 있다.

미국 경우 닥터 수스(Dr. Suess)의 『그리고 난 멜버리 거리에서 그것을 보았다고 생각해(*And to Think I Saw it on Mulberry Street*, 1937)』를 현대 동시의 시초로 보는 시각이 지배적이다(Style 2012). 이것은 근대적인 '아동(the child)'의 개념을 바탕으로 아동의 욕구(needs)와 욕망(desires)에 중점을 둔 문학 작품이라는 평가를 받고 있기 때문이다. 이후 1990년대 이전까지 미국 동시 문학계의 기반을 다진 작가로 쉘 실버스타인(Shel Silverstein)과 잭 플로스키(Jack Prelutsky)를 든다(Vardell 2011: 23). 쉘 실버스타인은 『아낌없이 주는 나무(*The Giving Tree*, 1964)』로 국내에 잘 알려진 작가이다. 그러나 미국 아동 문학계에서 그는 단순한 만화풍의 그림과 함께 풍자적인 시를 쓴 시인으로 더욱 유명하다. 잭 플로스키는 동시인이면서 아동을 위한 동시 선집을 여러 권 묶어 낸 평론가로 인정을 받고 있다. 이러한 공과로 그는 2006년 전미 시 협회(Poetry Foundation)에서 주는 첫 번째 동시인상을 받은 바 있다.

그러나 200여년의 역사를 가지고 있음에도 불구하고 영미의 아동 문학계에서 동시의 위상은 높지 않다(Sloan 2001; Gill 2007; Flynn 2009). 이것은 동화와 판타지, 소년 소설 등이 아동 문학의 중심에서 맹위를 떨치면서, 영화로 재화되는 상황과 대조적이다. Flynn(2009)은 이러한 상황을 세 가지의 이유를 들어 진단한다. 첫째, 동시의 장르적 범주가 명확하지 않기 때문이다. 자장가와 같은 구전 동요나 아동 독자를 염두에 두고 쓰지 않았지만 아동에게 읽히고 있는 시를 동시 장르에 포함시킬 것인가의 문제는 영미 동시 문학의 장(field)에도 명확하게 설명되지 못하고 있다. 둘째, 시를 엘리트를 위한 장르로 보는 강한 선입관 때문에 동시 텍스트를 진정한 시 장르로 인정할 것인지에 대한 합의가 이루어지지 못하고 있기 때문이다. 셋째, 시 텍스트의 의미가 하나로 수렴되지 않고 발산적이며 복합적이기 때문에 교사나 학부모가 시 장르를 자신 있게 추천하거나 권유하지 못한다는 것이다(Flynn 2009: 78).[4] 따라서 다른 아동 문학 장르보다 독자들의 매력을 끌지 못하고 있다는 것이다.

위와 같은 상황은 동시 연구물의 부족으로 연결되었다. 2001년에 발간된 캠브리지 아동 문학 사전(Cambridge Guide to Children's Books in English)에도 동시 장르에 대한 항목은 없었으며, 2005년에 발행된 카펜터와 프리차드(Carpenter, H. & Prichard, M. 2005)의 옥스퍼드 아동문학 사전(The Oxford Companion to Children's Literature)에 드디어 동시(poetry for children) 항목이 들어가게 된다. 이러한 변화의 원인은 영미 동시 문학의 자성을 촉구하는 목소리와 동시단의 새로운 시도들이 있었기 때문이다.

먼저 주목할 것은 영국의 시그널(Signal)잡지를 통해 이루어진 동시에 대한 비판적 논의이다. 시그널지는 1990년대부터 본격적으로 동시에 대한 논의가 시작되면서 동시에 대한 정체성과 관심을 불어 일으켰다(Flynn, 2009). 영국에서 동시 평론가로 권위를 얻고 있는 스타일(Style)은 동시 텍스트를 포스트모던 시대의 시 텍스트의 하나라고 말한다. 그녀는 시골길 대신 도시의 거리가 주 무대가 된 현대 아동과 함께 진정한 동시 텍스트가 탄생하였다고 언급한다. 산업혁명 이후 '아동' 개념의 탄생은 시의 청자를 변화시켰으며, 아동을 내포 독자(Implied readers)로 시적 형상화를 이룬 텍스트를 동시 텍스트라고 설명하고 있다(Style 1998: 29).

북미의 경우 1993년부터 리 베넷 홉킨스(Lee Bennett Hopkins)가 우수

---

4 북미의 아동 문학 교육 현장에서 동시는 주로 기초 문식성을 획득하기 위한 자료로 활용되고 있으며(Carpernter & Prichard, 2005: 416), 동시를 문학 감상을 위한 텍스트라기보다는 창의적인 글쓰기 연습을 위한 제재로서 가치를 두고 있다.

한 동시집을 설별하여 상을 수여하기 시작하였는데, 이러한 움직임은 동시단에 새로운 바람을 불어 넣었다. 이후 2006년부터 전미 시 협회(Poetry Foundation)에서도 해마다 주목할 만한 동시인을 선정하고 있다(Vardell 2011: 23).

최근 영미 동시 연구에서 가장 활발하게 논의되고 있는 것은 산문시(porose poem) 혹은 동화시(novel in verse)의 열풍과 시 텍스트의 시각화(visual treatment), 청소년 시(poetry for young adults)의 등장이다(Dixom 2008: 15~16). 이러한 특징은 모두 동시 텍스트의 내용과 형식에 대한 경계선 확장과 관련되어 있다.

산문시의 열풍은 동시 텍스트의 시각화과 관련이 있다. 이러한 양상은 1981년에 낸시 윌래드(Nancy Willard)가 『윌리엄 블래이크의 여관으로(A Visit to William Blake's Inn, 1981)』이라는 시집으로 뉴베리상(Newbery Medal)을 받으면서 본격화된다. 이 시집은 19세기 낭만주의 시인인 윌리엄 블래이크(William Blake)의 『순수와 경험의 노래(Songs of Innocence and Songs of Experience, 1974)』에서 영감을 받아 쓴 시 그림책이다. 뒤를 이어 1988년에 재인 욜(Jane Yolen)이 『오빼미 달(Owl Moon, 1988)』이라는 작품으로 칼테콧상(Caldecott Medal)을, 폴 플래쉬맨(Paul Fleischman)이 『즐거운 소음(Joyful Noise, 1988)』으로 뉴베리 상을, 1998년에는 카렌 헤세(Karen Hesse)가 『먼지 지역으로부터(Out of the Dust, 1998)』[5]로 뉴베리 상을 받아 주목받았다. 이러한 산문시들에도 그림이나 사진들이 곁들여지기도 하면서 동시집의 새로운 양식을 여는 분기점이 되었다.

최근 캐나다에서는 시 그림책(Graphic poetry)시리즈가 발간되어 주목받고 있다. 〔그림 1〕과 같이 롱펠로우(Henry Wordsworth Longfellow)의 「폴

---

5 여기서 'the Dust'는 1934년에서 1935년의 미국의 오클라호마 주를 의미한다. 당시에는 유래 없는 모래 폭풍이 불어 농부들이 고초를 겪었는데, 이 때 오클라호마 주를 'the Dust Bowl' 혹은 'the Dust'로 불렸다.

(가) 「엄마가 아들에게」 부분   (나) 「폴 레버의 말달리기」 부분

〔그림 1〕 고전을 아동용 시 그림책으로 각색한 예시

레버의 말달리기(Paul Revere's Ride)」나 미국의 흑인 시인인 랭스턴 (Langston Hughes)의 「엄마가 아들에게(Mother to Son)」와 같은 고전 시 작품을 그림과 함께 새롭게 재화한 것이다.

3. 영미 시 텍스트의 시각화 양상

영미 아동문학에서 그림이 글 속에 포함되어 출판된 것은 17세기로 추정되고 있으며 최초의 작품으로 1659년에 암스테르담에서 발행된 안데르센의 『이솝우화(The Fables of Aesop, 1965)』로 알려져 있다(Murray 1988: 11). 주로 동물의 이야기로 꾸며진 이 책이 나오기 전, 아동의 성경 학습을 위하여 만들어진 책에서도 그림이 포함되긴 하였으나, 본격적인 아동 문학 작품으로서의 면모를 갖춘 작품은 이솝우화이다.

동시집의 경우도 관습적으로 그림과 함께 꾸며졌다. 그러나 작고 예쁘게 장식된 그림(vignette)이 아니라 시의 내용에 영향을 미치는 그림이 포함된 것은 최근의 일이다. 이러한 변화에 물고를 튼 작품이 닥터 수스 의 『그리고 나는 멜버리 거리에서 그것을 보았다고 생각해(And to Think I Saw it on Mulberry Street, 1937)』로 볼 수 있다. 이 시 그림책은 문자로 완 성된 시 텍스트에 간단하고 귀여운 삽화를 곁들이던 이전의 양식보다 훨씬 적극적으로 그림을 활용하였다. 글과 그림처럼 뚜렷한 개별성을 갖는 두 개 혹은 그 이상의 매체가 하나의 이미지를 형상화하기 위해 '상호 작용'하고 '조화'를 이루도록 직조하려는 노력이 시작된 것이다.

1) 시 그림책의 양상

시 그림책의 양상은 크게 두 부분으로 나누어 살펴보고자 한다. 만화 (cartoon type)와 같이 등장인물들이 케리커쳐(caricature)로 익살스럽게 표 현된 작품과 자연의 경치를 목가적인 분위기로 나타내거나 정밀 묘사를 통하여 생물을 섬세하게 표현한 작품이다. 여기서는 닥터 수스의 작품 과 캐런 윌리스, 조이스 시드면의 작품을 중심으로 살펴보고자 한다.

(1) 만화적 장치를 통한 재미와 시각적 리듬감 추구

영미 동시 텍스트의 시각화 현상은 닥터 수스의 작품을 시작으로 본 격화된다. 스타일(Style)은 닥터 수스의 『그리고 나는 멜버리 거리에서 그것을 보았다고 생각해』가 현대적인 동시 텍스트의 초기 형태라고 지 적한다(Style 2012)[6]. 이 동시집은 닥터 수스가 시와 그림을 함께 창작했 다. 그가 작품을 왕성하게 창작한 시기는 지금으로부터 50여 년 전이며,

---

[6] 국내에 닥터 수스의 동시집은 '동화'를 표제로 달고 있으나, 그의 텍스트는 동시의 장르적 성격 에 부합하는 면이 우세하다.

1998년에 사망하였지만, 아직도 그의 작품은 영미 아동들이 가장 선호하는 작품 목록에 해마다 이름을 올리고 있다.

닥터 수스의 동시는 주로 주인공이 등장하는 산문시의 형태로 구성된다. 『그리고 나는 멜버리 거리에서 그것을 보았다고 생각해』는 메사추세츠 주의 스프링필드 지역의 멜버리 거리[7]를 주된 배경으로 한다. 시적 화자인 마르코(Marco)는 자신이 멜버리 거리를 따라가면서 지켜본 이상하고 환상적인 사람들에 대해 아버지에게 이야기한다. 아버지는 마르코가 하는 말을 곧이듣지 않고, 무엇인가를 과장해서 말하면 안 된다며 타이른다. 하지만 마르코는 자신이 본 것을 말하겠다면서 이야기는 시작된다. 말이 끄는 평범한 마차가 얼룩말, 사슴, 코끼리가 모는 요술마차로 변해가는 과정이 페이지마다 바뀌면서 한바탕 시끌벅적한 놀이가 진행된다. 마지막 장면에서 마르코는 아버지가 이런 이야기를 믿지 않을 것이라며 자신이 본 것은 평범한 마차와 마부일 뿐이었다고 말한다.

닥터 수스의 작품은 만화 방식을 선택한다. 따라서 사실적 묘사에 개의치 않고 과감하게 표현하며 노골적인 위험을 드러내기도 한다. 닥터 수스의 가장 대표작품은 『호튼은 누구의 소리를 들었다!(Horton Hears a Who!, 1954)』, 『모자 쓴 고양이(The Cat in the Hat, 1957)』[8], 『그린치는 어떻게 크리스마스를 훔쳤을까!(How the Grinch Stole Christmas!, 1957)』, 『녹색 달걀과 햄(Green Eggs and Ham, 1960)』, 『로랙스(The Lorax, 1971)』 등이다. 대부분의 책은 『그리고 나는 멜버리 거리에서 그것을 보았다고 생각해』처럼 아동의 일상적인 생활에 대한 짧은 일화들이다. 아동의 일상이 물활론적인 상상력으로 가득 차 있는 것처럼 동시집의 내용도 평범한 일

---

[7] 흔히 뉴욕에 있는 멜버리 자치구로 혼동하는 경우가 있으나, 스프링필드의 거리를 말한다.

[8] 미국에서 가장 큰 교사 연합 조직인 NEA(National Education Association, 전미 교육 협회)에서 선정한 100대 어린이 도서에 매년 그의 그림책은 최소한 열 권 이상 올라가 있다. 특히 10위 안에 든 책은 최근 10년간 최소 3권 이상이었고, 그중에 The Cat in the Hat은 빠지지 않았다.

상 속에서 일어나는 환상적인 무용담들로 가득 차 있다.

닥터 수스의 시 그림책은 일견 어휘(sight words)를 주로 사용하며, 등장인물들의 이름도 일견 어휘와 같은 각운을 가지고 있다. 다음은 『거북이 여틀(Yertle the Turtle, 1950)』의 일부분이다. 진하게 표시된 부분이 강하게 읽혀지는 곳이다.

그리고 오늘 그 위대한 여틀,

그 경이로운 진흙탕의 대왕. 이것이 그가 볼 수 있는 모든 것.

And to**day** the Great **Yer**tle, that **Mar**velous he

Is **King** of the **Mud**. That is **all** he can **see**.

(Dr.Susse 1950: 26[9])

위의 내용은 'Yertle'이라는 주인공을 소개하는 부분이다. 'Yertle'은 'Turtel'과 같은 각운으로 만들어진 것을 알 수 있다. 또한 굵게 표시된 부분은 닥터 수스가 주로 사용한 약약강격(anapestic terameter)의 율격을 보여준다. 이것은 고전적인 영시에서 자주 사용되는 것으로 '약한 음절 2개+강한 음절 1개'의 형식으로 3음보의 율격을 만들어 낸다(Birch 2009).

닥터 수스의 동시 텍스트는 크게 소리 내어 읽어도 시어의 리듬이나 쉬운 말의 반복으로 인해 매우 재미있게 읽힌다. 그러나 동시 텍스트를 읽거나 들을 때, 그의 그림을 함께 보면, 독자는 길게 늘어진 생물체들이 빠르게 움직이는 독특한 세계에 들어가게 된다. 시와 그림이 함께 상승 작용하면서 독자에게 시적 상황과 움직임들이 보다 분명하고 선명하게 드러나도록 유도하고 글과 그림이 생산적으로 상호작용하면서 해석

---

9 닥터수스의 시 그림책에는 쪽수가 표시되어 있지 않아, 시작 쪽을 1쪽으로 계산하여 쪽수를 표기하였다.

을 유발하는 것이다. 그림이 글의 그림자처럼 보여지는 것이 아니라, 글이 그림을 향해 손짓을 하고 있는 듯이 보인다. 예를 들어『모자 쓴 고양이』에는 '그것들(things)'이라는 정체불명의 캐릭터가 등장한다. '그것들(things)'은 사물에 대한 구체적인 어휘를 익히지 못한 영미권 어린 아이들이 물체를 가리킬 때 가장 많이 쓰는 대명사이다. 그러나 그림이 없었다면 그것을 상상하기는 어려웠을 것이다. 〔그림 2〕의 (다)에서 '그것들(things)'의 모습을 확인할 수 있다.

닥터 수스의 동시 텍스트에는 새롭게 창조된 인물들이 등장하는데, 그린치(Grinch), 로렉스(Lorax), 호튼(Horton) 등이 대표적이다. 그린치(Grinch)와 호튼(Horton)처럼 고양이나 코끼리를 본 뜬 등장인물들도 있지만, 로렉스(Lorax, The Lorax 1971)와 같은 나무 요정도 있고, 정체불명의 캐릭터도 등장한다. 엽기발랄한 주인공들의 모습은 〔그림 2〕와 같다. 닥터 수스의 그림들의 특징은 주로 곡선을 사용하고 어떤 부분은 축 늘어져 보이기까지 한다. 그린치(Grinch)의 팔은 고무줄처럼 굽어 있지만, 털모양을 굵은 선으로 그려 넣어 강한 인상을 준다. 이것은 시어가 보여주는 강약의 리듬을 함께 표현하기에 적합하다.

(가) 그린치(Grinch)　　(나) 로렉스(lorax)　　(다) 그것들(things)　　(라)호튼(Horton)

〔그림 2〕 닥터 수스의 동시집에 등장하는 인물들

닥터 수스의 캐릭터들은 사회적인 질서나 관습적인 틀에 얽매이지 않는 자유를 지녔으며, 이 자유는 방종에 가깝다. 또한 새로우면서도 다양한 의미로 해석되는 시어와 언어 유희 사이를 오가며 독자에게 재미를 준다. 이렇게 닥터 수스의 글과 그림은 모두 '경계 위에서 놀기'(김서정 2002)의 특성을 그대로 보여주고 있다. 이들의 성격은 매우 퀴어(Cure)적이다. 어려 보이지도 않고 늙어 보이지도 않으며, 부자처럼 보이지도 않고 가난해 보이지도 않으며, 남성적으로 보이지도 않고 여성적으로 보이지도 않는다.

닥터 수스의 시 그림책을 어른의 관점에서 읽는다면 지극히 가볍고 엉뚱하며 무익해 보이는 일화들일 것이다. 그럼에도 불구하고 단순하게 운을 맞추거나 그림에 등장하는 낯선 인물들은 아동 독자의 관심을 끌어들이기에 충분하다. 또한 각 페이지의 그림과 글이 상호 관련되어 있기 때문에 독자들은 시각적인 이미지와 언어적인 관계 및 그들이 빚어내는 변화를 주의 깊게 살펴야 한다. 그림은 시구가 담고 있는 짤막한 내용을 보완해 주며, 시각적인 리듬감을 더해 주고 있다.

(2) 상호 활성화를 통한 서정성 강화

여기서는 서정성이 강조된 작품에서 시각적 이미지가 어떠한 역할을 하고 있는지 살펴보고자 한다. 이를 위해 캐런 월리스(Karen Wallace)가 시를 쓰고 마이크 보스톡(Mike Bostock)이 그림을 그린 1993년작 『바닷속 뱀장어의 여행(Think of an Eel, 1993)』[10]과 최근에 주목을 받고 있는 조이스 시드먼(Joyce Sidmen)이 시를 쓰고 베키 프랜지(Becky Prange)가 그림을 그린 『연못 이야기(Song of the Water Boatman, 2005)』를 중심으로 고

---

10 국내에는 2001년에 비룡소에서 과학 그림책으로 분류되어 소개되었다. 과학 그림책으로 번역되다 보니, 원문이 가지고 있었던 운율이나 시적 장치들이 섬세하게 고려되지 못한 측면이 있다.

찰하고자 한다.

위에서 언급한 작품 속 그림들은 얼핏 보기에 해석을 불러일으킬 만한 것이 거의 없이 시 텍스트에 묘사된 장면이나 사건을 매우 직접적으로 표현해 주는 것처럼 보인다. 그러나 대담하게 그려진 피사체들은 원근법이나 시점을 통하여 생동감을 획득하고 있으며 전체적인 분위기를 드러내는데 기여하고 있다. 먼저 『바닷속 뱀장어의 여행』은 영국의 워커북스(Walker Books) 출판사에서 작은 생물체들을 주제로 하여 발간된 '경이로운 세계(Read and Wonder)'시리즈에 속한다. 제목에서 알 수 있듯이, 이 책의 주인공은 사가소(Sargasso) 바다에서 태어난 뱀장어이다. 뱀장어가 대서양을 건너 미국과 유럽의 강까지 갔다가 다시 새끼를 낳기 위해 사가소로 돌아오는 여정을 표현하였다. 허구적인 상상력이 덧붙여졌지만, 뱀장어의 생김새나 색깔, 생태계에서 살아남기 위한 귀소 본능과 같은 생물학적 특징은 모두 사실(fact)에 기반하고 있다. 대나무 잎처럼 납작하고 수정처럼 투명한 모습의 댓잎뱀장어가 바다를 가로질러 강으로 가는 동안 실뱀장어, 황뱀장어, 은뱀장어로 모습을 변화하며 펼쳐지는 한살이가 사실적이면서도 몽환적인 색깔로 표현되어 있다. 이 시

〔그림 3〕『바닷속 뱀장어의 여행』의 부분

그림책은 아동 독자들에게 뱀장어에 대한 정보를 획득하도록 유도하고 있지만, 그보다 중요한 것은 아무도 관심을 두지 않을 것 같은 뱀장어가 그려내는 인생 여정을 통해 드러나는 경이로움과 감동이다.

[그림 3]에서 보는 바와 같이, 이 책은 양면으로 펼쳐지는 그림(double-page spread)의 형태를 띠고 있다. 그림의 색깔이나 분위기는 시가 담고 있는 분위기를 잘 드러내어 주고 있다. (가)의 경우 캄캄한 바다 속을 헤엄쳐 다니는 뱀장어 새끼들의 모습에 대한 표사로 이루어져 있다. 푸른 물속을 헤엄치는 수백만 마리의 댓잎뱀장어 새끼들과 동그랗고 파란 구슬 같은 눈, 톱날처럼 생긴 이빨이 섬세하게 묘사되어 있다. 글에서 언급한 것처럼 뱀장어 새끼들의 모습은 대나무 잎사귀처럼 얇고 하늘거려 보이지만 살아날듯 생명력 있게 표현되었다. 바닷물을 표현한 푸른색은 사실적이면서도 신비로운 분위기를 연출한다. (나)의 그림은 실뱀장어가 진흙 구멍을 찾는 상황을 나타내고 있다.

(가)

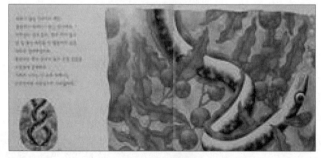

(나)

해초가 많은 사브리가 해는
뱀장어가 나고 죽는 곳이에요
아무것도 먹지 않고, 잠도 자지 않고

팔 일 동안 헤엄친 뱀장어의 몸은
마르고 상처투성이죠.
뱀장어는 뱃속 깊숙이 품고 있던 알들은
바닷속에 흩뿌려요.
그리고 나서는 다쓰고 버려지는
은박지처럼 바닷속으로 가라 앉아요.

〔그림 4〕『바닷속 뱀장어의 여행』의 부분

〔그림 4〕는 뱀장어가 숨을 거두는 장면으로 이 책의 마지막 부분이다. (나)는 (가)와 함께 제시된 글이다. 갈색 해초들 사이에 떠내려 가는 듯이 그려진 뱀장어의 모습은 (나)의 내용을 강조하고 있다. 특히 (가)의 그림에서 힘없이 축늘어져 입을 벌리고 공기 방울을 토해내는 뱀장어의 모습은 '다쓰고 버려지는 은박지처럼' 가라 앉고 있다는 표현과 잘 어우러져 뱀장어 불가사의한 귀소 본능이 영웅적인 죽음으로 막을 내리는 효과를 낸다.

조이스 시드먼[11]의 『연못 이야기』도 『바닷속 뱀장어의 여행』과 비슷한 양상을 보인다. 그림은 커다랗게 양면에 펼쳐진 도안을 사용하고 있어 그림이 사용할 수 있는 공간을 충분히 전체로 확장하고 있다. 특히 그림 바깥이 마치 목판화로 찍어낸 듯이 굵은 윤곽선이 그려져 한 페이지 혹은 반 페이지에 걸쳐 직사각형이나 정사각형의 공간을 구성하고 있다. 이러한 굵은 테두리 안에 접사 사진을 찍은 것과 같이 연못이나 꽃밭 속의 작은 생물과 주변 환경을 확장하여 보여주며 제한된 색체를 사용하

---

11 조이스 시드먼(Joyce Sidmen)의 시 그림책 중 한국에 번역되어 소개된 것은 총 3권이다. 『연못 이야기(Song of the Water Boatman, 2005)』(이상희 옮김, 웅진주니어, 2006), 『수수께기 동시 그림책(Butterfly Eyes and Other Secrets of the Meadow, 2006』(신형건 옮김, 보물창고, 2008), 『빨강 나무 위에서 노래해요(Red Sings From Treetops, 2009)』(이상희 옮김, 살림출판사, 2011).

고 있다. 또한 시점과 원근법을 사용하여 시 그림책을 읽는 독자가 연못 생물체의 하나가 되어 이들을 지켜보는 것과 같은 느낌을 자아낸다.

(가)

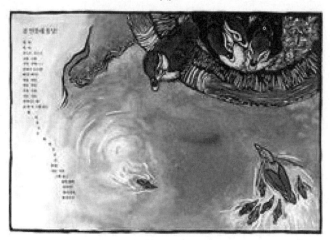

(나)

> 콕, 콕./딱, 딱./푸르르, 푸르르/꼬물, 꼬물/꾸벅, 꾸벅……./ 엄마가 부르네!/삐익! 삐익!/바둥바둥/깡충, 깡충./주춤, 주춤/ 갸웃, 갸웃/반짝이는 물!/숨 한 번 크게 쉬고/퐁./짝./후/루/ 루./퐁./짝./후/루/루./퐁당!/어푸, 어푸/고개 들고/찰박, 찰 박./엄마다!/쫓아가자./쫓아가자.(' / '는 행 구분)

〔그림 5〕 『연못 이야기』의 「연못 속에 퐁당(Spring Spashdown)」

〔그림 5〕는 「연못 속에 퐁당!(Spring Splash)」이라는 시 텍스트이다. 원 근법에 의해서 그림의 시점이 느껴지기 때문에 독자는 새끼 오리들이 있는 둥지 위해서 아래를 바라보는 방향으로 그림을 읽게 된다. 자연스 럽게 시선의 방향은 '새끼 오리의 눈 → 물위에서 혼자서 헤엄치는 새끼

오리 → 어미와 함께 헤엄치는 새끼 오리'의 순서로 옮겨 가게 된다. 이러한 시선 처리를 따라 시를 읽으면 둥지에 있는 오리 새끼들이 엄마가 부르는 소리를 듣고 둥지에서 물 위로 뛰어내리는 장면을 상상할 수 있다. 시가 의성어와 의태어를 주로 사용하고 있어, 어떤 장면인지 금세 알아차리기 어렵지만, 그림과 함께 읽으면 어떠한 장면을 묘사하고 있는지 확인할 수 있다. 독자는 각기 다른 방식으로 표현된 글와 그림을 서로 연결시키도록 요구받게 되는 것이다.

『연못 이야기』에 등장하는 생물들은 그들이 살고 있는 연못의 한 부분을 보여주며 지면 위에 한 번씩 등장한다. 물론 이 등장인물들은 첫 페이지와 마지막 페이지에 삽입된 연못의 전면 그림을 통해 이들이 같은 연못 속에 살고 있는 생물체들임을 드러낸다. 하나의 등장인물이 다음 장에 등장할 인물들의 행위에 영향을 미치지는 않으며 페이지마다 독립적인 시 텍스트로 구성되어 있다.

서정적인 시 텍스트로 구성된 시 그림책은 독자가 잠시 멈추어서 자신이 바라보고 있는 그 작은 공간에서 일어날 것 같은 일들에 대해 생각하도록 유도한다. 평소에는 쉽게 지나치거나 궁금해하지 않았던 공간들이 확대되어 보임으로써 독자는 시적 공간으로 쉽게 들어갈 수 있다. 글만 읽어서는 어떠한 장면인지 선명하게 알 수 없지만 그림을 통하여 독자는 말해지지 않은 부분을 볼 수 있게 되며 궁금증을 해소하게 된다. 글과 그림은 시적 이미지를 주고받으면서 전체 이미지를 표현하고 있다. 보여주기(showing)와 말하기(telling)의 줄타기를 통해 시적 형상화를 완성하고 있는 것이다.

2) 구체시의 시각화 양상

영미 문학에서 구체시의 전통은 형상시, 윤곽시 등의 형태에서 찾아볼 수 있다(유현주 2009: 13). 형상시는 로마 시대에 제단이나 십자가의 모양을 본 떠 종교적인 내용을 바탕으로 쓴 시를 말하며, 윤곽시는 사물의 형태를 문자로 그린 시를 말한다. 구체시는 문자의 시각성이나 언어에 의해서 표출되거나 형상되는 형상을 중시하여 도형을 그리듯 활자를 배치하는 시 양식이다. 이러한 형식은 60년대와 70년대 독일에서 크게 유행하였는데(유현주 2009), 인쇄술의 발달과 타자기의 보급이라는 매체 변화 속에서 본격화되었다고 할 수 있다. 구체시는 문자를 형식으로써 재발견하고 그 안에 의미를 담으려는 실험적 시도를 넘어서 이데올로기적인 반향의 표현으로 받아들여지기도 했다.

한편 아동 문학에서 구체시의 전통은 1865년에 발행된 루이스 캐롤의

[그림 6] The Mouse' s Tale
(Carroll,1865:18)

『이상한 나라의 앨리스』에서 찾을 수 있다. 『이상한 나라의 앨리스』는 영국 아동 문학의 모습을 새롭게 변화시키는 데 가장 큰 영향력을 미친 작품으로 평가된다(Style 1998: 1~2). 『이상한 나라의 앨리스』가 나타나기 이전에 아동을 위한 문학 작품에는 어른들이 말하는 가상의 아동이 등장했으며, 종교적이고 엄격한 어른의 목소리가 이야기를 지배하고 있었다. 루이스 캐롤은 에드워드 리어(Edward Lear)와 함께 아동을 위해 쓰인 영국 무의미시(nonsense poetry)의 대표 시인으로 평가된다(Style 1998: 134~150).

이야기의 서문도 시로 표현되어 있는 『이

상한 나라의 앨리스』는 말놀이(pun)와 언어유희가 이야기 속에 다수 포함되어 있다. 〔그림 6〕의 구체시가 등장하는 부분도 앨리스와 쥐의 대화인데, 발음은 같지만 의미가 다른 단어를 상상하면서 의미의 엇갈림을 표현하고 있다.

병에 있는 물을 마시고 갑자기 작아진 앨리스는 자신이 쏟은 눈물 바다에서 허우적거린다. 이때, 그녀를 구해준 것은 쥐였다. 쥐는 자신의 이야기(tale)를 들려주겠다고 한다. 영어로 'tale(이야기)'과 'tail(꼬리)'은 동음이의어이다. 쥐는 자신의 삶에 대하여 이야기하려고 했지만, 앨리는 쥐가 자신의 꼬리에 대해서 이야기하려 한다고 생각한다. 앨리스에게 쥐의 이야기는 쥐의 꼬리처럼 들린 것이다. 쥐의 말소리가 점점 작아지면서 희미해진다는 느낌을 〔그림 6〕과 같이 쥐의 꼬리(tail) 모양으로 표현하고 있다. 이 시의 공식적인 제목은 없지만 주로 'the mouse's tale'이나 'the mouse tail'이라고 불린다. 위의 시는 쥐가 어떻게 하여 고양이와 강아지를 싫어하게 되었는지 설명하고 있다. 〔그림 6〕은 이상한 나라의 판본에 따라 모양이 다양한데, 꼬리의 모양을 위와 같이 다섯 번 굴곡을 가지도록 한 것이 원본이다. 왜냐하면 이 시로부터 이어지는 앨리스의 말에서 그 모양을 추론할 수 있기 때문이다. 앨리스는 "잠시만, 난 지금 다섯 번째 굽은 곳까지 온 것 같아.("I beg your pardon," said Alice very humbly: "you had got to the fifth bend, I think?")"라고 말하고 있다. 쥐의 말을 쥐의 꼬리 모양으로 상상하고 다섯 번째 굽은 곳까지 왔다는 의미이다. 이 구체시의 모양은 여러 가지로 변형되어 출판되었다.[12] 그

---

12 판본에 따라 시어의 배열에서 조금씩 차이를 보이고 있다. 이 밖에도 다양한 모양으로 재화되고 있다.

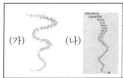

(가) Gutenberg's Alice's Adventures Under Ground, Lewis Carroll, Macmillan and co. 1886.
(나) Arion Press's Shaped Poetry, edited by Glenn Todd with a companion volume by Glenn Todd and Andrew Hoyem. Arion Press, 1981.

러나 〔그림 6〕과 같은 모양은 1965년 옥스퍼드 출판사에서 초판으로 인쇄한 모양이며 이것은 옥스퍼드 대학에 있는 인쇄활자판의 모양으로 확인할 수 있다.

대부분의 구체시는 시의 주제나 객관적 상관물의 모양을 본떠서 시어를 배열하는 경우가 많다. 그러나 쉘 실버스타인(Shel Silverstein)이 경우 이러한 모양을 연상시키는 배열을 넘어서는 재치를 보여 준다.

실버스타인은 성인 만평가로 활동하다가 1964년 처음으로 아동문학 텍스트를 창작하게 된다. 처음에는 삽화와 함께 동화를 쓰다가 1974년에 『골목길이 끝나는 곳(Where the Sidewalk Ends, 1974)』을 펴낸다. 그가 처음으로 낸 시 그림책은 아이들에게는 환영받았지만 교사와 학부모를 비롯한 어른들에게는 우려의 목소리를 들었으며 비평가들에게 혹평을 받기도 했다. 그러나 1981년에 펴낸 『다락방의 불빛(A Light in the Attic, 1981)』도 아이들에게 인기를 얻게 되고, 비평가들도 그를 닥터 수스나 영국의 리어와 같이 무의미시를 더욱 발전시킨 장본인으로 평가하고 있다(Dixon 2008: 15).[13]

실버스타인은 글과 그림 모두 흑백으로만 창작하며, 세부 묘사를 하거나 필요한 경우 단색을 넣기도 한다. 그는 글과 그림을 통합하여 의미를 이루는 시 텍스트를 창작하였으며, 다양한 구체시 형태를 선보이고 있다. 〔그림 7〕은 그의 첫 번째 시선집인 『골목길이 끝나는 곳』에 수록된 구체시이다.

---

13 그가 사망한 지 10여 년이 흘렀지만, 그의 시는 웹사이트(www.shelsilverstein.com)를 통해 움직이는 동영상과 함께 들을 수 있으며, 내용을 다운로드하거나 프린트 할 수 있다.

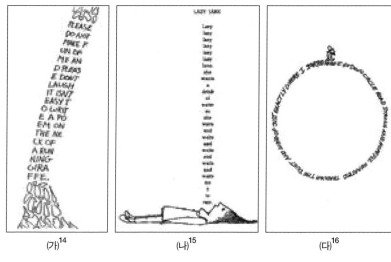

(가)[14]   (나)[15]   (다)[16]

〔그림 7〕실버스타인의 구체시

(가)는 기린의 목으로 연상되는 그림에 시어를 가지런히 배열해 넣고
있다. 그러나 시의 내용은 기린이나 기린의 목에 대한 단상이 아니라 기
린이 하는 하소연이다. 나를 시의 소재로 삼지 말라는 기린의 발화는 시
를 쓰고 있는 시인이나 그것을 읽고 있는 독자를 한 곳으로 불러 모은
다. 벽에 어처구니없는 낙서를 하고 들켜버린 아이처럼, 가벼운 해소감
과 함께 재미를 느끼게 되는 것이다.

(나)는 게으른 제인(Lazy Jane)을 묘사하고 있는 시이다. 시어의 배열

---

14 Please/do not/make f/un of/me an/d pleas/e don´t/laugh/it isn´t/easy to/write a
po/em on/the ne/ck of/a run/ning/ gir/affe(제발 나를 놀리지 말하요 제발 웃지 말아요 내
가 달리고 있을 때 목 위에 시를 쓰는 것은 쉽지 않아요).

15 Lazy Jane Lazy/lazy/lazy/lazy/lazy/ lazy/Jane,/she/wants/a/drink/of/water/so/she/
waits/and/waits/and/waits/and/waits/and/waits/for/it/to/rain/(게으른 게으른 게으른
게으른 게으른 게으른 제인, 물 한 방울이 먹고 싶어서 비가 올 때까지 기다리고 기다리고 기
다리고 기다리고 또 기다려요.)

16 HERE I GO DOWN CIRCLE ROAD STRONG AND HOPEFUL HEARTED
THROUGH THE DUST AND WIND UP JUST EXACTLY WHERE I STARTED(여기
서부터 내가 둥글게 걸어 내려가 먼지와 바람을 통과하고 내가 시작했던 바로 그곳에 정확히
올라올 수 있었으면)

은 제인의 입속으로 들어가는 빗방울 모양을 나타내고 있다. 시의 내용을 게으른 제인은 물을 마시고 싶어 비가 올 때까지 계속 기다리고 있다는 것이다. 시의 내용만으로는 비가 오는 것을 기다리는 제인이 왜 게으른지 설명되지 않는다. 그러나 누워서 입을 벌리고 있는 여자 아이가 제인이라는 확신을 갖게 되면 제인의 게으름이 얼마나 심각한 상황인지 알게 된다. 익살스럽지만 교훈적으로도 읽히는 이 시 텍스트는 누워 있는 제인의 모습이 독자 자신은 아닌지 고민하도록 한다.

(다)의 시는 모두 대문자(capital letters)로 쓰여 있다. 그도 그럴 것이 시의 내용이 강한 바람을 나타내고 있다. 또한 소문자를 활용하여 둥글게 써 넣을 경우 완벽한 원(Circle)이 만들어지지 않을 가능성이 높다. 'HERE'라고 쓰인 곳에 작은 남자를 그려 넣었는데, 이것은 흔히 거리에서 볼 수 있는 지도 위에 '현재 위치'를 표시한 것 같은 착각이 든다. 영미권 국가 대부분의 거리 지도에서 지금 자신이 서 있는 위치를 'HERE'로 적기 때문이다. 사람이 자신의 목적을 향해서 새로운 시도를 하게 될 때 자신이 경험하지 못한 심한 먼지와 바람이 부는 낭떠러지를 경험할 수 있다. 하지만 이것을 무사히 통과하여 자신이 가고자 했던 그 지점으로 갈 수 있기를 바라는 마음은 보편적인 것이다. 'HERE' 위에 그려진 작은 사람이 없었다면, 독자는 어디서부터 글을 읽어야 할지 방향감을 잡지 못했을 것이고, 낭떠러지 같은 바닥으로 떨어질 수도 있다는 위기감이나 불안감은 느낄 수 없었을 것이다.

지금까지 영미 동시 텍스트의 최근 동향과 시각화 양상을 살펴보았다. 최근 영미 동시 텍스트에서 진행되고 있는 시각화 현상은 시 텍스트 양식의 변화 차원에 있다. 지면 위에 글뿐만 아니라 그림이나 사진, 삽화나 색깔, 선 등의 시각적 자료를 활용하거나 활자를 시각적으로 배치하는 방식으로 복합 양식으로 변모하고 있는 것이다.

시 텍스트에 사용된 그림은 글을 교란시키고 독자들의 독서 방향을 지시한다. 불확실하여 의문스러웠던 글은 그림을 관통하며 해석을 위해 열려진다. 글은 그림에 의해 견인되고 그림은 글에 의해 그 명확한 초점이 주어지는 것이다. 시각화 된 시 텍스트에서 글과 그림은 서로에게 생명을 불어 넣어주는 관계에 있다. 글과 그림의 상호 활성화를 통해 독자의 의미 해석도 상승적으로 혼합된다. 동시 텍스트의 시각화 현상은 시 텍스트 읽기가 언어의 의미 해석과 감상에만 그치지 않고 감각적, 정서적, 창조적 능력을 바탕으로 하는 문화 예술적 소양을 배양시키는 방향으로 선회할 것을 제안한다.

영미 동시 텍스트의 시각적 특성을 살펴보는 일은 국내의 동시 텍스트와 동시 교육의 담론 형성을 위한 자원(assets)이 될 수 있다. 문학은 역사적 현실 속에서 소통되며, 교육 역시 역사와 현실을 바탕으로 설계된 실천이라고 할 때, 외국의 사례가 무조건적으로 받아들일 수 있는 이상적인 모델은 아니다. 남과 나는 남남이어서 아무리 흉내 낸다고 해도 내가 남과 같이 될 리는 없다. 그럼에도 불구하고 남의 것에 대해 관심을 갖는 이유는 남의 것을 통해 우리의 덜 된 것을 메우고 또 바로잡아 줄 수 있을 것이라는 기대 때문이다.

최근 국내 아동 문학계에서 변방에 머물러 있던 동시 문학은 텍스트의 다양한 변화를 추구하며 새로운 시도들이 진행되고 있다. 성인시로 등단한 시인들이 동시집을 내면서 새로운 활력을 불어 넣고 있으며[17] 동시 전문 잡지『동시마중』지가 2010년에 창간[18]되어, 계간『오늘의동시문학』과 함께 동시의 창작과 비평을 위한 기반을 마련하고 있는 중이다.

---

17 대표적인 동시집은 다음과 같다. 최승호의『말놀이 동시집』시리즈(총5권)(비룡소, 2005~2010), 곽해룡의『맛의 거리』(문학동네, 2007), 안도현의『나무 잎사귀 뒤쪽 마을』(실천문학사, 2007), 함민복의『바닷물 에고, 짜다』(비룡소, 2009), 신경림의『엄마는 아무것도 모르면서』(실천문학사, 2012) 등이다.

18 동시 전문 잡지『동시마중』은 영국에서 1970년부터 2003년까지 발행된 전문 잡지『Signal』을 통해 전개된 동시에 대한 비판적 논의의 성과와 비견된다. 영국에서 동시가 인정받는 위치에 올라서게 된 것은 이 잡지를 통해 전개된 도발적인 에세이들과 동시를 무시하는 경향에 대한 문제를 다룬 논의들의 도움이 크다고 할 수 있다.

이러한 변화의 특성은 말놀이 동시의 부활, 청소년 시(詩)의 대두, 산문 문체의 시도 등으로 설명할 수 있다(김이구 2012). 그러나 동시 텍스트의 내용적 측면을 재고하기 위한 시도는 활발히 이루어지고 있으나 형식적 측면에 대한 실험과 고민은 적은 편이다. 이러한 상황에서 영미 동시의 형식적 특성은 한국 동시의 현지점을 반성적으로 고찰할 수 있는 또 다른 시선을 제공할 수 있을 것이다.

문자로만 구성된 텍스트를 읽는 것과 문자와 시각 이미지가 섞여 있는 텍스트를 읽는다는 것은 분명 다른 방식을 취해야 한다. 그러나 본 연구에서는 확정적으로 의미를 규정하고 결정짓기보다 잠정적으로 결론을 내는 부분도 있었다. 미디어의 발달과 인터넷의 사용으로 동시 텍스트의 시각화 현상은 앞으로도 가속화될 것이며, 시각 이미지 뿐 만 아니라, 오감을 자극하는 텍스트 양식으로 소통될 가능성이 크다. 따라서 이에 대한 연구는 폐쇄적으로 닫히기보다는 개방적으로 여는 방향에서 논의되어야 하기 때문이다.

최근 남호섭이 사진과 글을 함께 사용하여 '다큐시'[19]를 발표한 바 있다. 그는 기존의 동시들이 문자 텍스트로서 완성된 후 동시집으로 구성할 때 작은 삽화를 넣었던 형식에서 과감이 벗어나, 사진과 글을 함께 사용하여 시 텍스트를 창작하고 있다. 시(詩)가 인간의 정신과 감성에 인간다운 균형과 조화를 주고 삶을 가다듬어 준다는 믿음은 동서양을 막론하고 시문학이 사랑을 받는 보편적 이유이다. 영미 동시 텍스트의 시각화 양상이 국내에서도 조탁되어 새로운 양식적 탐험을 위한 디딤돌이 될 수 있기를 기대한다.

---

19 남호섭의 『벌에 쏘였다 (2012, 창비)』에 수록된 '다큐시'는 '디카시'와 비슷한 형식을 가지고 있다. 이상옥(2007)은 디카시를 "자연이나 사물에서 시적 형상을 디지털 카메라로 포착하고, 다시 문자로 재현하여 '영상+문자'로 표현하는 디지털 시대의 새로운 시"형식 이라고 설명하고 있다. 반면 남호섭은 사회 현상을 사진으로 포착하여 문자 텍스트와 함께 시를 창작하는 형식을 취하고 있다.

제3장
동시의 리듬과 교육

1. 문제제기

시 교육에서 리듬을 어떻게 지도할 것인가의 문제는 간단하지 않다. 시를 시답게 하는 변별 자질을 주로 리듬[1]에서 찾지만, 일상적인 담화나 산문 문학에서도 리듬은 발견되기 때문에 리듬 교육의 어려움은 배가된다. 무엇보다도 시 텍스트에서 개별적으로 실현된 리듬을 교육 내용으로 삼을 것인지 아니면 개별적인 현상으로부터 추상화할 수 있는 기층 체계로서의 리듬을 교육 내용으로 삼을지의 문제는 첨예하게 대립되는 부분이다. 더구나 개별 작품에 다양하게 나타나는 리듬의 기층 체계를 밝히고자 할 경우, 그 체계가 과연 작품 속에 본래적으로 내재하는 것인지, 아니면 독자에 의해 적극적으로 생산하여 얻어내어야 하는지의 여부도 쉽게 결론지을 수 없는 것이 사실이다.

이와 같은 문제를 노정하고 있는 리듬 교육에서 학교 교육은 리듬의

---

[1] 이 글에서 다루는 리듬은 규칙적인 반복에 의해 형성되는 시의 음악적 특성(운율)과 함께, 불규칙적인 반복 요소들이 구축하는 자유시의 리듬을 포함한다. 자유시에서 '자유'라는 개념은 '어떤 규칙의 전복'일 뿐만 아니라 시 텍스트에 존재하는 구성 원칙으로서 가변적이고 연속적이며 동시적인 다양성의 획득이기 때문이다.

기층 체계를 중심으로 학습자를 지도하고 있다. 한국 시가의 율격에 대한 주요 연구 성과(조동일 1984, 김대행 1986, 성기옥 1986)를 기반으로 각각의 시편에서 음수율, 음보율, 압운 등을 찾아보는 활동이 주를 이루고 있는 것이다. 개별 작품을 통해 리듬감을 느끼도록 하기보다는 음보율의 개념을 알고 그것을 적용하는 데 중점을 두고 있다(최지현 2008). 이러한 접근 방법은 크게 두 지점에서 문제가 된다. 첫째, 학습자가 시의 리듬을 의미와 동떨어진 차원에서 존재하는 형식으로 인식할 수 있다. 시의 리듬은 소리 자질의 규칙적인 반복을 통해 드러나는 음악성일 뿐만 아니라 시의 이미지와 의미를 형상화하는 데 기여한다. 시에서 리듬과 의미가 따로 존재하지 않음은 재론의 여지가 없다. 둘째, 학습자가 정형시의 리듬뿐만 아니라 자유시의 리듬을 살피는 데도 음보율을 활용하게 된다는 것이다. 음보율이 시 장르 전체의 리듬을 파악하는 주요 참조점이 될 경우, 자유시의 리듬은 '정형률이 보이지 않음'으로밖에 설명할 수 없는 한계를 가진다. 최근 이러한 문제점은 한수영(2009), 장석원(2013), 권혁웅(2013) 등에 의해 고찰되었고, 중등학교의 차원에서 최지현(2008), 이혜원(2009), 김현수(2012) 등에 의해 논의 된 바 있다. 그러나 초등학교의 시 교육에서 내재율을 어떻게 지도해야 할 것인가의 문제는 주목을 받지 못하고 있는 형편이다.

초등학교 시 교육에서 주요 제재가 되는 동시 장르는 1920~1930년대 아동문학의 형성기에 아동에게 시 창작을 고무하기 위한 방안으로 대두되었다(원종찬 2012). 이것은 그간 시단을 풍미하던 시조나 신체시처럼 율격을 중시하는 시 장르에서 벗어나 시인 내면의 자유로운 호흡을 존중하고자 하는 의도적 기획이기도 하였다. 따라서 이 글에서는 노래에 맞춰 부르기 적합한 동요와 달리 읽기 방식에 적합한 자유시형을 동시로 구분하여 부르고자 한다.

일반적으로 운율(metre)은 리듬(rythm)과 동일시되어 왔다. 그러나 운율과 리듬은 서로 동일시할 수 없는 개념적 차이가 있으며, 그것은 용어의 발생과정이나 사용 맥락을 통해 드러난다. 운율은 숫자와 기호의 이분법에 기반을 둔 것으로서 박자나 템포 개념에 가깝다. 또한 시 창작 과정을 설명하고 이해시키고자 하는 작시법의 차원에서 자주 사용되는 용어이다. 반면 리듬은 기호의 이분법이 아니라 언술(discourse)에 바탕을 둔다. 즉 언어 현상에 따라 변할 수 있는 형태라는 것이다(김대행 1984). 운율은 주로 정형시를 구성하는 선행 조건이 되지만, 리듬은 텍스트 구성이 끝난 후에야 드러나게 되는 소리와 의미의 심미적 구조로 보는 것이 타당하다. 운율이 객관적이고 물리적으로 감지되는 것이라면 리듬은 심리적이며 정신적으로 지각되는 것(Lotman 1987: 92)이라는 로트만(Lotman)의 언급은 이를 방증한다. 따라서 리듬은 규칙적인 소리 현상인 운율을 포함하며 다양한 언어상의 특징을 포괄할 수 있는 상위 개념이라고 할 수 있다.

리듬 비평가인 메쇼닉(Meschonnic)은 현대 자유시의 리듬을 이해하기 위해 측량 가능한 규칙성은 더 이상 규준이 될 수 없다고 말한다. 그는 자유시의 리듬은 "음성학에서 규정하는 음소의 개별현상이나 이로부터 발생하는 단순한 미적 효과가 아니라, 음소와 음소가 굳건히 맺는 텍스트 내의 관계"라고 언급한다(조재룡 2013: 100 재인용). 여기서 말하는 음소는 음소로부터 발생하는 활자, 어휘, 통사 구조, 활자 인쇄 등을 포함하는 의미 요소를 말한다. 시어 하나가 단순한 어휘적 의미를 넘어서 '가치'를 내포한 의미가 되듯, 리듬도 이와 같은 맥락에서 파악되어야 한다.

한국아동문학에서 동시의 출현이 정형률에서 벗어나 시인의 개성적인 호흡을 존중하는 입장에서 태동된 것을 감안한다면, 그 안에 내재한 리듬 역시 시적 언술 속에 구성된 리듬을 추적하는 차원에서 지도되어야 한다. 이 글에서는 시의 의미와 긴밀한 관계에서 리듬을 파악할 수 있는 자질로서 병렬 구조에 주목하고자 한다. 병렬 구조는 주로 구비 시가에

원용되었으나, 현대에는 텍스트의 언술성을 나타내는 보편적 자질이 되고 있다(정끝별 2003: 309~310). 후술하겠으나, 병렬 구조를 파악하는 것은 시 텍스트에 직조된 언어들이 형성하는 상호 작용을 통해 그 텍스트성을 탐색하는 과정이 될 수 있다. 따라서 이 글에서는 텍스트 맥락에서 형성되는 동시의 병렬 구조가 리듬을 형성하는 주요 자질임을 밝히고 이를 통해 리듬 교육에 대한 시사점을 제안하고자 한다.

2. 시의 병렬 구조와 리듬 형성

시의 병렬 구조(parallelism)는 일반적으로 시에서 한 쌍의 비슷한 패턴을 보이는 구절, 행, 구, 문장들이 반복되는 상태를 말한다(Priminger & Brogen 1993: 877). 이것은 야콥슨(Jakobson)이 언급한 시행 발화의 독특한 텍스트성에서 기인한다.

야콥슨은 인간의 발화는 선택과 배열의 원리에 의해 구성되는데, 시적 발화는 이러한 일상적인 발화의 원리와 차이를 보인다고 언급하였다(Jabokson 1989: 92~116). '나는 학교에 간다'라는 문장으로 그의 원리를 살펴보자. 먼저 우리가 수많은 어휘의 목록 중에서 '학교'라는 낱말은 그와 비슷한 자격을 가진 낱말들 중에서 선택되었다는 것이다. 예컨대, 산, 바다, 놀이터, 기차역과 같이 '학교'를 대신하여 쓰일 수 있는 여러 낱말이 있었으나, 화자가 '학교'를 가장 적합한 낱말로 선택했다는 것이다. 학교를 중심으로 수직축을 세워 그 축 위에 유자격 낱말(산, 바다 놀이터, 기차역 등)을 모두 얹어 놓아 대조 비교해 보지만 결국 학교만이 선택되어 그 문장에 나타났다는 것이다. 야콥슨은 이 축은 선택의 원리에 의해 구성되며, 유사성의 축이라고 하였다. 한편 수평축은 이렇게 선택된 낱말들을 문법에 따라 조합하는 배열의 원리에 의해 구성되는 것이다.

그런데, 시의 언어는 등가의 원칙을 선택의 축에서 조합의 축으로 투사한다. 이것은 수직의 축에서 상정할 수 있는 등가의 낱말이 언어 연속체를 구성하는 낱말로 나타난다는 것이다. 따라서 음성, 어휘, 구절, 문장, 행, 연 등 시를 이루는 다양한 요소들이 등가적 배열을 이루는 짝으로 보고, 서로의 관계와 구조 혹은 시 텍스트 전체 속에서 다른 짝들과의 관계를 병렬 구조로 볼 수 있다.

병렬 구조는 정형적인 율격을 가진 고전 시가에서 정형적인 운율과 나열적 반복 혹은 이항대립적 대구 등을 설명할 때 주로 사용되었다. 이것은 표층 구조에 명확하게 드러난 율격으로 이해되었다. 그러나 자유시의 경우 표층 구조에 드러나던 율격이 사라짐으로써 병렬 구조도 심층적이고 잠재적인 원리로 시 텍스트 안에 가라앉아 버렸다. 자유시에서 병렬은 반복 혹은 대구와 유사한 개념으로 사용되기도 한다. 그러나 세 용어는 개념상의 차이가 있다. 먼저 반복은 병렬과 같이 의미나 이미지가 변화와 굴절을 일으키지 않고 비교 대립적인 구도를 형성하지 않는다. 대구도 대치의 성격이 강하며 주로 글자 수가 같고 의미가 서로 대조되며 구조가 같은 두 글귀를 가리킨다. 따라서 병렬은 동일한 요소가 반복적으로 출현하면서 시적 의미나 구조에 변화와 굴절을 일으키고 비교 또는 대립적 구조를 형성하도록 한다. 따라서 자유시의 병렬 구조는 시행 발화의 차원에서 회기와 병치의 텍스트성으로 이해하는 것이 유의미하다.

람핑(Lamping)은 현대시의 시성을 구별하는 결정적인 요인을 시행 발화(discourse)에서 찾는다(Lamping 1994: 66). 시행 발화는 시라는 장르의 텍스트를 구성하고자 하는 주체의 의도를 중심으로 시 텍스트의 성격을 규정한 것이다. 시 텍스트를 시행 발화의 관점에서 볼 경우 리듬 발생의 단위는 음보(foot)가 아닌 시행(line)이 된다. 문장의 통사론적 분절이 아니라 시인의 의도적인 행갈이가 일종의 휴지(pause)를 만들어 내며, 이러한 휴지에 의해 분절된 시행이 리듬감을 촉발하는 근거가 되는 것이다. 이러한 관점은 고정된 음운이나 음보의 반복보다는 다양한 구성 요소와 그들 만들어 내는 역동적인 리듬을 밝히는 데 유용하다. 시의 행과 행, 연과 연 나아가서 한 편의 시 전체가 리듬 형성의 요인이 되므로, 시 전체의 의미 구조와 상관속에서 리듬감이 생성되는 행로를 밝힐 수 있기 때문이다.

시행 발화는 일상적인 발화나 산문과 달리 선조적인 계기성에서 벗어나 음성, 어휘, 통사, 행, 연 등의 회기적인 반복성을 추구하고 있다. 회기(recurrence)는 텍스트에 안정성을 부여하는 결속 구조(coherence)를 강화하는 요소이다(Vater 2006: 39~58). 결속 구조는 문법적인 형식이나 규칙에 따라 관련을 맺고 있는 언어 체계를 말한다. 이것은 텍스트를 이루는 어휘, 구, 절, 문장 등이 조립되는 방식과 그 의존 관계에 의해 구체화되는데, 서로의 의존 관계가 명확하여 텍스트의 의미가 명확하게 드러날 때 강한 결속 구조를 가지게 된다. 반면 병치는 비슷한 어조나 어세를 가진 둘 이상의 어휘나 어구, 문장의 구조를 말한다. 이 두 방식은 텍스트의 안정성을 부여하여 결속 구조를 강화하는 역할을 담당한다.

텍스트의 병렬 구조는 회기와 병치에 의해 의미를 구축하는 방법으로서 시어의 선택과 결합이라는 두 개의 축을 통해 구조화된다. 상호 대응하는 체계적인 요소들은 시 텍스트의 공간의 의미를 구성함과 동시에 리듬감을 획득하도록 추동하는 것이다. 이것은 시 텍스트가 정교한 언어 선택이며 조합이라는 미학적 구조를 설명할 수 있는 근거가 되는 것이다. 나열, 연쇄, 점층, 점강, 대칭, 순환 등의 다양한 변주가 병렬 구조를 형성하는 방식으로 작용할 수 있다. 또한 그 의미는 텍스트 내에 제시된 구성 요소에 의해 이루어질 수도 있고, 텍스트 밖의 대상이나 또 다른 텍스트를 향해 확산될 수도 있다.

동시의 경우 아동을 내포 독자로 하기 때문에 내용과 형식의 측면에서 비교적 단순함을 유지하고 있다. 이러한 의미에서 병렬 구조는 동시의 리듬을 갱신할 수 있는 틀이 될 수 있다. 동시의 리듬이 음수율이나 음보율의 차원이 아니라 시 텍스트 전체의 구조적 차원으로 확장될 수 있는 계기를 마련할 수 있는 것이다. 그 구체적인 예를 정지용 동시를 중심으로 다음 장에서 살펴보고자 한다.

3. 동시의 병렬 구조와 의미

정지용은 민요나 동요의 정형률에서부터 벗어나 자유로운 리듬을 추구하는 동시를 창작한 선구자로 평가된다(원종찬 2012, 김제곤 2013). 동시의 병렬 구조와 의미 작용을 파악하기 위해 정지용 동시에 주목하는 이유는 그의 동시가 이후 동시인들의 상호텍스트적 원형이 되었다고 판단하기 때문이다.[2] 정지용 동시의 병렬 구조는 크게 회기적 병렬 구조와 연쇄적 병렬 구조로 구분하여 고찰하고 그 의미 작용을 살펴보았다.

1) 회기적 병렬 구조가 구현하는 응집과 강조의 리듬

정지용 동시에서 가장 두드러진 병렬 구조 양상은 회기성을 통하여 나타난다. 표층 구조에 드러난 한 쌍 이상의 통사적 반복은 단순해 보이지만, 그 안에 병렬 구조를 구축하고 있는 경우가 많다. 회기적 병렬은 시의 의미를 응집시키면서 의미를 강조하는 기능을 한다.

하늘 우에 사는 사람
머리에다 띄를 띄고,

---

2 주요 분석 텍스트는 『정지용시집』(1935)에 실린 작품들이다. 이 시집에 실린 시의 형태는 정지용에 의해 최종적으로 확정 정착된 텍스트로 평가되기 때문이다.

이땅 우에 사는 사람
허리에다 띠를 띠고,

땅속나라 사는 사람
발목에다 띠를 띠네.

—「띠」 전문

　「띠」는 전형적인 회기적 병렬을 보여주는데 2행씩 한 쌍으로 반복되고 있다. 2행이 한 연으로 구성되어 있으며 각 연은 통사적으로 완결성을 가지고 있다. 동일한 통사 구문의 회기 속에서 형태론적, 의미론적으로 상호 대응하는 요소가 발견된다. 의미론적 층위에서 '하늘－이땅－땅속나라', '머리－허리－발목'이 대응하고, 문법적 층위에서 '～고'와 '～네'라는 조사도 대응하고 있다.

　'하늘'은 공간의 의미를 함축하고 있으며 수사학적으로는 자연이나 천상의 세계를 가리키는 환유이다. 반면 2연에 제시된 '땅위'는 인간 세계를 가리키는 환유이며, 3연에 제시된 '땅속나라'는 저승 세계를 의미한다. 이렇게 대립되는 요소가 '띠를 띤다'는 반복에 의해 동일한 의미소로 변화를 일으키고 있다. 그것은 각 연의 2행에서 드러나는 '머리', '허리', '발목'과 대구를 이루면서 가능해진다. 텍스트 내에서 공간적으로는 하늘에서 땅속으로 수직하강하고 있으나 자연의 세계나 인간의 세계나 사후의 세계나 할 것 없이 그곳에 사는 사람들은 띠를 두르는 측면에서 동일성을 가진다. 따라서 1연의 '하늘'이 2연의 '이땅'과 교체될 수 있고, 2연의 '이땅'도 3연의 '땅속나라'와 동위성을 가진다. 다른 성질의 병렬적 이미지가 반복적 통사 구조에 의해 동질적 의미로 형상화되고 있는 것이다.

또한 대응하는 의미소인 '하늘 우에', '이땅위에', '땅속나라'는 원형적 하강 이미지를, '머리' '허리' '발목' 또한 하강 이미지를 제시한다. 반면 거기에 띠를 두르는 것은 수직 공간을 점유하는 행위 즉 수직 공간을 수평으로 묶는 수평적 이미지를 드러낸다. 이는 공간 질서 안에서 살아가는 사람살이는 보편적이라는 변함없는 삶의 진실을 표현하고 있다. 이와 같이 짧고 간단한 노랫말 속에 기묘하게 구성된 넓고 깊은 울림은 이러한 병렬 구조 속에서 시적 완성을 이루고 있다. 따라서 음량적으로 동일한 음절수로 이루어진 행에서 변이소가 되는 '하늘 우에', '이땅위에', '땅속나라'와 '머리', '허리', '발목'에 리듬의 강세가 와서 율동감을 느끼도록 유도하고 있다. 아래에 인용된 「산 넘어 저쪽」도 이와 유사한 병렬 구조를 가지고 있는데, 여기서는 동일한 통사 구문을 그대로 반복하는 병렬 구조를 보여준다.

산넘어 저쪽에는
누가 사나?

버꾹이 영 우에서
한나잘 울음 운다

산넘어 저쪽에는
누가 사나?

철나무 치는 소리만
서로 맞아 쩌 르 렁!

산넘어 저쪽에는

누가 사나?

늘 오던 바늘 장수도
이봄 들어 아니 뵈네.

—「산 넘어 저쪽」 전문

「산 넘어 저쪽」은 2행씩 6연으로 구성되어 있어 형식적으로 단순한 구조를 보인다. 여기서 '산 넘어 저쪽'이라는 공간은 시적 화자의 결핍을 인식시키고 그리움이나 설움을 증폭시키는 대상물이자 매개물이 되고 있다. 그 결핍의 대상이 어머니이든 조국이든 고향이든 시적 화자는 산 넘어 저쪽을 통해 자신의 서러운 상황을 인식하고 있는 것이다. 이러한 그리움과 설움의 감정은 1, 2, 3연에서 반복적으로 제시되고 있는 '산넘어 저쪽에는 누가 사나?'라는 문장을 통해 응집되고 있음을 알 수 있다. 또한 홀수행에서 '뻐꾹이', '철나무', '바늘 장수'에게 시적 화자의 서러운 마음이 이입되어 부재로 인한 그리움은 증폭되고 있다. 또한 인용시에서 '산넘어 저쪽'이라는 닿을 수 없는 공간을 통해 자신의 결핍을 알게 되고 이에서 비롯되는 격렬한 감정을 표현함으로써 독자로 하여금 정서적 떨림을 크게 하고 있다. 이러한 병렬 구조는 시적 화자의 내면적 고통을 적절한 거리를 두면서 토로하고 제어하는 장치가 되고 있다. '산넘어 저쪽에는 누가 사나?'라는 문장이 반복되어 등장함으로써 리듬의 통일감(continuity)을 조성하고 있다. 그러나 이후에 등장하는 답가 형식의 짝수 연으로 인하여, 제5연은 앞에 있었던 동일한 통사 구조의 1연, 3연보다 감정을 실어 읽게 된다. 이것은 동일한 통사 구분이지만, 고정된 리듬 안에 갇혀 있는 것이 아니라 각각의 연에서 다른 속도와 음으로 변주되고 변화되고 있음을 알 수 있다.

바람.

바람.

바람.

늬는 내 귀가 좋으냐?

늬는 내 코가 좋으냐?

늬는 내 손이 좋으냐?

내사 왼통 빩애 졌네.

내사 아므치도 않다.

호 호 칩어라 구보로!

—「바람」전문

「바람」은 추운 겨울, 찬바람에 온통 빨개진 얼굴이 떠오르게 하는 시
이다. 표면적으로 드러나는 반복의 패턴은 '바람'과 '호'라는 단어와 '늬
는 내 ~가 좋으냐?'는 통사 구조이다. 1연에서는 '바람'이 세 번 강조되
어 나오고 매행마다 온점으로 마무리함으로써 행말휴지를 길게 생성하
고 있다. 이를 통해 시적 화자가 바람 속에서 장시간 머물러 있거나 바
람을 맞으며 어디론가 이동하고 있음을 알 수 있다. 이와 짝을 이루어 제
2연에서는 '귀', '코', '손'의 세 부분이 빨개진 모습을 대구로 표현하고
있다. 2연에서 동일한 통사구문을 회기적으로 사용하고 있는데, 각 행에
서 어휘 교체현상만 나타난다. '귀', '코', '손'이 병렬을 이루면서 교체
되고 있는 것이다. 병렬에 의해 이 어휘들은 등가성에 놓이게 되며 '늬
는 내 ~가 좋으냐?'라는 반복에 의해 동질적인 의미로 구조화된다.

'귀', '코', '손'은 신체를 의미하는 환유이며 추위를 피하기 위해 모자나 목도리, 장갑, 귀마개 등으로 덧입혀 주어야 하는 부위들이다. 이를 통해 시적 화자는 겨울용 옷가지를 갖춰 입지 못하는 상황임을 암시한다. 이러한 반복 구조는 1, 2연에서만 지속되고, 이후 3~5연에서는 각 한 행으로 연을 이루고 있다. 이것은 의도적인 행갈이로 보이는데, 이를 통해 시간성을 확보하며 매운 바람의 느낌을 생생하게 살려내고 있다. 따라서 「바람」은 1연, 2연 그리고 3~5연이 병렬 구조를 이루고 있는 것으로 볼 수 있다.

이 시에서는 1연에서 강조된 '바람'에 대응하는 '귀', '코', '손'에 리듬의 강세가 오며, 이로 인하여 3연의 '빨애'에도 어세가 위치하게 된다. 또한 마지막 연에서 '호호'라는 감탄사나 '칩어라 구보로!'라는 구어의 사용은 앞서 강세로 읽혔던 부분만큼 더욱 강조되고 있는 것이다. 참기 힘든 상황을 벗어나려 반어적으로 표현하는 부분이므로 한 행을 한 연으로 구성하여 무게감을 주고 있다. 이와 같은 행갈이는 앞서 밝혔던 시간성을 획득하며, 리듬의 강세도 획득하고 있다.

2) 연쇄적 병렬 구조가 구현하는 상승의 리듬

연쇄적 병렬 구조는 회기적 병렬 구조와 유사하게 기본적으로 개방과 확산의 리듬을 가지지만 어떤 매개물을 통해 전후의 시어와 연결되면서 단계적으로 전개되는 특성을 보여준다. 연쇄적 병렬 구조는 순환의 리듬을 형성하며 시적 정서의 상승이나 하강의 의미를 구축한다.

할아버지가
담배ㅅ대를 물고
들에 나가시니,

굿은 날도
곱게 개이고,

할아버지가
도롱이를 입고
들에 나가시니,
가믄 날도
비가 오시네.

—「할아버지」 전문

「할아버지」는 아동 화자의 눈으로 바라본 할아버지의 마술과도 같은
행위가 천진하게 드러나 있는 시이다. 이 시는 '할아버지가 ~ 나가시니
~날도 ~하다'라는 통사구문을 회기적으로 사용하여 병렬 구조를 획득
하고 있다. 이 동일한 통사 구문 속에 유사한 의미를 지닌 단어를 수정
하여 배치하여 규칙적인 리듬을 형성하고 있다. 시에서 시적 화자는 할
아버지의 모습을 관찰하고 있다. 굿은 날인데도 할아버지는 담뱃대를
물고 일하러 나가신다. 그러면 신기하게도 굿은 날이 곱게 갠다. 이러한
할아버지의 신통력은 가문 날에도 역시 통한다. 날이 가물었는데도 불
구하고 할아버지는 비를 피하기 위해 도롱이를 입고 일하러 나가신다.
그러면 신기하게도 비가 오는 것이다. 일종의 주술과도 같은 할아버지
의 행동은 각 연마다 한 문장으로 되어 있는데 통사 형태로는 변한 곳이
없으면서 어휘의 변화만 주고 있다. '담ㅅ배대-도롱이', '굳은 날-가
믄 날', '곱게 개이네-비가 오시네'라는 변이소에 의해 1연과 2연이 병
렬 구조를 이루고 있다. 두 연에서 어조의 큰 변화는 느끼지 않지만, 동
일한 통사구조의 반복과 변주를 통해 할아버지의 행위와 자연 현상 간
에 존재하는 긴밀한 인과 관계는 상승적으로 강화되고 있다. 할아버지

의 행위와 자연 현상 간에 존재하는 인과 관계는 일상적인 관념에서 보았을 때는 인정되지 않지만, 아동의 유년세계와 시적 상상력으로는 가능하다. 따라서 시의 리듬은 경쾌하고 빠르게 흐르며, 2연에서 '가믄 날에도 비가 오시네' 부분에 강세가 온다고 할 수 있다. 이 부분은 할아버지의 주술적인 행위가 확인되는 부분으로서 텍스트의 응집성을 높여주기 때문이다.

> 새삼나무 싹이 튼 담우에
> 산에서 온 새가 울음 운다.
>
> 산엣 새는 파랑치마 입고.
> 산엣 새는 빨강모자 쓰고.
>
> 눈에 아름 아름 보고 지고.
> 발 벗고 간 누의 보고 지고.
>
> 따순 봄날 이른 아침부터
> 산에서 온 새가 울음 운다.
>
> ―「산에서 온 새」 전문

「산에서 온 새」의 각 연은 통사적으로 독립성과 완결성을 가지고 있으며 1연과 4연이 병렬적으로 쌍으로 이루고, 2연의 1행과 2행, 3연의 1행과 2행이 병렬적으로 병치되어 있다. 먼저 1연과 4연은 '산에서 온 새가 울음 운다'라는 통사구문도 같을 뿐만 아니라 행갈이한 부분도 같다. 다만 1연에서는 산새가 울음을 우는 구체적인 공간인 '새삼나무 싹이 튼 담우'와 산새가 울고 있는 구체적인 시간인 '따순 봄날 이른 아침'으로

서로 다르게 서술되고 있다. 이것은 산새가 울고 있는 공간과 시간을 환유적으로 드러낸 것이라고 할 수 있다. 이 두 연을 통해 시적 화자가 있는 현실의 공간이 산에서 온 새의 울음으로 부정적인 장소로 그려지고 있다. 2연에서는 '산엣 새는 ~고'의 통사 구문이 반복되고 있고, 3연에서는 '보고 지고'가 반복적으로 등장한다. 새가 입고 있는 파랑 치마와 빨강 모자는 누이의 옷차림임을 알 수 있다. 시적 화자의 부정적인 현실 공간은 2연과 3연에 묘사된 내면의 세계와 대비적 양상을 보인다. 2연과 3연은 시적 화자의 내면을 드러내 보여주며, 누이와 함께 했던 과거의 공간을 긍정적으로 확대시키고 있다. 여기서 '새'는 시적 화자의 인격이 투사(projection)된 동일성의 대상이다. 시적 대상인 산에서 온 '새'는 누이를 그리워하는 시적 화자의 그리움이 감정 이입되어 일체감을 획득하고 있다. 이를 통해 누이의 부재로 인해 시적 화자의 애뜻함은 증폭되고 있는 것이다. 따라서 의미론적 층위에서 1연·4연은 2연·3연과 이중적인 병렬 구조를 이루고 있는 것을 알 수 있다. 이러한 이중적 병렬 구조는 누이를 보고 싶어 하는 시적 화자의 마음이 시의 뒷부분으로 갈수록 더욱 절실하게 느끼도록 유도하며 시적 정서를 점층적으로 상승시키고 있다. 이 시는 누군가가 보고 싶어 울음을 터트리고 한숨 돌린 아이의 마음을 표현하듯 감정의 기승전결의 기복을 보여준다. 새삼 나무 위에 찾아온 예쁜 새를 보고(1연), 파랑 치마 빨강 모자 쓴 누이를 생각한(2연) 소년은 누이가 보고 싶어 울음을 터트리고(3연), 한참 울다가 울고 있는 자신과 새삼 나무 위에서 지저귀는 새를 보고 마음을 추스리는 모습(4연)이 하나의 연속 장면으로 연상된다. 따라서 시의 리듬은 3연에서 최고조에 달하며 연 전체에 강세가 오게 된다. 누이에 대한 그리움은 다음 시에서도 연쇄적으로 구축된 병렬 구조가 두드러지게 나타난다.

부헝이 울든 밤

누나의 이야기-

파랑병을 깨치면
금시 파랑 바다.

빨강병을 깨치면
금시 빨강 바다.

뻐꾸기 울든 날
누나 시집 갔네-

파랑병을 깨트려
하늘 혼자 보고.

빨강병을 깨트려
하늘 혼자 보고.

—「병」 전문

  '바리데기' 옛이야기에 등장하는 흥미로운 모험을 들려주던 누나를
그리워하는 마음이 잘 드러난 시이다. 이 시에서는 1~3연과 4~6연이
병렬 구조를 이루고 있다. '부엉이 울든 밤'과 '뻐꾸기 울든 날'의 대립
이 현상적으로 나타나는 시각적 축으로 대립 구도를 보여준다. '부엉이
울든 밤'은 누나와 함께 보내던 행복한 시절, 행복한 과거인 데 반해서
'뻐꾸기 울든 날'은 누나가 가고 없는 불행한 현재이다. 시적 화자의 불
행한 현재는 과거와 대비됨으로써 더욱 강조된다. 2연과 3연에서 누나
의 파랑병과 빨강병이 만들어내는 바다의 모습은 5연과 6연에서는 시적

화자가 스스로 만들어내는 하늘로 표현된다. 파란 하늘을 볼 수 있는 낮 시간은 물론 붉은 하늘을 볼 수 있는 노을이 지는 저녁 무렵까지 누나에 대한 그리움이 지속되고 있음을 알 수 있는 부분이다. 따라서 제1~3연 부분보다는 4~6연 부분의 시상 흐름이 점점 느려지고 있으며, 한숨을 쉬는 듯한 낮은 곡조의 분위기를 자아냄을 알 수 있다. 마지막으로 살펴 볼 시는 의미의 연쇄를 통해 구성되는 병렬 구조이다.

해바라기 씨를 심자.
담모롱이 참새 눈 숨기고
해바라기 씨를 심자.

누나가 손으로 다지고 나면
바둑이가 앞발로 다지고
괭이가 꼬리로 다진다.

우리가 눈감고 한밤 자고 나면
이실이 나려와 가치 자고 가고,

우리가 이웃에 간 동안에
해ㅅ빛이 입마추고 가고,

해바라기는 첫시약시인데
사흘이 지나도 부끄러워
고개를 아니 든다.

가만히 엿보러 왔다가

소리를 깩! 지르고 간놈이 -
오오, 사철나무 잎에 숨은
청개고리 고놈이다.

―「해바라기씨」 전문

「해바라기씨」는 '~하면 ~한다', 혹은 '~하고 ~한다'의 통사적 유사성을 지닌 다섯 문장으로 구성되어 있다. 특이한 점은 6연에 '-'를 통한 행말휴지와 '오, 오'로 연결되는 감탄사이다. 전체 텍스트 공간을 시간의 흐름에 따라 나누어 보면 1·2연, 3·4연, 5·6연이 병렬 관계를 가지고 엮여 있는 것을 확인할 수 있다. 1·2연은 해바라기 씨를 심는 행동이 나타나 있으며 3·4연은 시간의 흐름을 자연의 조화와 이치로 나타내고 있으며, 5·6연은 싹이 트기를 기다리는 마음이 잘 표현되어 있다.

1연과 2연은 해바라기 씨를 심는 행위이다. 생명을 탄생시키기 위한 행위는 인간 혼자서만이 할 수 있는 것이 아니라 인간과 동물 자연이 함께 어울려 이루어내는 일임을 드러내고 있다. 해바라기 씨를 심는 주체가 '누나-바둑이-괭이'로 연결되어 사람과 동물의 조화와 그들이 가장 섬세하게 사용할 수 있는 신체 부위인 '손-앞발-꼬리'의 대응은 사람과 동물을 매개하여 모두 한마음으로 해바라기 씨를 심고 있음을 나타내고 있다. 3연과 4연은 싹트기 전 '이실'과 '해ㅅ빛'이 함께 참여함으로써 새 생명의 기대감을 표현하고 있으며, 자연의 조화와 이치로서 시간의 흐름을 보여주고 있다. 여기서 눈에 띄는 병렬 구조는 2연의 각행이 '~가 다지다'라는 어구을 통해 구성되어 있다. '누나', '바둑이', '괭이'가 다지는 행위가 반복적으로 배치되면서 정성스럽게 씨앗을 심는 모습이 효과적으로 표현되었다. 5, 6연은 씨를 심고 금방 싹이 나지 않아 기다리는 상황을 새색시에 비유하고 있다. 새색시가 부끄러워 얼굴을 들지 못하는 것처럼 씨앗도 땅 위로 얼굴을 내밀지 못하고 있다는 것이다. 마지막 6연은 혼인 첫날 많은 사람들이 부끄러워하는 새색시를 문틈으로 엿보듯이 청개구리가 엿보다 깜짝 놀라는 모습이 표현되어 있다. '소리를 꽥! 지르고 간 놈이 청개구리 고놈이다'와 같은 표현은 자칫 기다림으로 지루해지기 쉬운 시 텍스트에 역동성을 더해 주고 활력을 불어 넣고 있다. 이 시에는 소박한 인정 풍속과 자족적이고도 고요한 세계가 의미론적 병렬로서 구체화되어 있다고 볼 수 있다. 따라서 씨를 심는 부분은 경쾌하고 신나는 리듬으로 읽혀지며 3연으로부터 6연에서 이르는 씨앗이 돋아나기를 기다리는 부분은 좀 더 느리고 신중한 느낌으로 느린 리듬을 가지게 된다. 후반부에 늘어지듯 조용한 리듬은 '소리를 꽥! 지르고 간 놈이' 부분에서 강세를 받으며 마무리된다.

이상으로 정지용 동시의 병렬 구조를 살펴보았다. 정지용 동시는 공연히 말을 비틀어 기교를 부리지 않고 있으며 정교하게 우리말이 살아 있다. 정지용 동시에 구현된 병렬 구조는 회기적인 통사 구조와 그 속에서 이루어지는 의미소의 변주를 통해 학습자가 쉽게 이해할 수 있다. 시어의 반복은 단순한 음수율을 고려해 억지스럽고 유치하게 사용되지 않았다. 오히려 삶의 생생함이나 아동의 신선한 시선을 놓치지 않고 표현한 점은 정지용 동시의 병렬 구조를 통해 드러낼 수 있는 주요 부분이다. 또한 회기적으로 드러나는 유사한 통사 구문은 텍스트 공간의 후방에서 기본적인 리듬을 형성하고 있으며, 그 속에서 변주되는 시어들은 자연스럽게 강세를 받아 리듬의 강약을 조절하고 있다.

4. 동시의 병렬 구조와 리듬 교육

운율이 객관적이고 물리적으로 감지되는 것이라면 리듬은 심리적이며 정신적으로 지각되는 것이다(Lotman 1987: 92). 독자는 텍스트를 읽으면서 불규칙적인 것처럼 보이는 속에서도 규칙을 찾고 패턴화하거나 유표화되지 않은 표지들로부터 적극적으로 리듬을 찾고자 한다. 따라서 운율이 없는 자유시는 있을 수 있지만 리듬이 없는 자유시는 있을 수 없다. 앞서 진술한 것처럼 운율이 전형적인 리듬을 한정적으로 지칭하는 것이라면 리듬은 운율을 포함하는 보다 포괄적인 의미를 가진다. 그렇다고 하여 리듬이 무한대로 개방되지 않는다. 리듬은 주어진 텍스트 안에서 구현되기 때문이다. 독자가 시를 읽으면서 리듬 패턴을 찾으려 할 수는 있지만 리듬을 형성하기 위하여 음운을 교체하거나 어휘 배열을 바꿀 수는 없다. 주어진 텍스트 안에서 독자가 관여할 수 있는 일은 어떻게 끊어 읽을 것이냐의 문제이다. 어느 부분을 빨리 읽고 느리게 읽을 것인지, 어느 부분에서 끊어 읽을 것인지 혹은 붙여 읽을 것인지의 문제는 독자의 몫이다.[3] 그러나 이러한 선택도 무한히 자유로운 것이 아니라 모국어의 일상적인 언어 리듬 관습으로 허용되는 범위 안에서 가능하다. 모국어 화자는 긴 문장을 읽을 때나 말할 때 어절 단위로 끊어 읽기보다는 '하나의 뜻을 가진 덩이 형태(chunk)'를 단위로 끊어 읽는다. 이러한 어휘의 덩이 형태를 구성하도록 하는 근거는 의미이다. 단순한 음독과 낭독이나 낭송이 다른 이유는 시행과 시연의 휴지(休止)뿐만 아니라 시어를 의미 덩어리로 묶어 강조할 부분을 찾아내거나, 정서와 감정을 어떻게 포함할 것인지를 결정하게 하도록 유도하기 때문이다. 동시의 리듬 교육에서 병렬 구조가 주목되는 이유가 여기에 있다.

앞에서 살펴본 것처럼 시의 병렬 구조는 독자에게 리듬의 구조를 생성시키면서 의미를 강조하거나 정서적인 감흥을 불러일으킨다. 병렬 구조는 단순한 반복을 넘어서 변화와 변주를 동반하는 시적 자질이므로

---

3 낭독 혹은 낭송은 독자가 구성한 리듬 의식이 발현되는 순간이다. 엄해영(1999)은 외재적인 운율이 아니라 독자의 낭독과 그 기제가 리듬 교육의 원리를 세우는 기본이 되어야 한다고 지적하였다.

시 텍스트의 부분과 전체의 상관관계를 파악하도록 유도한다. 동시 텍스트가 대부분 단형적인 텍스트 임에도 불구하고 시적 감흥을 감하게 주거나 미학적인 완결성을 보이는 이유는 이러한 병렬 구조에서 기인한다고 볼 수 있다.

서론 부분에서 지적한 바와 같이, 학교 교육에서 리듬 교육은 주로 규칙적인 음수율이나 음보율에 중점을 두고 있다. 초등학교 저학년의 경우 의태어나 의성어와 같은 음성 상징을 대표적인 운율의 요소로 지도하고 있는 것이 사실이다. 그러나 의성어와 의태어와 같은 음성 상징은 기존의 전통적인 운율의 개념으로는 해명되지 않으며, 전체 텍스트 내에서 다른 어휘들과의 관계망도 파악하기 어렵다. 따라서 운율보다 좀 더 포괄적인 차원에서 시 텍스트의 소리와 그 조직을 드러낼 수 있는 리듬을 교육 요소를 선정하는 작업이 절실하다. 리듬을 상위 개념으로 놓고 시 텍스트의 음악성을 의미와 이미지의 관계 속에서 교육 내용을 구성할 필요가 있다. 이와 함께 리듬 교육을 위한 제재 선정 범위도 엄격한 음수율과 음보율을 지키고 있는 정형시에만 국한할 것이 아니라 자유시로 넓혀야 한다.

병렬 구조를 통해 시의 리듬을 파악하려는 것은 시 텍스트를 이루는 다양한 요소들이 등가적 배열을 이루고 있다는 인식으로부터 시작된다. 이것은 독자에게 시의 리듬을 시어의 길이나 음보 등의 표지로 파악하려는 것이 아니라, 의미를 통하여 파악하도록 유도한다. 의미의 층위에서 서로 짝을 이루는 음성, 어휘, 구절, 문장, 행, 연 등을 파악함으로써 그들의 관계 망을 통해 리듬 형성 과정을 추적할 수 있다. 이를 통해 학습자는 하나의 텍스트에 구현된 리듬이 시의 정서나 의미와 어떻게 호응하는지 이해할 수 있다.

병렬 구조는 텍스트의 의미와 리듬의 관계 망을 쉽게 인식할 수 있는 비계(Scaffolding)로서 리듬 교육에 활용될 수 있으며 시의 낭독에서 읽기의 빠르기와 호흡 및 끊어 읽기를 해결하기 위한 기본 근거가 될 수 있다.

동시는 주로 단시의 성격을 가지고 있음에도 불구하고 시적 이미지가 반복과 병치에 의해 구축되는 경우가 많다. 의미론적으로 동일하거나 대립적일 수 있는 대응 체계적인 요소가 시행 배열 속에서 의미를 산출하며 리듬감을 획득하고 있는 것이다. 리듬을 정체적으로 파악하도록 유도하는 기존의 시 교육은 자유시가 가지고 있는 리듬의 다양성과 긴장을 제대로 설명할 수 없다. 그러나 시의 리듬을 병렬 구조 속에서 형성되는 시어의 연합과 결속의 상관 작용 결과로 파악한다면, 리듬이 어떻게 형성되고 작동하는가를 설명하는 데 도움이 될 수 있다. 이로서 학습자는 개별 텍스트마다 달라지는 끊임없는 변화체로서의 리듬이 주는 재미를 경험할 수 있다.

* 설문용은 시 한 편이 한 쪽에 편집됨

설레는 나무

햇살이 닿다.
바람이 닿다.
가슴이 둥둥 뛴다.
깡충, 뛰어 오르고 싶다.

나무라면 그래선 안 된다.
사람들이 보면 깜짝 놀랄 게다.
나무가 폴짝 뛰다니

두근두근 가슴 뛰는 소리가
밖에까지 들릴 것이 걱정이다.

저런!
언제 밖으로 뛰쳐 나간 거지?
설렁설렁 설레는 연둣빛 마음.

출처: 이상교(2006), 『먼지야 자니?』, 산하.

해바라기

마당 가
해바라기 혼자서
집을 본다.

우체부 아저씨가
마루에 던져 주고 간
편지도 받고

이따금 날아오는
잠자리 떼도 맞고

식구들 모두
고추 따러 밭에 가 있는 사이
학교 간 영미 기다리며
해바라기 혼자
집을 본다.

넣어놓은 고추 지키며

놀러 나간
강아지 기다리며

이웃집 아저씨
경운기 몰고 지나가는 소리도 혼자 듣고.

출처: 임길택(1995), 『할아버지 요강』, 보리.

깜장 꽃

작약꽃 봉오리가 동골동골 맺혔습니다.

꽃 소식 들은 개미들이 물빛 같은 길을
따라 깨물깨물 줄을 지어 올라갑니다

작약은 발등이 간지러워 모가지가 간지
러워 고개를 잘랑잘랑 흔들어봅니다

분홍 꽃도 피기 전에 몰려든 손님들로 깜
장 꽃만 간질간질 피었습니다.

출처: 김환영(2010), 『깜장꽃』, 창비.

들리지 않는 말

풀섶 두꺼비가
엉금엉금 비 소식을 알려 온다

비 젖은 달팽이가
한 입 한 입 잎사귀를 오르며 길을 낸다

흙 속에서 지렁이가
옴물옴물 진흙 똥을 토해 낸다

작고
느리고
힘없는 것들이

크고
빠르고
드센 것들 틈에서

보이지도 않고
들리지도 않는
바닥 숨을 쉬고 있다

출처: 김환영(2010), 『깜장꽃』, 창비.

개펄 마당

밀릉슬릉 주름진 건
파도가 쓸고 간 발자국.
고물꼬물 줄을 푼 건
고둥이 놀다 간 발자국.

스랑그랑 일궈 논 건
농게가 일한 발자국.
오공조공 꾸준한 건
물새가 살핀 발자국.

온갖 발자국들이 모여
지나온
저마다의 길을 펼쳐 보인 개펄 마당.

그 중에 으뜸인 건
쩔부럭 절푸럭
뻘배 밀고 간 할머니의 발자국.

그걸 보고 흉내낸 건
폴라락 쫄라락
몸을 밀고 간 짱뚱어의 발자국.

출처: 안학수(2004), 『낙지네 개흙 잔치』, 창비.

엄마 무릎

귀이개를 가지고 엄마한테 가면
엄마는 귀찮다 하면서도
햇볕 잘 드는 쪽을 가려 앉아
무릎에 나를 뉘여 줍니다.
그리고선 내 귓바퀴를 잡아 늘이며
갈그락갈그락 귓밥을 파냅니다.

아이고, 니가 이러니까 말을 안 듣지.
엄마는 들어 낸 귓밥을
내 눈앞에 내보입니다.
그리고는
뜯어 놓은 휴지 조각에 귓밥을 털어 놓고
다시 귓속을 간질입니다.

고개를 돌려 누울 때에
나는 다시 엄마 무릎내를 맡습니다.
스르르 잠결에 빠져듭니다.

출처: 임길택(1995), 『할아버지 요강』, 보리.

바람

그냥 달려온 바람이 좋다.
더워서
부채로 만든 바람.
전기로 만든 바람보다
그냥 달려온 바람이
시원하고 달콤하다.

멀리서 온 바람.
누가 보내 준 바람인지
알 수는 없어도
마음속으로 고마운 바람
그냥 달려온 바람이
좋다.

출처: 한국아동문학학회 편(2008),
『고학년 동요 동시집』, 상서각.

거울

이 세상 어딘가에
나와 꼭 닮은 아이가
다시 또 하나 있는 건
참 다행이지.

앞에서 두 번째 자리에 앉는
작은 키,
주근깨투성이의 얼굴,
반에서 중간밖에 안 되는 시험 성적.

그런 아이가
나 말고 다시 또 한 아이가
있는 건
참 다행이지.

속상할 때면
가만히 거울 속을 들여다본다.

거울 속 아이도
날 내어다본다.

출처: 이상교(2005), 『처음 받은 상장』, 국민서관.

바닷가에서

바닷가에 조그만 돌
어여뻐서 주워 보면
다른 돌이 또 좋아서
자꾸 새것 바꿉니다.

바닷가의 모래밭에
한이 없는 조그만 돌
어여뻐서 바꾸고도
주워 들면 싫어져요.

바닷가의 모래밭엔
돌멩이도 많지요.
맨 처음 버린 돌을
다시 찾다 해가 져요.

출처: 김소월 외(1999), 겨레아동문학연구회편,
『엄마야누나야』, 보리.

같이 놀자

새 한 마리
교실 창 밖 산목련 나뭇가지에 와서
공부하는 아이들 불러낸다.
"놀자. 우리 같이 놀자."
아이 하나 포르르 날아 나간다.
아이 둘 포르르 날아 나간다.
아이 셋, 아이 넷, 아이 다섯……
포르르, 포르르 새가 되어 날아 나간다.
혼자 남은 선생님도
새가 되어 푸드득 따라 나간다.

출처: 이화주(2005), 『손바닥 편지』, 아동문예사.

오늘

도토리 한 개
씨로 심었더니
떡갈나무 잎 두 쪽
나왔다

매일 아침
인사하고
십 년쯤 오늘처럼
물을 주겠다

그 뒤엔
내가 아니어도
누군가 돌보아 줄 것이다

이십 년쯤 뒤엔 소나기처럼
도토리 떨어지겠지

그때의 즐거움을
나는 오늘부터 생각한다.

출처: 유경환(2002), 『마주 선 나무』, 창비.

공터

아파트 옆 공터는
심심해서 울고 싶었지
올봄에 할아버지가
흙을 일구기 전까지는 말이야

할아버지가 괭이로 땅을 파헤치자
지렁이들이 꿈틀꿈틀,
땅강아지들이 엉금엉금,
공터는 옆구리가 마구 간지러웠어

할아버지는 씨앗을 뿌렸어
상추
쑥갓
옥수수
고구마
강낭콩

참을 수 없었지, 공터는
간지러움을 참다 못해
그만 웃음을 터뜨렸어
저것 좀 봐, 저것 좀 봐
공터가 혓바닥을
푸른 혓바닥을
날름날름 내밀고 있잖아

출처: 안도현(2007), 『나무 잎사귀 뒤쪽 마을』,
실천문학사.

이제는 그까짓 것

혼자서도 버스 타기도
겁나지 않는다. 이제는.

표시 번호 잘 보고 타고
선 다음에 차례대로 내리고
서두르지 않으면 된다.
그까짓 것.

밤 골목길
혼자서 가도
무섭지 않다. 이제는.

사람은 죄다 나쁜 건 아니다.
꾐에 빠지지 않고,
정신 똑바로 차리면 된다.
그까짓 것.

사나운 개 내달아
컹컹 짖어대도
무서울 것 없다. 이제는.

마주 보지 말고,
뛰지 말고.
천천히 걸으면 된다.
그까짓 것.

선생님이 가르쳐 주신 대로
어머니 아버지가 이르신 대로
그대로만 하면된다, 모든 일.

자랑스런 열두 살.

자신있는 열두 살.

출처: 어효선(1987), 『해바라기 얼굴』

소

소는 잘못한 것이 없는데
매를 맞는다.
소는 무거운 짐을 나르는데
매를 맞는다.
소는 말도 잘 듣는데
매를 맞는다.
매 맞는 소를 보면
눈물이 나올라 한다.
우리 소가 아니라도
눈물이 난다.

출처: 윤동재(2002), 『재운이』, 창비.

세상에서 제일 무서운 것

겨울은 봄바람이 세상에서 제일 무섭고
요.
봄은 세상에서 매미소리가 제일 무섭대
요.

여름은 귀뚜라미 소리가 제일 무섭고요.
가을햇살은 눈송이가 세상에서 제일 무
섭대요.

출처: 김용택(2003), 『콩, 너는 죽었다』, 실천문학사.

하루

하루 앓고
온 학교

남의 학교 같다.

게시판엔 그림도
바뀌었고,

눈 큰 낯선 아이
앞에 앉았다.

선생님 묻는 말씀
영 모르겠는데,

―예!
―예!
모두들 손을 든다.

아파 누운
하루 고 사이.

출처: 김동극(1975), 『고또래 그만큼』, 세종문화사.

만돌이

만돌이가 학교에서 돌아오다가
전봇대가 있는 데서
돌멩이 다섯 개를 주웠습니다.

전봇대를 겨누고
돌 한 개를 던졌습니다.
—딱—
두 개째 던졌습니다.
—아뿔사—
세 개째 던졌습니다.
—딱—
네 개째 던졌습니다.
—아뿔싸—
다섯 개째 던졌습니다.
—딱—

다섯 개에 세 개……
그만하면 되었다.
내일 시험,
다섯 문제에 세 문제만 하면
손꼽아 구구를 하여 봐도 육십 점이다.
볼 거 있나 공 차러 가자.

그 이튿날 만돌이는
꼼짝 못하고 선생님한테
흰 종이를 바쳤을까요.

그렇잖으면 정말
육십 점을 맞았을까요.

출처: 윤동주(2004), 『윤동주전집』, 문학과지성사

처음 안 일

치하철 보도 계단 맨바닥에
손 내밀고 엎드린
거지 아저씨
손이 텅 비어 있었다.
비 오는 날에도
빗방울 하나 움켜쥐지 못한
나뭇잎들의 손처럼

동전 하나 놓아 줄까
망설이다 망설이다
그냥 지나가고,

내내
무얼 잊어버린 듯……….
집에 와서야
가슴이 비어 있음을 알았다.
거지 아저씨의 손처럼

마음 한 귀퉁이
잘라 주기가 어려운 걸
처음 알았다.

출처: 박두순(2005), 『6학년 동시 읽기』,
깊은책속옹달샘.

큰 물 지나간 강가

지렁이가 죽으면
개미가 치워줍니다

하늘에 먼지가 끼면
비가 땅으로 가져옵니다

두더지가 죽으면 썩고
썩은 것들은 흙이 가져가고
흙은 풀과 나무를 키웁니다

큰물 지나간
저 강가에 비닐과 농약병은
누가 가져갑니까

출처: 김용택(2003), 『콩, 너는 죽었다』, 실천문학사.

우리 아빠 시골 갔다 오시면

우리 아빠 시골 갔다 오시면
시골이 다 따라 와요
이건 뒤안에 상추
이건 담장의 호박잎
이건 앞마당에 토란잎
이건 위 꼍에 애호박
이건 강 건너 밭에 풋고추
이건 장광에 된장
이건 부엌에 고춧가루

우리 아빠 시골 갔다 오시면
시골이 다 따라 와요
나중에 잘 가라고 손짓 하시는
우리 시골 할머니 모습이 따라와요
할머니 보고 싶어요.

출처: 김용택(2003), 『콩, 너는 죽었다』, 실천문학사.

한솥밥 먹기

시시한 비빔밥일 뿐이었습니다.
무슨 맛이 있을까 했습니다.

식은 밥에 김치랑 콩나물 넣고
고추장 잔뜩 퍼 넣어
선생님이 썩썩 비비는 동안
숟가락 든 손이 멋쩍기까지 했습니다.

마지막으로 밥 위에 참기름을 두르자
마치 요술병에서 뿜어져 나온 것처럼
고소한 냄새가 교실에 가득 찼습니다.

선생님이 먼저 맛보시고
하나 둘 맛보기 시작하던 아이들이
금세 숟가락질을 빨리 했습니다.
숟가락이 서로 부딪히기도 했습니다.

코끝에 송글송글 땀방울 맺히게 매워도
우리는 끝까지 먹었습니다.
바닥을 박박 긁어먹었습니다.

서로를 바라보며 웃는데
이빨에 고춧가루가 끼여 있었습니다.
그래도 안 부끄러웠습니다.
우리는 한 식구가 된 듯했습니다.

출처: 남호섭(2007), 『놀아요 선생님』, 창비.

제기차기

제기를 찬다.
책상 앞에 묶였던
빈 마음들
훌훌
골목으로 몰려,
한 다발
하얀
바람을 차올린다.

한 발 차기
두 발 차기
신이 난 제기.

한껏 부푼
골목엔
터질 듯한 아우성.

제기가 슛슛 발을 끌어올리면
아이들 온 바람은
하늘까지 치솟는다.

제기가 오른다.
얼어붙은 골목 가득 슛슛대며
지금도
아이들 하얀 바람이 솟구친다.

출처: 한국아동문학학회 편(2008),
『고학년을 위한 동요 동시집』, 상서각.

엄마 목소리

아버지께
꾸지람 듣고

뒤안길에 나와서
몰래 운다.

어둠 속에서
가만히 내 이름 부르는
아, 엄마 목소리!

대답을
할까
말까
울음이 더 난다.

가까운 풀숲에선
풀벌레들도
섧게 섧게 운다.

출처: 이종택(1991), 『누가 그랬을까』, 창비

담요 한 장 속에

담요 한 장 속에
아버지와 함께 나란히 누웠다.
한참 만에 아버지가
꿈쩍하며 뒤척이신다.
혼자 잠드는 게 미안해
나도 꿈쩍 돌아눕는다.
밤이 깊어 가는데
아버지는 가만히 일어나
내 발을 덮어 주시고 다시 조용히 누우신
다.
그냥 누워 있는 게 뭣해
나는 다리를 오므렸다.
아버지-. 하고 부르고 싶었다.
그 순간
자냐? 하는 아버지의 쉰 듯한 목소리가
들렸다.
-네.
나는 속으로만 대답했다.

출처: 한국아동문학학회 편(2008),
『고학년 동요 동시집』, 상서각.

발(1)

나는 발이지요.
고린내가 풍기는 발이지요.
하루 종일 갑갑한 신발 속에서
무겁게 짓눌리며 일만 하는 발이지요.
때로는 바보처럼
우리끼리 밟고 밟히는 발이지요.

그러나 나는,
삼천리 방방곡곡을 누빈 대동여지도
김정호 선생의 발.
아우내 거리에서 독립 만세를 외쳤던
유관순 누나의 발.
장백 산맥을 바람처럼 달렸던
김좌진 장군의 발.
베를린 올림픽에서 금메달 딴
손기정 선수의 발.

그러나 나는,
모든 영광을 남에게 돌리고
어두컴컴한 뒷자리에서 말없이 사는
그런 발이지요.

출처: 한국아동문학학회 편(2008),

『고학년 동요 동시집』, 상서각

도시의 산

공룡 같은 포크레인이
산허리를
덥석 물어뜯던 날.

산은 몸부림치며
누런 속살을 드러낸 채
초록빛 피를
뚜욱뚝 흘리며
산새 울음으로 울었습니다.

여기저기
풀꽃으로 수놓은
순한 산짐승들의
푸른 놀이터에

거대한 아파트가
들어설 때마다
파아란 하늘도
병이 들어 누었습니다.

출처: 한국아동문학학회 편(2008),

『고학년을 위한 동요동시집』, 상서각.

떨어져도 튀는 공처럼

그래 살아봐야지
너도 나도 공이 되어
떨어져도 공이 되어

살아봐야지
쓰러지는 법이 없는 둥근
공처럼, 탄력의 나라 왕처럼

가볍게 떠올라야지
곧 움직일 준비되어 있는 꼴
둥근 공이 되어

옳지 최선의 꼴
지금의 네 모습처럼
떨어져도 튀어 오르는 공
쓰러지는 법이 없는 공이 되어.

출처: 정현종(1993), 『떨어져도 튀는 공처럼』,
문학과지성사.

물도 꿈을 꾼다

물도 꿈이 있기에 꿈을 꿉니다
꿈을 꾸기에
어디론가 흘러갑니다.

작은 나뭇잎을 싣고
조약돌 위로
졸졸졸 소리내어 흐르면
노래하는 개울물이 되는
물,

달과 별
산 그림자를
가슴에 품고
하늘을 우러르면
생각하는 호수가 되는
물,

벼랑을 만나면
스스로 몸을 던져
천지를 울리며
하얀 물보라를 피우는
폭포가 되는
물,

물도 꿈이 있기에 꿈을 꿉니다
꿈을 꾸기에
노래하고
생각하고
물보라를 피우며
어디론가
흘러갑니다.

출처: 권오삼(1998), 『물도 꿈을 꾼다』, 지식산업사.

우리가 눈발이라면

우리가 눈발이라면
진눈깨비는 되지 말자
세상이 바람 불고 춥고 어둡다 해도
사람이 사는 마을
가장 낮은 곳으로
따뜻한 함박눈이 되어 내리자
우리가 눈발이라면
잠 못 든 이의 창문가에는
편지가 되고
그이의 깊고 푸른 상처 뒤에 돋는
새 살이 되자

출처: 안도현(1991), 『그대에게 가고 싶다』, 푸른숲.

안녕하십니까?

한국교원대학교에서 공부하고 있는 이향근입니다. 저는 독자의 시적 감성을 향상시키기 위한 교육 내용을 구안하는 연구를 하고 있습니다. 독자가 시를 읽는 과정에서 시의 내용은 독자의 시적 감성을 활성화시킬 수 있는 유인가(valence)로서 작용합니다. 고학년 학습자들이 읽었을 때, 그들의 정서를 활성화시킬 수 있는 시 제재를 선정하고자 합니다.

선생님의 고견은 오직 연구에만 사용될 것입니다. 바쁘신 중에도 도움을 주셔서 감사합니다.

2011년 11월 15일

한국교원대학교 초등국어교육 전공 이향근 올림

*성별: 남( ), 여( )
*근무지: 서울·경기( ), 강원( ), 충남( ), 충북( ), 경북( ),
　　　경남( ), 전북( ), 전남( ), 제주( ),
*교육경력: 3~5년( ), 6년~10년( ) 11~15년( ),
　　　16~20년( ), 20년 이상( )
*아동도서 및 아동문학 관련 모임 참여 여부
과거에 참여했다( ), 현재도 참여하고 있다( ), 참여하지 않고 있다.( )

〈시 선정시 유의점〉

① 초등학교 고학년(5~6학년 정도) 학습독자의 정서를 활성화시킬 수 있는 시를 5편 선정해 주시고 그 이유를 적어 주십시오.

② 보내드리는 시 이외에도 학습독자의 정서를 활성화시킬 수 있는 시를 추천해 주십시오. 출처를 명확히 밝혀 주십시오. 추천할 시가 없을 경우 응답하지 않으셔도 됩니다.

1. 보내드린 시 중에서 고학년 학습독자(5~6학년)들이 읽기에 적당한 시 5편을 골라 주시고 이유를 써 주십시오.

	시 제목	선정 이유
1		
2		
3		
4		
5		

2. 초등학교 고학년 학습자에게 적합한 시를 추천해 주십시오.

공터와 할아버지의 "마음"과 만나기

(   ) 초등학교 (   )학년 (   )반 이름(   )

1. 지금 여러분의 마음은 어떠한가요? 여러분의 마음과 가장 닮은 표정을 찾아 ○
하세요. 왜 그런지 곰곰이 생각해 보고 간단히 이유를 적어보세요. 생각이 잘 떠오르
지 않는다면 보기 의 내용을 보고 생각해 보세요.

이유: `

보기
○기쁨: 기쁘다, 들뜨다, 설레다, 흐뭇하다, 재미있다.
○노여움: 분하다, 화나다, 속상하다, 약 오르다, 짜증나다.
○슬픔: 슬프다, 우울하다, 억울하다, 좌절하다, 외롭다.
○두려움: 겁나다, 두렵다, 무섭다, 긴장하다, 당황하다.
○좋아함: 편안하다, 감격하다, 감동하다, 상쾌하다, 정겁다.
○싫어함: 갑갑하다, 밉다, 따분하다, 심심하다, 부럽다.
○바람: 바라다, 서운하다, 섭섭하다, 아깝다, 망설이다.

2. 다음 시를 읽으면서 떠오르는 생각을 적어 봅시다.

공터

아파트 옆 공터는
심심해서 울고 싶었지
올봄에 할아버지가
흙을 일구기 전까지는 말이야

할아버지가 괭이로 땅을 파헤치자
지렁이들이 꿈틀꿈틀,
땅강아지들이 엉금엉금,
공터는 옆구리가 마구 간지러웠어

할아버지는 씨앗을 뿌렸어
상추
쑥갓
옥수수
고구마
강낭콩

참을 수 없었지, 공터는
간지러움을 참다못해
그만 웃음을 터뜨렸어
저것 좀 봐, 저것 좀 봐
공터가 혓바닥을
푸른 혓바닥을
날름날름 내밀고
있잖아.

3. 위 시를 읽고 공터에 대해 생각해 봅시다.

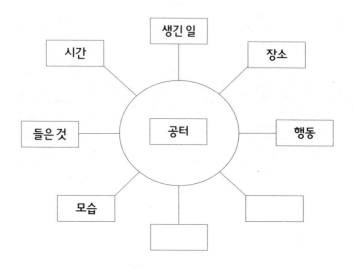

4. 공터의 마음과 할아버지의 마음이 어떠할지 생각해 봅시다. 자신이 그렇게 생각한 이유를 생각해 봅시다.

5. 선생님의 말씀이나 친구들의 이야기를 듣고 공터나 할아버지에 대한 느낌이 달라졌나요? 내 느낌은 어떤 가요? 내 느낌과 친구들의 느낌이 어떻게 다른가요?

6. 공터에 대한 자신의 느낌을 생각하며 '공터'를 다시 읽어 봅시다. 공터를 소개하는 글을 써 봅시다.

7. 공터를 읽고 떠오르는 자신의 경험을 말하여 봅시다. 그 때의 느낌은 어떠하였나요?

■ 내 경험

■ 느낌

강미정(2009), 「습관과 의미: C.S. 퍼스의 해석체 이론 연구」, 『기호학연구』, Vol.25, 서울: 한국기호학회.

강신주(2003), 『장자(莊子): 타자와의 소통과 변형』, 파주: 태학사.

강신주(2010), 『철학vs철학: 동서양철학의 모든 것』, 서울: 그린비.

강홍기(1999), 『현대시 운율구조론』, 태학사.

고위공(2005), 「구체시와 표현주의 예술, 매체 융합의 모더니티」, 『인문 과학』 제13집, 19~45.

구영산(2001), 「시 감상에서 독자의 상상 작용 연구」, 석사학위 논문, 서울: 서울 대학교 국어교육과.

국어과 교육과정, 제4차, 5차, 6차, 7차, 2007 개정, 2009 개정 국어과 교육과정, 한국교육과정평가원 국가교육과정정보센터.

권오삼(1998), 『물도 꿈을 꾼다』, 서울: 지식산업사.

권오현(1992), 「문학 소통 이론 연구—문학 텍스트의 소통구조와 교수법적 기능」, 박사학위논문, 서울: 서울대학교 대학원

권태응 외(1999), 『귀뚜라미와 나와』(겨레아동문학선집 10), 서울: 보리.

권태응(1995), 『감자꽃』, 창작과비평사.

권택영(1996), 「현대문학과 타자 개념」, 『현대시 사상』, 겨울, 서울: 고려원.

권혁웅(2013), 「소리 - 뜻을 중심으로 구성되는 현대시의 리듬」, 『한국문학이론 과 비평』, 제59집(17권 2호), 한국문학이론과 비평학회, 27~48쪽.

권혁준(1997), 「문학비평이론의 시 교육적 적용에 관한 연구—신비평과 독자반 응 이론을 중심으로」, 박사학위논문, 청원: 한국교원대학교대학원.

김광해(2003), 『등급별 국어교육용 어휘』, 서울: 박이정.

김남희(2007), 「시 텍스트의 서정적 체험 교육 연구」, 박사학위논문, 서울: 서울 대학교.

김대행 외(2000), 『문학 교육원론』, 서울: 서울대학교출판부.

김대행(1984), 『운율』, 문학과지성사.

김대행(1985), 「정서의 본질과 구조」, 『고려시가의 정서』, 서울: 개문사.

김대행(1987), 「문학의 개념과 문학 교육론」, 『국어교육』 제59집, 서울: 서울대
학교 사범대.

김도남(2011), 「네트워킹 읽기의 교육 방향 탐색」, 『독서연구』 제26호, 서울: 한
국독서학회.

김동극(1975), 『고또래 그만큼』, 서울: 세종문화사.

김미혜(2011), 『신나는 동시 따먹기』, 파주: 창비.

김상봉(2003), 「감성의 홀로주체성」, 『기호학연구』 제14집, 서울: 한국기호학회.

김상옥(2007), 『디카詩를 말한다』, 詩와에세이; 서울.

김상욱(2003), 「초등 문학 교육의 발전 방향」, 『문학 교육학』 제12호, 서울: 한국
문학 교육학회.

김상욱(2003), 『시의 숲에서 세상을 읽다』, 파주: 나라말.

김상욱(2006), 「문학을 통한 국어교육의 재개념화」, 『문학 교육학구』 제19호, 서
울: 한국문학 교육학회.

김상욱(2006), 『국어교육의 재개념화와 문학 교육』, 서울: 역락.

김상욱(2007), 『빛깔이 있는 현대시 교실』, 파주: 창비.

김서정(2002), 『멋진 판타지』, 굴렁쇠; 서울.

김선희(2007), 「문학적 정서 함양을 위한 시조 교육 연구」, 박사학위논문, 청원:
한국교원대학교.

김성도(2002), 『구조에서 감성으로』, 서울: 고려대학교 출판부.

김소월 외(1999), 겨레아동문학연구회편, 『엄마야누나야』, 서울: 보리.

김양선(2007), 「다매체 시대, 디지로그적 작독자 지향, 문학 교육으로서 수필의
가능성」, 『용봉인문논총』 제37호, 광주: 전남대학교 인문과학연구소.

김영호 외(2011), 『선생님 시 읽어 주세요』, 파주: 창비.

김용옥(2011), 『중용, 인간의 맛』, 서울: 통나무.

김용택(1998), 『콩, 너는 죽었다』, 서울: 실천문학사.

김용택(2008a), 『중학년 책가방 동시』, 서울: 파랑새.

김용택(2008b), 『고학년 책가방 동시』, 서울: 파랑새.

김용택(2008c), 『너 내가 그럴 줄 알았어』, 서울: 실천문학사.

김용희(1999), 『동심의 숲에서 길찾기』, 서울: 청동거울.

김은영(1994), 『빼앗긴 이름 한 글자』, 파주: 창비.

김은영(2004), 「국어 감정 동사 연구」, 박사학위논문, 광주: 전남대학교.

김은전(1979), 「국어교육과 문학 교육」, 『사대논총』 제40집, 서울: 서울대학교 사범대학.

김은전(1986), 「초중고교에서의 문학 교육」, 『제5차 국어과 한문과 교육과정 개 정을 위한 세미나』, 서울: 한국교육개발원.

김이구(2005), 『아동문학을 보는 시각』, 파주: 창비.

김이구(2012), 「오늘의 동시 어디까지 왔나」, 『창비 어린이』 가을호, 21~39쪽.

김인화(2008), 「소통중심 문학 교수 학습 방안 연구」, 석사학위 논문, 청원: 한 국교원대학교.

김정우(2004), 「시 해석 교육 내용 연구」, 박사학위논문, 서울: 서울대학교 대학 원.

김정우(2006), 「시 이해를 위한 시 창작교육의 방향과 내용」, 『문학 교육학』 19 호, 서울: 한국문학 교육학회.

김정우(2007), 「교육의 관점에서 본 시의 대중성」, 『한국시학연구』 13호. 서울: 한국시학회.

김제곤(2003), 『아동문학의 현실과 꿈』, 파주: 창비.

김준오(2000), 『문학사와 장르』, 파주: 문학과지성사.

김준오(2002), 『시론』, 서울: 삼지원.

김중신(1994), 「서사 텍스트의 심미적 체험의 구조와 유형에 관한 연구」, 박사학 위논문, 서울: 서울대학교.

김중신(2003), 『한국 문학 교육론의 방법과 실천』, 서울: 한국문화사.

김진영(1992), 『중국 고전 시학의 이해』, 서울: 문학과 지성사.

김창원(1994), 「시 텍스트 해석 모형의 구조와 작용에 관한 연구」, 박사학위논 문, 서울: 서울대학교.

김창원(1995), 『시 교육과 텍스트 해석』, 서울: 서울대학교출판부.

김창원(2008), 「문학 능력과 교육과정, 그리고 매체, 교육과정 목표를 통해 본 문학 능력관과 매체의 수용」, 『문학 교육학』 26호, 서울: 한국문학 교육학회.

김현수(2012), 「시 리듬 교육 내용에 관한 연구」, 『문학교육학』 제38호, 한국문학교육학회, 185~211쪽.

김혜련(2007), 「콜링우드」, 『미학대계 제1권 미학의 역사』, 서울: 미학대계간행회

김환영(2010), 『깜장꽃』, 파주: 창비.

김흥규(1992), 「解說時調의 詩的 視線 類型과 그 變貌」, 『한국학보』 18, 서울: 학지사.

남민우(1998), 「技巧主義 論爭에 대한 文學疏通理論的 硏究」, 석사학위논문, 서울: 서울대학교.

남호섭(2007), 『놀아요 선생님』, 파주: 창비.

노명완(1988), 『국어교육론』, 서울: 한샘.

류덕제(2003), 「반응 중심 문학 교육에 대한 비판적 고찰」, 『어문학』 제90호, 대구: 한국어문학회.

문용린(1999), 「인성 교육을 위한 정서지능 개발 프로그램에 관한 연구」, 『사대논총』 제 59집, 서울: 서울대학교 사범대학.

문용린(2004), 「EQ 생활태도검사의 타당화 연구」, 『인간발달연구』 Vol.11, No.3, 서울: 한국인간발달학회.

민현식 외(2011), 『2011 국어과 교육과정 개정을 위한 시안 개발 연구』, 2011교육과학기술부 정책연구개발사 최종 보고서, 서울: 교육과학기술부

박경자 외(2001), 『응용언어학사전』, 서울: 경진문화사.

박두순(2005), 『6학년 동시 읽기』, 서울: 깊은책속옹달샘.

박이문(2009), 『통합의 인문학』, 서울: 知와 사랑.

박인기 외(2005), 『문학을 통한 교육』, 서울: 삼지원.

박인기(1996), 『문학 교육과정의 구조와 이론』, 서울: 서울대학교출판부.

박인기(2000a), 「국어과 교육에서 정의교육의 향방과 재개념화」, 『국어교육학연구』 제11집, 서울: 국어교육학회.

박인기(2000b), 「문학 교육과 자아」, 『문학 교육의 인식과 실천』, 서울: 국학자 료원.

박혜숙·이우학(2009), 「시 속의 그림, 그림책 속의 시에 대하여」, 『동화와 번역』 제18집, 105~125쪽.

서동욱(2000), 『차이와 타자』, 서울: 문학과지성사.

선주원(2003), 「대화적 관점에서의 소설교육 연구」, 박사학위논문, 청원: 한국교원대학교.

성낙수(2005), 「초중고등학교 학생들의 문어 연구—이른바 통신언어를 중심으로」, 『청람어문교육』, 제32집, 청원: 청람어문교육학회.

성낙수(2011), 『국어과 국어학 1』, 서울: 채륜.

신송이 외(2008), 「CBIR을 이용한 감성기반 영상검색」, 대한전자공학회 학술대회 논문집, Vol.3, 서울: 대한전자공학회

신헌재(2001), 「문학 교육의 위상과 지향점」, 『문학과 문학 교육』 제2호, 서울: 문학과문학 교육연구소.

신헌재(2002), 「학교 문학 교육의 위상과 지향점」, 『문학 교육학』 제10호, 서울: 한국문학 교육학회.

신헌재(2004), 「아동문학 중심의 초등 국어과 교육 연구」, 『학습자중심교과교육연구』 제4집 1호, 서울: 학습자중심교과교육학회.

신헌재(2006), 「문학 교육과정 내용 선정을 위한 대안적 연구 방향」, 『문학 교육학』 제19호, 서울: 한국문학 교육학회.

신헌재(2008), 「감성 소통을 위한 문학 교육의 방향」, 『학습자중심교과교육연구』, 제8권, 제2호. 청원: 학습자중심교과교육학회.

신헌재·이향근(2012), 「초등 학습자의 시적 화자 이해 양상과 교육적 방향」, 『한국초등교육연구』 제23권 제1호, 서울: 서울교육대학교 초등교육연구원.

안도현(1991), 『그대에게 가고 싶다』, 서울: 푸른숲.

안도현(2007), 『나무 잎사귀 뒤쪽 마을』, 서울: 실천문학사.

안학수(2004), 『낙지네 개흙 잔치』, 파주: 창비.

안호성 외(2009), 「게임기의 감성디자인 전략에 관한 비교 연구」, 통합학술대회,

Vol.2009, 서울: 한국경영학회.

안희진(2009), 『소동파에게 시를 묻다』, 파주: 청동거울.

어효선(1987), 『해바라기 얼굴』, 파주: 창비

엄　훈(2011), 「학교 속의 문맹자들」, 『우리교육』 제6집, 서울: 우리교육.

엄경희(2007), 「올바른 시 교육과 감성교육의 상관성」, 『한국언어문화』 제34집, 서울: 한국언어문화학회.

엄해영(1999), 「시교육의 방법과 실제」, 『초등국어교육』 제9집, 서울교육대학교 국어교육과, 57~88쪽.

엄해영(2009), 「연극을 통한 소설 읽기」, 『초등국어교육』 제18호, 서울: 서울교육대학교 초등국어교육연구소.

오성호(2006), 『서정시의 이론』, 서울: 실천문학사.

우한용 외(1997), 『문학 교육과정론』, 서울: 대경문화사.

우한용(1997), 『문학 교육과 문화론』, 서울: 서울대학교출판부.

우한용(2004), 「문학 교육과 도덕성 발달의 의미망」, 『문학 교육학』 제14호, 서울: 한국문학 교육학회.

우한용(2010), 「문학 교육의 목표이자 내용으로서 문학능력의 개념, 교육 방향」, 한국문학 교육학회 엮음(2010), 『문학 능력』, 서울: 역락.

원종찬(2001), 『아동문학과 비평정신』, 파주: 창비.

원종찬(2006), 『동화와 어린이』, 파주: 창비.

원종찬(2010), 『한국아동문학의 쟁점』, 파주: 창비.

원종찬(2012), 「일제강점기의 동요·동시론 연구, 한국아동문학연구―한국적 특성에 관한 고찰」, 『한국아동문학연구』 제20호, 한국아동문학회, 69~100쪽.

유경환(2002), 『마주 선 나무』, 파주: 창비.

유성호(1997), 『한국현대시의 형상과 논리』, 서울: 국학자료원

유영석(2004), 「롤랑 바르트의 후기구조주의 텍스트 이론 연구」, 석사학위 논문, 서울: 홍익대학교.

유종호(1994), 『문학이란 무엇인가?』, 민음사.

유종호(1998), 『문학이란 무엇인가』, 서울: 민음사.

유종호(2009), 『시와 말과 사회사』, 서울: 서정시학.

유지헌(2010), 「감성 척도 맵 개발 및 패션 브랜드의 감성이미지 비교 연구—브랜드 이미지와 브랜드 웹사이트 배색 이미지를 중심으로」, 『服飾文化硏究』, Vol.18 No.2, 서울: 복식문화학회.

유현주(2007), 「비주얼 포엠의 전통에서 본 독일의 디지털 포엠」, 『독일언어문학』 제35집, 199~216.

윤동재(2002), 『재운이』, 파주: 창비.

윤동주(2004), 『윤동주전집』, 파주: 문학과지성사.

윤여탁 외(2010), 『현대시 교육론』, 서울: (주)사회평론.

윤영천(2009), 「시와 교육", 『문학의 교육, 문학을 통한 교육』, 파주: 문학과지성사.

이경화(1997), 「문학작품을 보는 관점과 읽기의 두 가지 방향」, 『청람어문학』 제17집, 청원: 청람어문학회.

이경화(2003), 『읽기 교육의 원리와 방법』, 서울: 박이정.

이경화·김혜선(2008), 「2007년 개정 국어과교육과정 내용의 상세화 원리 체계화 연구」, 『국어교육학연구』 33권, 서울: 국어교육학회.

이경화·이향근(2010), 「국어과 성취기준 진술방식의 비판적 검토」, 『학습자중심교과교육연구』 제10권, 3호, 청원: 학습자중심교과교육학회.

이삼형 외(2007), 『국어교육학과 사고』, 서울: 역락.

이상교(2005), 『처음 받은 상장』, 서울: 국민서관.

이상교(2006), 『먼지야 자니?』, 서울: 산하.

이상민 외(2010), 「이미지와 텍스트 관계의 감성 브랜딩 조화(調和)에 관한 연구—식·음료 브랜드를 중심으로」, 한국심리학회지, Vol.11 No.2, 서울: 한국심리학회.

이성복(2001), 『네 고통은 나뭇잎 하나 푸르게 하지 못한다』, 파주: 문학동네.

이순영(2008), 「상징적 표상법의 이론과 실제」, 『국어교육학연 구』 제32집, 서울: 국어교육학회.

이숭원(2001), 「시 교육과 상상력의 작용」, 『현대시 교육의 쟁점과 전망』, 서울: 월인.

이용주(1992), 「국어교육 논의 맹점」, 『난대 이응백 박사 고희기념 논문집』, 서울: 한샘.

이정모 외(2003), 『인지심리학』, 서울: 학지사.

이정모(2010), 「인지과학 패러다임 변화가 학문간 융합에 주는 시사」, 『융합인지 과학의 프론티어』, 서울: 성균관대학교 출판부.

이종성(2006), 『델파이 방법』, 서울: 교육과학사.

이종택(1991), 『누가 그랬을까』, 파주: 창비.

이향근(2009), 「옛이야기의 구술성과 교수 학습 방안 모색」, 『한국초등국어교 육연구』 제41호, 청주: 한국초등국어교육학회.

이향근(2010a), 「이야기 읽어주기 방법을 활용한 어휘력 향상 방안 연구」, 『독서 연구』 제21호, 서울: 한국독서학회.

이향근(2010b), 「교실친화적 국어과교육과정의 문서 체제 방향성 연구」, 『한국 초등교육』 제21호, 서울: 서울교육대학교초등교육연구소.

이향근(2012), 「언어유희 동시의 교육 방향 탐색」, 『청람어문교육』 제45집, 청원: 청람어문교육학회.

이혜원(2009), 「현대시 운율 연구의 방법과 방향」, 『문학교육학』, 제30호, 한국 문학교육학회, 153~180쪽.

이화주(2005), 『손바닥 편지』, 서울: 아동문예사.

임길택(1995), 『할아버지 요강』, 서울: 보리.

장석원(2013), 「백석 시의 리듬」, 『한국시학연구』 제36호, 한국시학회, 35~59 쪽.

정끝별(2003), 「현대시에 나타난 시적 구조로서의 병렬법」, 『한국시학연구』, 제9 호, 한국시학회, 309~338쪽.

정끝별(2007), 「자유시 리듬 교육에 관한 시학적 연구」, 『한국근대문학연구』 제 15호, 한국근대문학회, 229~255쪽.

정범모 외(2003), 『인지심리학』, 서울: 학지사.

정상훈(2009), 「제품 유형별 표출되는 감성어휘 비교」, 감성과학, Vol.12 No.2, 서울: 한국감성과학회.

정정순(2005), 「시적 형상성의 교육 내용 연구」, 박사학위논문, 서울: 서울대학교.

정정순(2008), 「매체 변환을 활용한 시 감상 교육 연구—시 그림책『낮에 나온 반달』을 중심으로」, 『국어교육연구』제43집, 203~224쪽.

정지용(1935), 『정지용 시집』, 시문학사.

정현원(2008), 「감성의 개념 및 어휘 체계 정립을 통한 공감각 디자인 평가 방법에 관한 연구」, 박사학위논문, 서울: 홍익대학교.

정현종(1993), 『떨어져도 튀는 공처럼』, 파주: 문학과지성사.

조광제(2004), 『몸의 세계, 세계의 몸』, 서울: 이학사.

조용환(1999), 『질적연구와 양적연구: 방법과 사례』, 서울: 교육과학사.

조용훈(2012), 「시 그림책의 미적 가치와 특성 연구」, 『한국초등교육연구』제46집(2010), 327~348쪽.

차봉희(1993), 『독자반응비평』, 서울: 고려원.

최경석(2007), 「미적 태도와 미적 대상, 가치, 경험의 관계」, 『미학의 문제와 방법』, 미학대계 제2권, 미학대계간행회(편), 서울: 서울대학교출판문화원.

최경희(2002), 「감성 신장을 위한 동화 지도 방법 연구」, 『한국초등교육』제23호, 광주: 한국초등교육학회.

최시한(2009), 「독서교육과 소설」, 『문학의 교육, 문학을 통한 교육』, 파주: 문학과 지성사.

최지현(1997), 「한국 근대시 정서 체험의 텍스트 조건 연구」, 『선청어문』제26집, 서울: 서울대학교 국어교육과.

최지현(1997), 「한국근대시 정서체험의 텍스트 조건 연구」, 박사학위논문. 서울: 서울대학교.

최지현(1998a), 「문학감상교육의 교수학습 모형·탐구」, 『선청어문』제26집, 서울: 서울대학교 국어교육과.

최지현(2000), 「국어과 교육에서 정의적 교육 내용」, 『국어교육학연구』제11집, 서울: 국어교육학회.

최지현(2001), 「시 교육과 문화적 감수성」, 『현대시 교육의 쟁점과 전망』, 서울: 월인.

최지현(2008), 「현대시 리듬 범주의 재설정을 위한 기초 논의」, 『문학교육학』제25호, 한국문학교육학회, 451~486쪽.

하선규(2007), 「칸트」, 『미학의 역사』, 미학대계 제1권, 미학대계간행회(편), 서울: 서울대학교출판문화원.

한국명작동시선정위원회(2005), 『한국명작동시』, 서울: 예림당.

한국아동문학학회 편(2008), 『고학년 동요 동시집』, 서울: 상서각.

한명숙(2002), 「문학 교육의 정서 탐구」, 『청람어문교육』 제24집, 청원: 청람어문교육학회.

한명숙(2003), 「독자가 구성하는 이야기 구조 교육에 관한 연구」, 박사학위논문, 청원: 한국교원대학교.

한명희(2002), 『교육의 미학적 탐구』, 서울: 집문당.

한수영(2009), 「한국시 운율 이론의 반성적 고찰」, 『語文硏究』 제60호, 어문연구학회, 307~331쪽.

황정현 외(2000), 『문학수업방법』, 서울: 박이정.

황정현(2003), 「초등학교 문학 교육의 정의적 영역의 문제와 교육 방법」, 『문학교육학』 제12호, 서울: 한국문학 교육학회.

Altieri, Charles(2001), "Taking Lyrics Literally: Teaching Poetry in a Prose Culture", *New Literary History*,: Spring 2001; 32, 2.

Barthes, Roland(1973), *Le Plaisir du Texte*, 김희영 옮김(1999), 『텍스트의 즐거움』, 서울: 동문선.

Beardsley, Monroe C.(2005), *Aesthetics from classical Greece to the present*, 『미학사』, 이성훈 · 안원현 옮김, 서울: 이론과 실천

Beck, I. L. McKeown, M.G., Hamilton, R.L.& Kucan, L.(1997), "Questioning the Author: An Aproach for Enhancing Student Engagement with Text", *Reading Research Quarterly*, Newark 1997/Jan, DE: International Reading Association.

Beck, I. L., McKeown, M.G., & Kucan, L. (2002) *Bringing Words to Life: Robust Vocabulary Instruction*. NewYork : Guilford.

Brich, *The Oxford Companion to English Literature 7th Ed.* Edited by Dinah Birch, Oxford University Press Inc, 2009.

Brooks, D.(2011). *The Social Animal: The Hidden Sources of Love, Character and Achievement.* New York: Random House.

Calo, Kristine M., Comprehending, Composing, and Celebrating Graphic Poetry, *The Reading Teacher,* 64(5), International Reading Association. 2011. 351~257, 2011.

Carpenter, H. & Prichard, M., *The Oxford Companion to Children's Literature,* Oxford University Press. Oxford, 2005.

Collingwood, R.G.(1937), *Principle of Arts,* 김혜련 옮김(1996), 『상상과 표현』, 서울: 고려원.

Collot, Michel(2003), *(La)Poesie Moderne et la Structure D'horizon,* 『현대시와 지평구조』, 서울: 문학과 지성사.

Cranny-Fancis, Anne(1990), *Feminist Fiction: Feminist Uses of Generic Fiction.* Cambridge. MA: Polity Press.

Damasio, A.(2003). *Looking for Spinoza:Joy, Sorrow and the Feeling Brain.* 임지원 옮김(2003),『스피노자의 뇌』, 서울: 사이언스북스

Dixon, Ann, *Poetry and Children, Poems for Big Kids,* McAlister, N. Harding & McAlister, Zara. edt.(www.durham.net/~neilmac), 2008.

Dr. Seuss, Yertle the Turtle and Other Stories, Random House, 1958.

Eaglton, Terry(1996), *Literacy Theory: In Instruction,* 김현수 역(2000), 『문학 이론 입문』, 서울: 인간사랑.

Faust, Mark & Dressman Mark (2009), "The Other Tradition: Populist Perspectives on Teaching Poetry", *English Journal,* 1912~2005, English Education; Jan 2009: 41,2.

Fensch, Thomas (ed.). *Of Sneetches and Whos and the Good Dr. Seuss. Jefferson,* North Carolina: McFarland & Company, 1997.

Fink, Bruce(1999), *(A) Clinical Introduction to Lacanian Psychoanalysis: Theory and Technique,* 맹정현 역(2002),『라캉과 정신의학』, 서울: 민음사.

Flynn, R., The Fear of Poetry, *Cambridge Companion to Children's Literature*, Eds. M.O. Grendy & Andre Immel, Cambridge University Press, 2009.

Flynn, The Fear of Poetry, *The Cambrige Companion to Children's Literature*, Grenby, M.O. & Immerl, Andrea, edi. Cambrige University Press. .pp.76~107, 2009.

Galda, L(1990), "A Longitudinal Study for the Spectator Stance as a Factional of Age and Genre", *Research in the Teaching of English*, 24(3).

Galda, L(1990), "A Longitudinal Study for the Spectator Stance as a Factional of Age and Genre", *Research in the Teaching of English*, 24(3).

Galda, L .& Liang L.A(2003), "Literature as Experience or Looking for facts: Stance in the Classroom". *Reading Research Quarterly*, 38(2).

Galda, L .& Liang L.A(2003), "Literature as Experience or Looking for facts: Stance in the Classroom". *Reading Research Quarterly*, 38(2).

Gill, S.R., The Forgotten Genre of Children's Poetry, *Reading Teachers* vol 60. International Reading Association, 2007.

Gill, Sharon. Ruth, The Forgotten Genre of Children's Poetry, *Reading Teachers* vol 60. 7.2, International Reading Association pp.622 ~625. 2007.

Glaser, B. G. & Strauss, A. L(1967), *The Discovery of Grounded Theory*. Chicago: Aldine.

Goldstein, B. Bruce(2007), *Sensation & perception(7th edition)*, 김정오외 공역(2010), 『감각과 지각(제7판)』, 서울: 시그마프레스.

Griffiths, Paul E.(2004a), "Emotions as natural and normative kinds", *Philosophy of Science* 71(5): 901~911, Philosophy of Science

Association.

Griffiths, Paul E.(2004b), "Is Emotion a Natural Kind?", *Thinking About Feeling*: Contemporary Philosophers in Emotion, Oxford University of Press.

Han, Zunsang(1991), "Adult Literacy Education And Functional Illiteracy Problems in Korea", 『연세교육과학』 Vol. 40, 서울: 연세대학교.

Helm, Bennett W(2009). *Emotions and Evaluative Feelings*, MA: Educational Review.

Iser, Wolfgang(1978), *The Act of Reading*, London: Routlegdge and Kegan Paul.

Jakobson, R.(1987), Language in Literature, ed. Krystyna Pomork and Stephen Rudy, (Cambridge: Havard University Press)(1989), 실어증의 두 유형, 『문학속의 언어학』, 문학과 지성사. 110~116.

Jakobson,R. 신문수 편역(1989), 「지배인자」, 『문학속의 언어학』, 문학과 지성사.

Johnson, M(1987), The Body in the Mind, 노양진 옮김(2000), 『마음 속의 몸』, 서울: 철학과 현실사.

Kane, Sahron(2007), *Literacy & Learning in the Content Areas*, NC: Hocomb Hathaway.

Kant, I.(1790), 김상현 옮김(2005), 『칸트 판단력 비판』, 서울: 서울대학교 철학사상연구소.

Lakoff, G. & Johnson, M.(1980), *Metaphors We Live By*, Chicago: University of Chicago Press.

Lamping, Dieter(1994), 장영태 역, 『서정시—이론과 역사』, 문학과지성사.

Lee, Hyanggeun(2008), "Text Comprehension Instruction for Development of Children's Reading Education in Korea: Text Talk and QtA", PA: University of Pittsburgh. unpublished Master's Thesis.

Lewis, David, Reading Contemporary Picturebooks, 2001.

Linaberger, Mara(2005), "Poetry Top 10: a Foolproof Formula for Teaching Poetry", *The Reading Teacher*, Dec. 2004/Jan 2005; 58, 4; Proquest Central Basic.

Lotman, Yuri, 유재천 역(1987), 『시 텍스트의 분석: 시의 구조』, 가나.

Luka'sc, Georg(1976), *Asthetische theorie*, 홍승용 옮김(1984), 『미학 이론』, 서울: 문학과지성사.

Many, J. E.(1991), "The Effects of Stance and Age Level on Children's Literary Response", *Journal of Reading Behavior*, 23(1).

Many, J. E.(1991), "The Effects of Stance and Age Level on Children's Literary Response", *Journal of Reading Behavior*, 23(1).

Many, J. E.(2004), "The Effect of Reader Stance on Student's Personal Understanding of Literature" In P. B. Ruddell & N. J. Unrau(Eds.), *Theoretical Models and Processes of Reading*(4th ed.), Newark, DE: International Reading Association.

Many, J. E.(2004), "The Effect of Reader Stance on Student's Personal Understanding of Literature" In P. B. Ruddell & N. J. Unrau(Eds.), *Theoretical Models and Processes of Reading*(4th ed.), Newark, DE: International Reading Association.

Merrian, Sharan. B(1998), *Qualitative Research and Case Study Application in Education*. 강윤수 외 옮김, 『정성연구방법론과 사례연구』.

Meschonnic, Henri, 조재룡 역(2004), 『시학을 위하여』, 새물결.

Misak, Cheryl(2004), "Chales Sanders Pierce(1839~1914)", in *The Cambridge Companion to Peirce*, Cherly, Misak(Eds.), Cambridge University Press.

Murray, John, *A History of Children's Book Illustration*, Victoria & Albert Museum. 1988.

Nancy W., *A Visit to William Blake's Inn: Poems for Innocent and*

Experienced Travelers, A Voyager/Hbj Book Series, Baker & Taylor, CATS, 2009.

New London Group, "A Pedagogy of Multliiteracies: Literacy Learning and the Designing of Social Future, Multiliteracies: Literacy Learning and the Design of Social Futeres, Eds. Cope B. and Kalantizis, M., New York: Routleage, 9–37.2000.

Ong, Walter J. 이기우 역, 『구술문화와 문자문화』(*Orality and Literacy: The Technologizing of the Word*) 서울: 문예출판사, 1988.

P. Goldie(2005), "Imagination & The Distorting Power of Emotion", In G. Colombett i& E. Thompson(Eds.), *Emotion Experience*, Imprint Academic.

Paulson, Eric J.& Sonya L. Armstrong(2010) "Situation Reader Stance Within and Beyoun the Efferent-Aesthetic Continumm", *Literacy Research and Instructions* 49, Association of Literacy Educator and Researchers.

Pearce, Lynne(1997), *Feminism and the Politics of Reading*. London: Arnold.

Preminger, Alex & Brogen T.V.F(1993), *The New Princeton Encyclopedia of Poetry and Poetics*, Princeton, N.J.: Princeton University Press.

Priminger, Alex & Brogen T.V.F(1993), *The New Princeton Encyclopedia of Poetry and Poetics*, Princeton, N.J.: Princeton University Press.

Priminger, Alex & Brogen T.V.F(1993), *The New Princeton Encyclopedia of Poetry and Poetics*, Princeton, N.J.: Princeton University Press.

Print, Murray(1993), *Curriculum Development and Design*, 강현석 외 (2006), 『교육과정 개발과 설계』, 서울: 교육과학사.

Riffaterre, Michael (1978), *Semiotics of Poetry*. 유재천 역(1989), 『시의 기호학』, 서울: 한국문화사.

Roberts, Chuck (October 17, 1999). "Serious Seuss: Children's author as political cartoonist". CNN. Retrieved April 9, 2012.

Robinson, Jenefer(2004), "Emotion" In Robert C. Solomon(Ed), *Thinking about Feeling*, NY: Oxford University press.

Rosenblatt, R.(1938), *Literature as Exploration*, 엄해영 외 옮김(2006), 『탐구로서의 문학』, 서울: 한국문화사.

Rosenblatt, R.(1978), *The Reader, The Text, The Poem*, 엄해영 외 옮김(2008), 『독자, 텍스트, 시』, 서울: 한국문화사.

Rotman, Yuri(1990), *Universe of the Mind*, 유재천 옮김(1998), 『문화 기호학』, 서울: 민음사.

Salovey, P(2004), *Emotional Intelligence: Key Readings on the Mayer and Salovey Model*, NY: National Professional Resources.

Sloan, G., But Is It Poetry?, *Children's Literature in Education*, vol. 32, pp.45~56, 2001.

Strauss A. L. and Corbin(1994), "Grouded Theory Methodology: An Overview." In N. K. Denzin and Y. S. Lincoln(eds.), *Handbook of Qualitative Research*. Thousand Oaks. Calif.: Sage.

Style, Morag(2009), "'From the Garden to the Street': The History of Poetry for Children", Maybin, Janet & Watson, Nicola(eds), Children's Literature: Approaches and Territories, pp.202~217.

T.L. Short(2004), "Interpretanting Peirce's Interpretant: A Response To Lalor, Liszka, and Meyers", *Transaction of Charles S. Peirce Society*, Vol.32, No.4.

T.L. Short(2004), "The Development of Peirce's Theory of Sings" in *The Cambridge Companion to Peirce*, Cherly Misak(Eds.), UK: Cambridge University Press.

Thevenaz, Pierre(1962), *What if Phenomenoloty? and Other Essays*, 『현상학이란 무엇인가』, 서울: 그린비.

Vardell, Sylvia M.(2011), Time for Poetry, Book Links, June1. American Library Association. 2011.

Vater, Heinz, 이성만 역(2006), 『텍스트의 구조와 이해』, 배재대 출판부.

Vygotsky, Lev Semyonovich, 팽영일 옮김(1999), 『아동의 상상력과 창조』, 서울: 창지사.

Vygotsky, Lev, edited Kozulin, Alex(1986), *Thought and Language*, MC: The MIT Press.

Wallace Karen, 장석봉 역, 『바닷속 뱀장어의 여행』(*Think of an Eel*), 비룡소, 서울: 2001.

Walton, K.(1990), *Mimesis as Make-believe: On the Foundations of the Representation Arts, Mass*, MA: Harvard University Press.

Whitehead, N. Alfred(1929), *The Aims of Education and Other Essays*, 유재덕 옮김(2009), 『교육의 목적』, 서울: 도서출판 소망.

Wiener, Philip P(1978), *Dictionary of the History of Ideas.* Vol.4. NY: Scribner's.

Wittgenstein, Ludwig, *Philosophische untersuchungen*, 이영철 역(2006), 『철학적 탐구』, 서울: 책세상.

Wolfgan, Welshc(1996), *Grenzagange der Astjetik*, 김혜련 옮김(2005), 『미학의 경계를 넘어』, 서울: 향연.

Woolf, Virginia(1925/1932), *The Common Reader: First Series, The Second Common Reader*, 박인용 옮김, 『버지니아 울프 보통의 독자』, 서울: 함께 읽는 책.

Zima, Peater, V.(2001), *Textsoziologie*, 허창훈 외 역, 『텍스트 사회학이란 무엇인가』, 서울: 아르케.

Zornado, Josheph, L.(2011), *Inventing the Child*: Clture, Ideology, and the Story of Childhood, 구은혜 역, 『만들어진 아동』, 서울: 마고북스.

柄谷行人(가라타니고진, 1985), 『日本近代文學の起源 』, 박유하 역(2010), 『일본 근대 문학의 기원』, 서울 : 도서출판b.

柄谷行人(가라타니고진, 1998), 『探究』, 권기돈 역(2010), 『탐구 1, 2』, 서울: 새물결.

찾아보기